本書由香港青松觀資助出版

全真道研究

任法融題

2024年第2期

第十四輯

趙衛東 主編

山東大學儒學高等研究院 主辦

山东大学出版社
SHANDONG UNIVERSITY PRESS

·濟南·

圖書在版編目(CIP)數據
全真道研究. 第十四輯 / 趙衛東主編. --濟南：
山東大學出版社，2024.10. --ISBN 978-7-5607-8237-9
Ⅰ. B956.3-53
中國國家版本館 CIP 數據核字第 2024HQ1378 號

責任編輯　郭凱迪
封面設計　劉羽珂　王秋憶

全真道研究
QUANZHENDAO YANJIU
第十四輯

出版發行	山東大學出版社
社　　址	山東省濟南市山大南路 20 號
郵政編碼	250100
發行熱綫	(0531)88363008
經　　銷	新華書店
印　　刷	濟南華林彩印有限公司
規　　格	720 毫米×1000 毫米　1/16
	2 插頁　14.75 印張　268 千字
版　　次	2024 年 10 月第 1 版
印　　次	2024 年 10 月第 1 次印刷
定　　價	78.00 元

目　録

Contents

南宗丹法體系建構與思想特色發微

□蓋建民

摘要:《修仙辨惑論》《谷神不死論》《陰陽升降論》《玄關顯秘論》《性命日月論》五篇丹道論文,是探討南宗五祖白玉蟾南宗丹道體系和思想內容的基本文獻。《性命日月論》在南宗性命觀念發展中具有重要意義,將人之性命與天地日月之道聯繫起來,從道教天人論的高度爲性命雙修奠定了理論基石;《玄關顯秘論》"以眼視眼,以耳聽耳,以鼻調鼻,以口緘口,潛藏飛躍,本乎一心",乃南宗丹法要義;《丹法参同三十對偶子》《丹法参同十九訣》則系統構建了南宗丹法修煉體系。

關鍵詞:白玉蟾　南宗丹道　丹法體系

作者簡介:蓋建民,浙江大學敦和講席教授,長江學者特聘教授,四川大學道教與宗教文化研究所原所長。

與全真道在丹道思想上重視性功修煉迥異,南宗以性命雙修、命功入手、性功了道爲修行方略與指針。南宗前四祖有不少論述,如云:"氣是形中命,心爲性内神,能知神氣穴,即是得仙人。"[①]《修仙辨惑論》《谷神不死論》《陰陽升降論》《玄關顯秘論》《性命日月論》這五篇丹道論文,是研究南宗五祖白玉蟾南宗丹道體系和思想内容的主要文獻。本文在前賢時彦研究基礎上,側重分析《玄關顯秘論》《性命日月論》《丹法参同三十對偶子》《丹法参同十九訣》文本中藴含的南宗丹道體系構建與思想特色,以就教於方家。

一、《性命日月論》與南宗性命觀

白玉蟾弘揚了南宗性命雙修的思想,努力構建南宗性命雙修的宗教修行理

① (宋)石泰:《還源篇》,《道藏》第24册,北京:文物出版社、上海:上海書店、天津:天津古籍出版社,1988年,第213頁。

論。白玉蟾認爲性命雙修不僅在修仙實踐上可行,而且背後還有堅實的丹道修行哲學根據。白玉蟾分别從道教天人論、道教生命發生論和道教煉養論三個方面進行闡述和理論構建,展示了南宗性命雙修思想的理論思維水平。

追本溯源,性命問題是中國古代各家普遍重視的基本問題。查考"命"與"性"兩字的起源,據傅斯年《性命古訓辨證》的研究,在周代金文、《詩經》、《左傳》、《論語》等先秦典籍中,命與令、性與生相通、互用。"在西周晚期金文中,一器中或專用令字,或專用命字,或命、令二字互用,可知此時令、命二字雖作兩體,實是一字,不應有截然不同之兩音,如今日令從來母、命從明母者也。"[①]令字乃複體象形字,象一人跽於屋宇或者帳幕之下。"令、命之本義爲發號施令之動詞,而所發之號、所出之令(或命)亦爲令(或命)。凡在上位者皆可發號施令,故王令、天令在金文中語法無别也。"[②]命字乃人、一、卬組合而成,一人叩首聽令即爲命。

關於"性"字,傅斯年則認爲,"'性命'之性,在先秦古文皆作生,不從女,不從心。即今存各先秦文籍中,所有之性字皆後人改寫","生之本義爲表示出生之動詞,而所生之本,所賦之質亦謂之生(後來以姓字書前者,以性字書後者)。物各有所生,故人有生,犬有生,牛有生,其生則一,其所以生者則異。古初以爲萬物之生皆由於天,凡人與物生來之所賦,皆天生之也。故後人所謂性之一詞,在昔僅表示一種具體動作所産生之結果"。[③] 故儒家《中庸》有所謂"天命之謂性"之説。

傅斯年對"性"與"命"二字的考源和對二者關係的辨析甚爲精當。1993 年在湖北省荆門市郭店村發掘出來的竹簡,經過整理後在文物出版社出版了《郭店楚墓竹簡》,其中有《性自命出》篇,"性自命出,命自天降。道始於情,情生於性"(楚簡《性自命出》第二號簡—第三號簡)[④]。楚簡《性自命出》篇的出土,表明在戰國時期,人們已經認識到性與命的關聯,此乃後世道教修煉以性命雙修爲指針的思想源頭。就道教修煉的要訣而言,丹法雖多,但萬法一理,都是圍繞形與神、身與心、神與氣、性與命關係而展開。在丹經中,丹家强調形神兼修,身心兼養,神氣兼備,貫穿其中的道理祇有一個,即性命雙修之旨要。性命雙修何以可能?這是唐宋以來道教學者不斷探索的一個重要理論問題,南宗宗師也不例外,均有建樹。尤其是白玉蟾的《性命日月論》别具一格,在南宗性命觀念發展中具有重要意義。

---

① 傅斯年:《性命古訓辨證》,桂林:廣西師範大學出版社,2006 年,第 59 頁。

② 傅斯年:《性命古訓辨證》,第 66～67 頁。

③ 傅斯年:《性命古訓辨證》,第 60、67 頁。

④ 李零:《郭店楚簡校讀記》,北京:北京大學出版社,2002 年,第 105 頁。

首先，白玉蟾將人之性命與天地日月之道聯繫起來，從道教天人論的高度爲性命雙修奠定了理論基石。其云："性命之在人，如日月之在天也。日與月合則常明，性與命合則長生。"[①]"性與命猶日月也，日月即水火也。"[②]"性與天同道，命與人同欲。"[③]性與命對於人，如同天上的日與月一樣。日月相合則交相輝映，所謂常明。故由此得出性與命合則長生。這就爲南宗性命雙修奠定了自然哲學基石。

其次，白玉蟾從道教生命發生論的角度闡述了性命雙修的生命哲學基礎。《無極圖説》云："夫道也，性與命而已，性無生也，命有生也。"[④]性與命是道本體的兩個體現。性乃先天而來，屬於自然稟賦；命乃後天養成，可以生發。白玉蟾在《性命日月論》中對性命雙修的必要性和意義作了深入闡釋，爲此還勾勒出一《性命之圖》[⑤]加以展示，有關内容詳見下節"内外丹合煉"。

最後，白玉蟾從道教修煉角度論述了性命雙修的必要性和現實意義：

> 命者，因形而有，性則寓乎有形之後。五臟之神爲命，七情所係也。[⑥]
>
> 命合於性，則交感而成丹，丹化爲神則不死。[⑦]

白玉蟾在强調性命雙修的同時，力主心性修煉。煉形修命的最終目的也在於"煉形以養神，明心以合道"。這是因爲"形中以神爲君，神乃形之命也；神中以性爲極，性乃神之命也"。衹有注重心性之修煉，纔能"自形中之神以合神中之性"，達到"歸根復命"。[⑧]

南宗後學在性命雙修問題上也秉承宗師傳統，對性命雙修有清晰的總結。例如，《丹經極論》云：

> 乾道變化，各正性命。夫變化之道，性自無中而有，必藉命爲體，命自有中而無，必以性爲用。性因情亂，命逐色衰。命盛則神全而性昌，命衰則性弱而神昏。夫性者，道也，神也，用也，静也，陽中之陰也；命者，生也，體也，動也，陰中之陽也。斯二者相需，一不可缺。孤陽不立，孤陰不成，體用雙

① (宋)白玉蟾：《海瓊白真人全集》卷三《性命日月論》，《道藏精華》第十集之二，臺北：自由出版社，1956年，第409頁。

② (宋)白玉蟾：《海瓊白真人全集》卷三《無極圖説》，《道藏精華》第十集之二，第384頁。

③ (宋)白玉蟾：《海瓊白真人全集》卷三《性命日月論》，《道藏精華》第十集之二，第409頁。

④ (宋)白玉蟾：《海瓊白真人全集》卷三，《道藏精華》第十集之二，第383頁。

⑤ 《海瓊傳道集》，《道藏》第33册，第150頁。

⑥ (宋)白玉蟾：《海瓊白真人全集》卷三《性命日月論》，《道藏精華》第十集之二，第409頁。

⑦ (宋)白玉蟾：《海瓊白真人全集》卷三《性命日月論》，《道藏精華》第十集之二，第409頁。

⑧ (宋)白玉蟾：《謝張紫陽書》，《修真十書・雜著・指玄篇》卷六，《道藏》第4册，第625頁。

全,方爲妙道。[①]

性命關係是道教内煉必須解決的核心問題。作者先從有無範疇來解説性與命是一種體用關係。性從無中生有,必藉命爲體;命從有中變無,必以性爲用。此後,作者進一步從陰陽、動静範疇來解説性與命不可分離關係。性主静,屬陽中之陰;命主動,乃陰中之陽。而孤陽不立,孤陰不成,陰陽相需,動静互補。由此,作者最後推論出性以命爲體,命以性爲用,二者相需,缺一不可。構成比較圓融的道教性命雙修理論。

在道教典籍中,形神、身心、神氣與性命存在著一一對應的關係,南北朝時期茅山宗祖師陶弘景纂輯的《養性延命録》卷上《教誡篇》引《神農經》《莊子》《列子》《混元妙真經》及其他養生要語,總論"養性延命"的理法,謂"夫禀氣含靈,唯人爲貴。人所貴者,蓋貴爲生"[②]。但"神者生之本,形者神之具也,神大用則竭,形大勞則斃。神形早衰,欲與天地長久,非所聞也。故人所以生者神也,神之所託者形也。神形離别則死"[③]。要使人却病延年,以至長生,就必須"存神煉形","遊心虚静,息慮無爲",使神不勞;去聲色,遠名利,善攝養,使體不疲;加上服餌良藥,"則百年耆壽是常分也"。[④] 如此方可使神、形得到合理的保養與鍛煉,此乃"養性延命"之道理。

形,指形體,包括人體的臟腑、皮肉、筋骨、脈絡及其充盈其間的精血,道教認爲形是生命活動之宅。神,指人體的精神思維活動,包括神、魂、意、志、思、慮、智,道教認爲神是人體生命活動的主宰。

道教普遍認爲,形與神密不可分:形須神以立,神須形以存。在道教典籍中,形與神、性與命、氣(精乃氣之精)與神諸對範疇之間,存在相互對應關係,即:

形——身——(精)氣——命——煉氣——命功
|　|　|　|　|　|
神——心——神——性——存神——性功

基於對這種相互關係的認同,南宗道士均反對將形與神、身與心、神與氣割裂開來。南宗門人王慶升在《爰清子至命篇序》中也指出,"性命一也",反對"捨性命以求道":

---

① 《道藏》第 4 册,第 346 頁。

② 《養性延命録序》,《道藏》第 18 册,第 474 頁。

③ (梁)陶弘景集:《養性延命録》卷上,《道藏》第 18 册,第 476 頁。

④ 《養性延命録序》,《道藏》第 18 册,第 474 頁。

人心道心云者，盡性之謂也。性苟盡矣，命斯可至焉。可道常道云者，至命之謂也。性猶未盡，烏可至於命也？捨性命以求道而得之者，未之有也。性命一也，有存滅者焉，有長生不滅者焉，有生死者焉，有長生不死者焉。存而滅，生而死，天下皆是也。①

南宗對性命關係的闡述並未停留在道教哲學本根範疇的層面上，南宗是一個注重實修的道教宗派，因此對性命關係多從法術層面予以闡述。性與命不可獨修，獨修不成。"欲修性者，必以道全其神；欲修命者，必以術延其形。道術相符，則性命會合矣"②，顯示出南宗性命雙修理論的特色。

南宗在性命雙修上普遍重命功，對有形之身十分看重，反對離身求命求性，有所謂"性命身混合説"。《玄宗直指萬法同歸》卷一《性命混合圖説》云：

性者，元神之妙也。萬物莫不均得之，其體至静、至虛、至玄，在聖不增，在愚不減，在古不變，在今不移。天下之動，不能動其動；天下之至，不能至其至。此所以爲性也。命者，元炁之正也。炁之與物，謂之命又令也。令之爲人，奉行天地之情性也。在物則有窮通，在理本無生死。萬物無常，此形器之物於分限者也。而元命未嘗斷續焉，以不召而行，所以謂命也。身者，令根本也。始於無形，因緣父母而成其象，實受天地之正炁，故肖天地以爲形，眼視耳聽，鼻嗅舌談，意知情識，手執足蹈，此所以爲身也。非身則性命無所寄，非性命則身無所主。混而合之曰人。③

身、性、命三者是生命存在的要素，所謂"混而合之曰人"。接著以牛、車、寶物三者來比喻身、性、命關係，十分獨特。其卷一《牛車寶諭身性命説》云：

夫性人之所性也，物無不均有之。身者，人之本也，性命之所寄也。命者，炁之序也，生生之所由也。受天命以爲人，奉行天地之情性也。身非命不能立其本，命非身無由存其生。性非身命不能寄之以靈，成之以善，此三者不能須臾離乎本也。今借寶諭乎性，車諭乎身，牛諭乎命。寶者，貴重之物也。車者，容載之物也。牛者，承行之物也。夫以寶載車，然後駕之以牛，故牛行車行，寶在其上矣。牛能行不能載，車能載不能行，寶雖貴，非牛與車亦不載矣。故牛非車則無所運，車非寶則無所載。④

---

① (宋)王慶升：《爰清子至命篇序》，《道藏》第24册，第195頁。

② 《存神固氣論》，《道藏》第10册，第706頁。

③ (元)牧常晁：《玄宗直指萬法同歸》卷一，《道藏》第23册，第914頁。

④ (元)牧常晁：《玄宗直指萬法同歸》卷一，《道藏》第23册，第914頁。

身者人之本也,性命之所寄。身如同牛車,拉車的牛如同命,車上載的寶物就是性。車、牛、寶物三位一體,不可分離。以此比喻身、性、命三者之間的關係,身非命不能立其本,命非身無由存其生。性非身、命不能寄之以靈,成之以善,此三者不能須臾離乎本也。

但也有南宗門人對這一問題有不同見解。周無所住《金丹直指》即是一例。作者"皆言性宗",罕言命功。對此,周無所住有自己的解釋:

> 或問:《金丹直指》既明道要,但十六頌皆言性宗,語於命學恐或不然?答曰:金丹論本性長存,是名金剛不壞,即《悟真篇》金丹妙色之身,證真金慈相,昔龍女頓悟心珠,乃此法也。學者罕明本性,向外馳求。説龍話虎便爲命學,無爲之道便爲談空。噫,何見之偏!是未知盡性以至於命矣。性即命,命即性。空劫之先,性命混然,無名無字,纔墮語言,便分爲兩。但静極不能不動,動則天命流行。動極復静,天命之性歸根,依然空劫之體無所虧欠。動静循環,曷有止息。是知出於命者謂之性,歸於性者謂之命。性命同出而異名也。安得性外求命,命外求性者乎!若不明動静之機,便指性命爲二事,一言之又是錯認。紫陽張真人云:性命之道未備,則運心不普。紫清白真人云:若曉《金剛》《圓覺》二經,則金丹之義自明,何必分别老釋之異同也。①

出於命者謂之性,歸於性者謂之命。性命同出而異名也。不能性外求命,也不能命外求性。也就是説,性與命是不可分的,明確反對"指性命爲二事"。

南宗的性命説與全真道性命説有所差異。馬丹陽曾就性命問題請教重陽祖師:

> 馬丹陽問重陽祖師曰:甚是論祖宗、性命、根蒂、龍虎、鉛汞、刀圭……祖師答曰:宗者是性也,祖者是命也,名曰祖宗。丹陽又問:何名見性命?祖師答曰:性者是元神,命者是元氣,名曰性命也。丹陽又問:何者爲根蒂?祖師答曰:根者是性,命者是蒂也。②

金丹派南宗與全真道雖然都以性命雙修爲修道要則,但在性與命的理解和認識上有所差别。全真道以性爲根,以命爲蒂。而南宗則以命爲入手工夫。下面我們以白玉蟾《玄關顯秘論》爲主要文獻,具體詮釋南宗丹法要義。

---

① (宋)周無所住述:《金丹直指》,《道藏》第 24 册,第 91 頁。

② 《重陽真人授丹陽二十四訣》,《道藏》第 25 册,第 807 頁。

二、《玄關顯秘論》與南宗丹法要義

《玄關顯秘論》最早見於白玉蟾弟子留元長編集的《海瓊問道集》，存明代《正統道藏》。而《修仙辨惑論》最早見於《修真十書・雜著・指玄篇》卷四，並未署作者姓名，筆者曾考證《修仙辨惑論》當爲白玉蟾弟子整理輯録的關於白玉蟾與其師陳泥丸之間論道的學仙指要，也就是説《修仙辨惑論》並非白玉蟾親自所著。《海瓊問道集》也並非白玉蟾親作，而是白玉蟾述，其弟子記録整理的。《海瓊問道集》之《玄關顯秘論》對後世道教影響很深，例如元末明初董漢醇編的《群仙要語纂集》卷下就全文收録，題爲《白玉晢(蟾之誤，引者注，以下徑改)玄關顯秘論》①。明代福建莆田從野逸人彭在份撰的《讀丹録》②也録有白玉蟾《玄關(顯)秘論》。明代成化癸卯(1483)六月御製的《群仙集》卷上也有收入，題《白玉蟾玄關顯秘論章第三》。③ 經筆者對勘，此乃《玄關顯秘論》的摘要本，其文第一部分從開頭"論曰：一言半句便通玄，何用丹經千萬篇"到"煉形之妙，在乎凝神，(凝神)則炁聚，(炁聚)則丹成，(丹成)則形固，形固則神全矣"。而中間有一大段從"故宋齊邱曰：忘形以養氣，忘氣以養神"至"水緑山青，盡發露虎龍之旨"，悉數省略。而後一段則從"玉蟾曰：我初從先師泥丸學道丹法，每遇日中之冬至則開乾破巽，留坤塞艮"至"日復一粒，神歸炁復，充塞天地也"。④ 此後有一段話"孟子曰：善養吾浩然正氣"至"敬書以授留紫元云"省略，且文字表述上也略有差異。《海瓊問道集》之《玄關顯秘論》與《修真十書・雜著・指玄篇》之《修仙辨惑論》，集中反映了南宗的丹道思想。⑤

《海瓊問道集》是白玉蟾述，其弟子記録整理的南宗丹法文獻。之所以要作《玄關顯秘論》，白玉蟾在最後有一段内心表白：

---

① 《白玉蟾玄關顯秘論》，《群仙要語纂集》卷下，《道藏》第32册，第456～458頁。

② 《四庫全書・子部・道家類》存目，《提要》云："《讀丹録》無卷數。浙江巡撫采進本。明彭在份撰。在份，號從野逸人，莆田人。是書論道家煉丹養生之法。前列道宗，起漢欒巴以下寥寥數則，次總論，次録杜道堅歌，次録白玉蟾《玄關秘論》。自是以下，皆所自著，詳論修煉之法，自習静至崑崙，共分四十四篇。其大旨以斷欲清净爲宗，以煉氣凝神爲要云。"(《四庫全書總目提要》卷一四七，北京：中華書局，1997年，第1968頁)

③ 《群仙集》卷上，《藏外道書》第18册，成都：巴蜀書社，1992年，第216頁。

④ 《群仙集》卷上，《藏外道書》第18册，第216～218頁。

⑤ 《修仙辨惑論》雖非白玉蟾親撰，但其所闡述的南宗思想影響很大，後人甚至將其視爲道教主要經典，收入《太上十三經》。道教内丹西派祖師清代李涵虚稱："閲丹經甚多，惟此無半點虚語，故刻於十三經之後，爲達者共賞。"(《道藏精華》第二集之二《太上十三經注》，第156頁)

> 予既得此,不敢自默。太上玄科曰:遇人不傳失天道,傳非其人泄天寶。天涯海角,尋遍無人,不容輕傳,恐受天譴。深慮大道無傳,丹法湮泯,故作《玄關顯秘論》,蓋將曉斯世而詔後學,以壽金丹一線之脈也。……學者思之,敬書以授留紫元云。[①]

白玉蟾從先師陳楠得授丹法,不敢自默,深慮夫大道無傳,丹法湮泯,故作《玄關顯秘論》,將南宗内煉的玄關要妙一一顯秘給弟子。其主要丹道思想有如下四方面。

1.修煉須知"歸根復命"的關竅所在

> 一言半句便通玄,何用丹書千萬篇。人若不爲形所累,眼前便是大羅天。若要鍊形鍊神,須識歸根復命。所以道歸根自有歸根竅,復命還尋復命關。[②]

南宗丹法反對泥文執象,内煉丹法固然衆多,但歸根到底還是要以"歸根復命"爲主旨。然而,"道歸根自有歸根竅,復命還尋復命關"。因此修煉者必須瞭解和掌握何以能歸根復命之關竅,"且如這個關竅,若人知得真實處,則歸根復命何難也"[③]。

内煉的關竅也稱玄關,十分重要,這是"識神仙訣""尋造化根"的關鍵。"蓋道之基,丹之本,龍虎之宗,鉛汞之祖,三火所聚,八水所歸,萬神朝會之門,金丹妙用之源,乃歸根復命之關竅也。"[④]故南宗宗師在傳授丹法時要將"玄關"一一顯秘,授予有道之人。

2.煉形之妙,在乎凝神

南宗從道即心、心即道的道心論思想出發,指出命功修煉的煉形之訣要在於冥心凝神。

> 以是知即心是道也。故無心則與道合,有心則與道違。惟此無之一字,包諸有而無餘,生萬物而不竭。天地雖大,能役有形,不能役無形。陰陽雖妙,能役有氣,不能役無氣。五行至精,能役有數,不能役無數。百念紛起,能役有識,不能役無識。今夫修此理者,不若先鍊形。鍊形之妙,在乎凝神。凝神則氣聚,氣聚則丹成,丹成則形固,形固則神全。[⑤]

---

① 《玄關顯秘論》,《海瓊問道集》,《道藏》第33册,第143頁。
② 《玄關顯秘論》,《海瓊問道集》,《道藏》第33册,第141頁。
③ 《玄關顯秘論》,《海瓊問道集》,《道藏》第33册,第141頁。
④ 《玄關顯秘論》,《海瓊問道集》,《道藏》第33册,第143頁。
⑤ 《玄關顯秘論》,《海瓊問道集》,《道藏》第33册,第142頁。

命功的基礎是養氣固形，主要表現爲有形之氣的煉養，然而有形之氣的役使離不開無形的心神修煉，二者是相互補益的關係。冥心凝神就可以使氣聚而不散，氣聚則丹成，丹成則形固，形固則神全。故《玄關顯秘論》稱煉形的訣要在於心之神的凝聚，"若學道之士，冥心凝神，致虚守静，則虚室生白"①。這就是内煉的自然之道理。

3.采精神以爲藥，取静定以爲火

道教丹法歷來有"聖人傳藥不傳火"的説法，而《玄關顯秘論》則將内煉的火候訣要顯秘出來。

> 惟太上度人，教人修鍊，以乾坤爲鼎器，以烏兔爲藥材，以日魂之升沉，應氣血之升降，以月魄之虧盈，應精神之衰旺，以四季之節候，應一日之時刻，以周天之星數，應一爐之造化。是故採精神以爲藥，取静定以爲火。以静定之火，而鍊精神之藥，則成金液大還丹。②

《玄關顯秘論》以静定爲火候訣要，自有其道理，"蓋真陰真陽之交會，一水一火之配合，要先辨浮沉，次明主客，審抽添之運用，察反覆之安危"，"若能於静定之中，抱冲和之氣，守真一之精，則是封爐固濟以行火候也"。③ 白玉蟾强調以静定爲火候訣要，是南宗修心煉性指導思想下的産物。

> 火本南方離卦，離屬心，心則神也，神則火也；氣則藥也，以火鍊藥而成丹者，即是以神御氣而成道也。④

白玉蟾在《玄關顯秘論》中總結其從先師陳泥丸學習丹法，體悟獲得真訣：

> 其訣曰：用志不分，乃可凝神；灰心冥冥，金丹内成。此予之所得也。⑤

白玉蟾特别指出此訣要乃自家所得，並引施肩吾的丹詩爲證：

> 如昔施肩吾之詩曰："氣是添年藥，心爲使氣神。能爲行氣主，便是得仙人。"⑥

白玉蟾盛讚施肩吾此詩簡明，"通玄造妙"，與其本人悟得的行火真訣理通義合，

---

① 《玄關顯秘論》，《海瓊問道集》，《道藏》第 33 册，第 142 頁。
② 《玄關顯秘論》，《海瓊問道集》，《道藏》第 33 册，第 142 頁。
③ 《玄關顯秘論》，《海瓊問道集》，《道藏》第 33 册，第 142 頁。
④ 《玄關顯秘論》，《海瓊問道集》，《道藏》第 33 册，第 142 頁。
⑤ 《玄關顯秘論》，《海瓊問道集》，《道藏》第 33 册，第 143 頁。
⑥ 《玄關顯秘論》，《海瓊問道集》，《道藏》第 33 册，第 143 頁。

修煉之士當佩而誦之。

4.内煉入手操作的二十四字真言

白玉蟾"復恐世人猶昧此理",在文本最後,又再次總結南宗丹法入手操作工夫:

> 以眼視眼,以耳聽耳,以鼻調鼻,以口緘口,潛藏飛躍,本乎一心。①

這二十四字内煉操作的真言,入手工夫具體而微。《海瓊傳道集》中有《和合四象之圖》②。從此圖可以看出,南宗修煉命功從眼(色,東方青龍)、鼻(息,西方白虎)、口(語,南方朱雀)、耳(聲,北方玄武)入手,調整身心的關鍵之處還是落實到無念(居中之土)上。做到"眼不外觀,耳不外聽,節飲食,省睡眠,絶笑談,息思慮"③,此入手工夫簡明扼要,且落實到"一心"之修煉,與《莊子》心齋法"聽之以心"④有異曲同工之妙,但比莊周的心齋法更形象,且可操作性更强。白玉蟾在得悟丹法後,"不敢自默",將丹法操作下手工夫顯秘給南宗弟子。

白玉蟾並進一步指示:丹法要訣"本乎一心",故"先當習定凝神,懲忿窒欲,懲忿窒欲,則水火既濟。水火既濟,則金木交併,金木交併,則真土歸位,真土歸位,則金丹自然大如黍米"。弟子如法修煉,自然就可以煉就金丹,"日復一粒,神歸氣復,充塞天地",達到與道合真,不朽於天地之間。⑤

三、"丹法參同"與南宗丹法體系的構建

道教内煉必須依據一定的丹訣來進行。白玉蟾針對已往丹家"互立一説,各執一見",在丹訣術語上"名既不一,事復多端"之弊,指出内丹修煉不可拘泥於丹訣卦爻法象:

> 先聖仰觀天文,俯察地理,近取諸身,遠取諸物,創爲丹訣,以長生不死之意,以淑人心,其實一理也。……在天則爲日月星辰,在地則爲禽獸草木,

---

① 《玄關顯秘論》,《海瓊問道集》,《道藏》第 33 册,第 143 頁。

② 《海瓊傳道集》,《道藏》第 33 册,第 148 頁。

③ 《海瓊白真人語録》卷四,《道藏》第 33 册,第 135 頁。

④ 《莊子・人間世》:(顔)回曰:"敢問心齋?"仲尼曰:"若一志,無聽之以耳而聽之以心,無聽之以心而聽之以氣!聽止於耳,心止於符。氣也者,虚而待物者也。唯道集虚。虚者,心齋也。"[(清)郭慶藩撰:《莊子集釋》卷二,北京:中華書局,1961 年,第 1 册,第 147 頁]對比白玉蟾入手口訣與心齋法,筆者以爲,白玉蟾的南宗"法法皆心法"、修心即修道的丹法思想,並非一如學界所云受佛教禪宗之影響,而是自有其思想淵源,此即一例。

⑤ 《玄關顯秘論》,《海瓊問道集》,《道藏》第 33 册,第 143 頁。

在人則爲夫婦男女。以易道言之，則乾坤坎離也；以五運言之，則金木水火也；以藥物言之，則鉛銀砂汞也；以丹道言之，則龍虎烏兔也。用之則有壇爐鼎灶之名，行之則有升降交合之象，體之則有浮沉清濁之變，則之則有陰陽寒暑之候。聖人故曰採以藥物，煉以火候，結而成丹，超凡入聖。①

白玉蟾認爲内煉養生雖有日月、龍虎、鉛汞、坎離、壇爐鼎灶、升降沉浮之類繁多的術語，但這些都是丹家觀物取象，以象徵手法來形容内煉的過程，故雖名稱各異，但金丹之道其實一理也，"不過陰陽二字"：

夫道不可得而名言，惟弘之在人耳。所以前輩著述丹經，又形而爲之歌詩契論，皆顯露金丹之旨，必欲津筏後學，率歸仙畛。所謂鉛銀汞砂者，即龍虎水火也。所謂烏兔房壁者，即馬牛龜蛇也。所謂夫婦男女者，即君臣子母也。所謂乾坤坎離者，即天地日月也。喻之爲丁公黄婆，名之爲嬰兒姹女，假之爲黄芽白雪，不過陰陽二字。覬乎尸解，積漸乎飛昇。以要言之，形與神也，身與心也，神與氣也，性與命也，其實一理。攢五行而聚五氣，會三性而結三花，如是而修謂之丹，如是而入謂之道。②

鉛—銀—汞—砂

龍—虎—水—火

烏—兔—房—壁

馬—牛—龜—蛇

夫—婦—男—女

君—臣—子—母

乾—坤—坎—離

天—地—日—月

喻之爲丁公黄婆，名之爲嬰兒姹女，假之爲黄芽白雪，不過陰陽二字。

修習丹法運用口訣時，要做到"取之於内而不泥其内象，取之於外而不求其外物"，"衆楚不可一齊，要在吾所遇、所傳、所得如何耳"。③ 也就是説，内丹煉養要從實際出發，注重實際煉養效果，切不可偏執一詞以至"泥文執象"而不拔。白玉蟾指出：

---

① 《海瓊白真人全集》卷七，《道藏精華》第十集之二，第 922～923 頁。

② （宋）白玉蟾：《修真十書・上清集》卷三七《駐雲堂記》，《道藏》第 4 册，第 773 頁。

③ 《瓊琯白真人集》，《重刊道藏輯要・婁集四》，第 5 頁。

> 今夫知金丹之妙也,夫何用泥象之安鑪,著相而造鼎。謂如黄芽白雪,非可見之黄芽白雪;神水華池,非可用之神水華池。喻之爲鉛精汞髓,比之爲金精木液,何處烹偃月之鑪?何處鍊朱砂之鼎?知此則曰日烏月兔也,天馬地牛也。①

也就是説,内煉口訣中的安爐、造鼎、黄芽白雪、神水華池皆是借用外丹有形之物來象徵和比喻。爲此,白玉蟾還總結歸納出"丹法參同二十貫穿"爲内煉養生的一條訣要,即在天爲日月星辰,在地爲山河草木;在人爲夫婦男女,在易爲乾坤坎離;在象爲龍虎烏兔,在數爲九三二八;在藥爲鉛銀砂汞,在醫爲燥濕寒温;在内爲經絡營衛,在外爲皮膚毛血;在形爲心腎肝肺,在時爲陰陽寒暑;在運爲金木水火,在用爲精神魂魄;在道爲隱顯動静,在物爲壇爐鼎室;在妙爲虚無自然,在方爲東西南北;在色爲青紅黑白,在景爲春夏秋冬。這種在丹訣上反對"泥文執象"的認識,有助於破除内煉的玄秘性和煩瑣習氣,發揮南宗丹法的養生保健作用。

《玄宗直指萬法同歸》卷三亦云:"丹經不過託象以明理,借物以明心,若曉得性命之原,火候之妙,則諸象之物皆可棄,有言之道皆可忘,何必爲文字所轉也。"②

基於上述破除"泥文執象"的丹訣觀,白玉蟾創製了道教内丹史上别具一格的《鈎鎖連環經》。兹節録如下:

> 太乙元君曰:金丹即是汞,汞即是鉛,鉛即銀,銀即砂,砂即金,金即錫,錫即水銀,水銀即青金,青金即白金,白金即黑金,黑金即黄金,黄金即紫金,紫金即河車,河車即黄芽,黄芽即白雪,白雪即玉符,玉符即神水,神水即華池,華池即青龍,青龍即白虎,白虎即朱雀,朱雀即玄武,玄武即勾陳,勾陳即黄房,黄房即真土,真土即戊己,戊己即金木,金木即水火,水火即卯酉,卯酉即兔雞,兔雞即烏兔,烏兔即龜蛇,龜蛇即馬牛,馬牛即乾坤,乾坤即坎離,坎離即雌雄,雌雄即夫婦,夫婦即子孫……赤子即聖胎,聖胎即三關,三關即金液,金液即玉液,玉液即刀圭,刀圭即丹田,丹田即絳宫,絳宫即泥丸,泥丸即氣海,氣海即腎,腎即心,心即道,道即法,法即術,術即虚無,虚無即自然,自然即運用,運用即火,火即藥,藥即氣,氣即神,神即丹頭……元始即一氣,一氣即虚空,虚空即虚無,虚無即混沌,混沌即金丹。③

---

① (宋)白玉蟾:《修真十書・雜著・指玄篇》卷六,《道藏》第 4 册,第 625 頁。

② (元)牧常晁:《玄宗直指萬法同歸》卷三,《道藏》第 23 册,第 929 頁。

③ 《海瓊傳道集》,《道藏》第 33 册,第 151 頁。

《鈎鎖連環經》乃白真人爲弟子講演丹法之書，此經集中體現了白玉蟾在丹法上反對“泥文執象”的丹訣觀，聲稱“得悟之者，可傳聖道”①。別開生面，對南宗丹法也多有發明。

南宗丹道思想十分豐富，在修道理論建設方面形成了自己獨到的體系。白玉蟾的《丹法參同三十對偶子》別具一格地提煉出南宗丹法思想的三十對範疇：

> 清濁、盈虧、衰旺、存亡、有無、吉凶、悔吝、生剋、刑德、動静、進退、消長、賓主、沉浮、升降、老嫩、文武、剛柔、離合、聚散、往來、上下、雌雄、黑白、守戰、生殺、剥復、深淺、抽添、寒暑。②

白玉蟾另一丹道文本《丹法參同二十貫穿子》則闡述得更系統形象：

> 在天爲日月星辰，在地爲山河草木，在人爲夫婦男女，在易爲乾坤坎離。在象爲龍虎烏兔，在數爲九三二八，在藥爲鉛銀砂汞，在醫爲燥濕寒温，在内爲經絡榮衛，在外爲皮膚毛血，在形爲心腎肝肺，在時爲陰陽寒暑。在運爲金木水火，在用爲精神魂魄，在道爲隱顯動静，在物爲壇爐鼎室。在妙爲虚無自然，在方爲東西南北，在色爲青紅黑白，在景爲春夏秋冬。③

在《丹法參同二十貫穿子》中，白玉蟾在天人同構理論、大小宇宙理論背景框架下，將易象數、藥醫、臟腑與内煉火候、方位、季節、景色一一對應貫穿起來，可簡約圖示如下：

天	日	月	星	辰
地	山	河	草	木
人	夫	婦	男	女
易	乾	坤	坎	離
象	龍	虎	烏	兔
數	九	三	二	八
藥	鉛	銀	汞	砂
醫	燥	濕	寒	温

① 道藏本在《鈎鎖連環經》文末還有“老君曰”“張紫陽曰”“陳泥丸云”“關尹子曰”“白玉蟾曰”“道光和尚曰”“劉海蟾曰”“吕真人曰”“鍾離雲房曰”。其中白玉蟾曰：“得悟之者，可傳聖道，無悟無得，悟者自得，得悟聖道。無古無今，其去非古，其來非今。所可傳者只謂之事，不謂之道。道本無傳，道無聲色，道無相貌，道無古今，道無往來。”（《道藏》第33册，第152頁）

② 《海瓊傳道集》，《道藏》第33册，第148頁。

③ 《海瓊傳道集》，《道藏》第33册，第148頁。

内	經	絡	榮	衛
外	皮	膚	毛	血
形	心	腎	肝	肺
時	陰	陽	寒	暑
運	金	木	水	火
用	精	神	魂	魄
道	隱	顯	動	静
物	壇	爐	鼎	室
妙	虚	無	自	然
方	東	西	南	北
色	青	紅	黑	白
景	春	夏	秋	冬

二十對"貫穿子",每對有四項。以天地人爲核心,分别從易象數、藥醫、内外形、時運用、道物、妙方、色景方面,勾連網絡成内煉理論思想模型。采用象徵思維,將内煉的鼎器、藥物、火候與天地日月星辰、人體臟腑經絡、方位、季節一一對應起來,相互比擬,直觀形象,别具一格。

正是在上述南宗性命雙修丹道論思想及"法法皆心法"的心法思想指導下,白玉蟾《丹法參同十九訣》將内丹煉養步驟總結歸納爲十九個步驟,即采藥、結丹、烹煉、固濟、武火、文火、沐浴、丹砂、過關、分胎、温養、防危、工夫、交媾、大還、聖胎、九轉、换鼎、太極,並分别歸納出如下要訣:

一　采藥:收拾身心,斂藏神氣
二　結丹:凝氣聚神,念念不動
三　烹煉:玉符保神,金液鍊形
四　固濟:忘形絶念,謂之固濟
五　武火:奮迅精神,驅除雜念
六　文火:専氣致柔,含光默默;温温不絶,綿綿若存
七　沐浴:洗心滌慮,謂之沐浴
八　丹砂:有無交入,隱顯相符
九　過關:果生枝上終期熟,子在胞中豈有殊
十　分胎:雞能抱卵心常聽,蟬到成形殼自分
十一　温養:知白守黑,神明自來

十二　防危：一念外馳，火候差失

十三　工夫：朝收暮採，日鍊時烹

十四　交媾：念念相續，同成一片

十五　大還：對景無心，晝夜如一

十六　聖胎：蟄其神於外，藏其氣於内

十七　九轉：火候足時，嬰兒自現

十八　換鼎：子又生孫，千百億化

十九　太極：形神俱妙，與道合真①

上述内煉步驟分爲十九個階段，較以往丹書的内煉步驟與程式更爲細化和明晰，也更具實踐操作性。從十九個階段的要訣内容來分析，我們不難看出南宗内煉既有修身煉形的命功，也有修心煉神的性功，而且命功與性功交錯進行，甚至在同一階段命功與性功耦合不分，同時進行。例如本來屬於傳統的命功的采藥（收拾身心，斂藏神氣）、結丹（凝氣聚神，念念不動）、固濟（忘形絶念，謂之固濟）、武火（奮迅精神，驅除雜念）、文火（專氣致柔，含光默默；温温不絶，綿綿若存）、沐浴（洗心滌慮，謂之沐浴）、分胎（雞能抱卵心常聽，蟬到成形殼自分）、温養（知白守黑，神明自來）等環節，其下手訣要也强調修心煉性，將命功與性功融爲一體，顯示出南宗性命雙修理論思想的特色。

（責任編輯：趙衛東）

① 《海瓊傳道集》，《道藏》第33册，第150頁。

金元全真宗師齋醮弘道心態探析

□張澤洪

摘要：金元時期全真宗師的齋醮弘道活動，是道教科儀史上值得研究的問題。金元全真宗師齋醮詩篇流露的心態，反映了全真宗師以齋醮弘揚大道的情懷。全真道作爲金元興起的新道教，其齋醮承襲了唐宋靈寶齋法的科儀。全真宗師對齋醮弘道的社會功能有清楚的認識，齋醮有效擴大了全真道在社會政治生活中的影響力，從齋醮功能的視角可以探討金元全真道興盛發展的歷史原因。本文對全真宗師從事齋醮活動心態的分析，是道教科儀史解讀研究新方法的一種嘗試。

關鍵詞：全真宗師　國家齋醮　傳教弘道　心態史

作者簡介：張澤洪，四川大學道教與宗教文化研究所教授，主要從事道教科儀、少數民族道教等研究。

齋醮科儀是道教濟世度人的儀式活動，也是道教傳播教義、影響信衆的主要方式。金元之際的全真道諸宗師通過齋醮科儀，擴大了全真道在社會政治中的影響力。一代全真宗師爲傳教弘道，積極參與國家和地方的齋醮法事，以齋醮科儀活動實踐濟世度人宗旨。學界已有研究揭示了金元全真道國家齋醮的興盛，全真宗師參與的國家齋醮壇場之宏大威儀。[①] 但金元全真道齋醮對靈寶齋法古科的傳承，全真宗師齋醮詩詞中反映的心態，還值得從科儀史、心態史的宏觀視野予以解讀分析。

---

① 參見張澤洪：《金元全真道齋醮科儀初探》，陳鼓應主編：《道家文化研究》第二十三輯，北京：生活·讀書·新知三聯書店，2008年，第167～191頁；張澤洪：《金元時期的全真宗師與國家齋醮》，劉鳳鳴主編：《丘處機與全真道——丘處機與全真道國際學術研討會論文集》，北京：中國文史出版社，2008年，第158～170頁。

一、金元全真科儀傳承唐宋靈寶齋法

(一)全真宗師的國家齋醮是靈寶齋法的傳承

金元之際全真宗師爲國家舉建的大型齋醮,其科儀傳承了唐宋道教的靈寶齋法。金世宗大定二十八年(1188),全真宗師丘處機、王處一,在中都燕京天長觀主持國家齋醮。[①]《金史》卷一〇《章宗紀二》記載:章宗在承安元年(1196)九月丁丑朔天壽節,承安二年(1197)秋七月壬寅朔,泰和元年(1201)三月壬申,三次在燕京天長觀建大醮。其中承安二年"秋七月壬寅朔,幸天長觀,建普天大醮"[②]。《元史》載元世祖、元成宗、元泰定帝、元文宗時期,都曾在長春宫舉行國家齋醮。[③]史籍所見金元全真宗師多次在京師舉建大型國家齋醮,將唐宋以來道教舉建的國家齋醮活動推向高潮。

金元時期全真宗師舉行的國家齋醮,多爲普天大醮、周天大醮等大型法會,其壇儀則沿襲唐宋國家齋醮的規制。按照唐宋道教齋醮科儀的規制,道教已有履行國家齋醮的壇儀。《翊聖保德真君傳》載:

> 結壇之法有九,上三壇則爲國家設之。其上曰順天興國壇,凡星位三千六百,爲普天大醮,旌旗鑑劍,弓矢法物,羅列次序,開建門户,具有儀範。其中曰延祚保生壇,凡星位二千四百,爲周天大醮,法物儀範,降上壇一等。其下曰祈穀福時壇,凡星位一千二百,爲羅天大醮,法物儀範,降中壇一等。……中三壇則爲臣寮設之。其上曰黄籙延壽壇,凡星位六百四十;其中曰黄籙臻慶壇,凡星位四百九十;其下曰黄籙去邪壇,凡星位三百六

---

① 丘處機《磻溪集》卷三《世宗挽詞》引言説大定戊申(1188)春二月待詔於天長觀,"旨令處機作高功法師,主萬春節醮事"(《道藏》第25册,北京:文物出版社、上海:上海書店、天津:天津古籍出版社,1988年,第823頁)。

② (元)脱脱等撰:《金史》卷一〇,北京:中華書局,1975年,第1册,第242頁。

③ 《元史》卷五《世祖紀二》載中統三年(1262)十一月"丁亥,敕聖安寺作佛頂金輪會,長春宫設金籙周天醮"[(明)宋濂等撰:《元史》卷五,北京:中華書局,1976年,第1册,第88頁]。《元史》卷八《世祖紀五》載至元十一年(1274)春正月"丁酉,長春宫設周天金籙醮七晝夜"[(明)宋濂等撰:《元史》卷八,第1册,第153頁]。《元史》卷一〇《世祖紀七》載至元十五年(1278)二月"庚子,敕長春宫修金籙大醮七晝夜"[(明)宋濂等撰:《元史》卷一〇,第1册,第207頁]。《元史》卷一〇《世祖紀七》載至元十六年(1279)十二月丁酉,"敕自明年正月朔日,建醮於長春宫,凡七日,歲以爲例"[(明)宋濂等撰:《元史》卷一〇,第1册,第218頁]。《元史》卷一八《成宗紀一》載成宗元貞元年(1295)春正月癸亥"詔道家復行金籙科範"[(明)宋濂等撰:《元史》卷一八,第2册,第390頁]。《元史》卷三五《文宗紀四》載文宗至順二年(1331)三月癸巳,"召亳州太清宫道士馬道逸、汴梁朝天宫道士李若訥、河南嵩山道士趙亦然,各率其徒赴闕,修普天大醮"[(明)宋濂等撰:《元史》卷三五,第3册,第780頁]。

十。……下三壇則爲士庶設之。其上曰續命壇,凡星位二百四十;其中曰集福壇,凡星位一百二十;其下曰却災壇,凡星位八十一。……此九壇之外,别有應物壇。或六十四位,或四十九位,或二十四位,法物所須,各以差降,士民之類,可量力而爲之。①

按照三等九級結壇之法中上三壇的科儀格式,普天大醮供奉三千六百神真聖位,周天大醮供奉二千四百神真聖位,羅天大醮供奉一千二百神真聖位。宋吕元素《道門定制》卷三載:"上元金籙齋,帝主修奉,展禮配天,罷散設普天大醮三千六百分位;中元玉籙齋,保佑六宫,輔寧妃后,罷散設周天大醮二千四百分位;下元黄籙齋,臣庶通修,普資家國,罷散設羅天大醮一千二百分位。"②由於上三壇大醮專爲國家祭祀設立,故儀式供奉的聖真位號由王欽若在大中祥符年間奉敕修定。《翊聖保德真君傳》中上三壇的周天大醮、羅天大醮,已見於唐代文獻記載,杜光庭《廣成集》有舉行周天大醮、羅天大醮的詞文③,《全唐文》亦有行周天大醮的記載④,説明道教上三壇大醮的科格至遲在唐末五代時已産生。宋代國家祭祀已多次舉行三壇大醮,宋太宗命張守真在皇宫瓊林苑建延祚保生壇,設周天大醮爲宋太祖祈福。⑤ 天禧元年(1017)正月二日,宋真宗祭祀聖祖,"於崇德殿命諸州設羅天大醮,先建道場二十七日"⑥。北宋道士陳景元(1025～1094)爲宋神宗所設普天大醮撰寫青詞。⑦ 北宋文士王珪書寫的供奉青詞中,有《内中福寧殿開啓禳彗星普天大醮道場青詞》。⑧ 由此可見金元全真宗師舉行的普天大醮、周天大醮、羅天大醮,沿用的是唐宋道教靈寶齋法的儀格。

李志常《長春真人西遊記》卷上載丘處機在德興龍陽觀醮後題詩云:"自揣肉

① 《雲笈七籤》卷一〇三,《道藏》第22册,第695頁。

② 《道藏》第31册,第676頁。

③ 唐杜光庭《廣成集》卷八《遂府相公周天醮詞》:"是敢按靈寶玄科,河圖秘格,設周天大醮,懺謝上玄。"(《道藏》第11册,第270頁)《廣成集》卷九《羅天醮太一詞》説:"是敢按遵玄格,崇啓壇場,修黄籙寶齋,備羅天大醮。"(《道藏》第11册,第273頁)

④ 唐杜光庭《青城山記》:"僖宗皇帝幸蜀之年,山中修靈寶道場周天大醮,神燈千餘,輝灼林表。"[(清)董誥等編:《全唐文》卷九三二,北京:中華書局,1983年,第10册,第9710頁]

⑤ 宋李攸《宋朝事實》卷七《道釋》:"翌日,太祖升遐,太宗嗣位,尋召守真作延祚保生壇。"(《景印文淵閣四庫全書》第608册,臺北:臺灣商務印書館,1986年,第90頁)按道教三壇大醮的儀格,延祚保生壇星位二千四百,爲周天大醮。

⑥ (元)脱脱等撰:《宋史》卷一〇四,北京:中華書局,1977年,第8册,第2542～2543頁。

⑦ 《宣和書譜》卷六《正書四·道士陳景元》載:"初遊京師,居醴泉觀,衆請開講。神考聞其名,詔即其地設普天大醮,命撰青詞以進。"(《景印文淵閣四庫全書》第813册,第239頁)

⑧ (宋)王珪撰:《華陽集》卷一三,《景印文淵閣四庫全書》第1093册,第91頁。

身潛有漏，難逃科教入無形。且遵北斗齋儀法，漸陟南宫火煉庭。”[①]聲稱的北斗齋儀法、水火煉度，都是唐宋道教的靈寶齋法。《長春真人西遊記》卷下載，長春真人丘處機羽化之後，道衆在長春宫建奉安道場三晝夜，“九日子時後，設靈寶清醮三百六十分位”[②]。這場全真奉安道場設靈寶清醮，更是行用靈寶齋法的道場。總之，金元時期全真宗師建齋設醮，遵行的是唐宋道教靈寶齋法的科儀傳統。

（二）投龍簡是靈寶齋法的傳承

史載金元國家齋醮之後要赴名山洞府投龍簡，這同樣是唐宋靈寶齋法國家齋醮的儀格。《玄門掌教大宗師真常真人道行碑銘》載李志常行金籙齋之後遍祭嶽瀆，“既又合祭四瀆於濟源，終之至於嵩、至於華，皆如恒岱之禮。祀所多有徵應，鴻儒巨筆，碑以紀之”[③]。《濟祠投龍簡靈應記》載中統五年（1264）春三月，全真宗師張誠明在燕都長春宫設金籙周天大醮七晝夜，“醮畢，仍遣誠明齎奉金玉龍簡、紐璧等物，詣濟瀆清源祠投進，昭其信也”[④]。《大朝投龍記》載此醮事説：

> 凡有國家祈禱天地之後，必有瑶簡以傳行龍，投於名山大川，用昭誠信，其來尚矣。欽惟聖朝講明祀事，導迎和氣，於中都大長春萬壽宫設周天大醮，以夜繼晝，七日乃已。特命宗師誠明真人張至於王屋行投送之禮。[⑤]

《大元投奠龍簡之記》載元仁宗延祐二年（1315）乙卯冬十月，全真掌教孫德彧等，“於大都長春宫設建金籙普天大醮，列位三千六百，肇自十二月十一日，凡九晝夜”[⑥]。大都長春宫的金籙普天大醮之後，中奉大夫李倜、太一崇玄體素演道真人蔡天祐赴濟瀆靈源投奠龍簡。

金元時期繼承唐宋齋醮投龍規制，在舉行國家齋醮之後，必投龍簡於名山大川，以昭示祭祀天地神靈之誠信。杜光庭《天壇王屋山聖跡敘》説：“國家保安宗社，金籙籍文，設羅天之醮，投金龍玉簡於天下名山洞府。”[⑦]史籍道經所見孟州王屋洞天、上清宗壇華陽洞天、茅山燕洞、四明洞天、赤城山玉京洞天、安慶潛山司真洞天、仙都山金龍洞、江州太平興國宫、濟瀆水府、太平采石水府、金山水府、車箱潭等，都是國家齋醮後的投龍簡之地。

---

① 《道藏》第 34 册，第 482 頁。

② 《道藏》第 34 册，第 499 頁。

③ 陳垣編纂：《道家金石略》，北京：文物出版社，1988 年，第 579 頁。

④ 陳垣編纂：《道家金石略》，第 572 頁。

⑤ 陳垣編纂：《道家金石略》，第 562 頁。

⑥ 陳垣編纂：《道家金石略》，第 862 頁。

⑦ 《道藏》第 19 册，第 700 頁。

宋代國家舉行金籙大齋後赴名山洞府、五嶽四瀆投龍簡,具體的投龍科儀分山簡、土簡、水簡。北宋張商英奉敕編撰的《金籙齋投簡儀》,其科儀程式是:先開啓金籙道場幾晝夜,罷散日設普天大醮一座,三千六百分位,告盟天地,然後赴洞天投送金龍玉簡。《金籙齋投簡儀》之《水簡式》的科儀文書範文爲:

> 嗣天子臣伏爲迎祥集福,祇建冲科。謹齎龍璧信幣之儀,命道士幾人於某宫觀某殿,開啓金籙道場幾晝夜。罷散日,設普天大醮一座,三千六百分位。告盟天地,紀算延釐。齋事周圓,恭陳大醮。謹依舊式,詣水府投送金龍玉簡。願神願仙,三元同存,九府水帝、十二河源,江河淮濟,溟泠大神,至聖至真。鑒此丹懇,乞爲騰奏。上聞九天,謹詣水府,金龍驛傳。①

蔣叔輿《無上黄籙大齋立成儀》卷一四《禮成奏謝門》之《三簡奏》就説修無上黄籙大齋罷散之後,"謹依科法,就某處洞天,告投天官名山洞府金龍玉簡;及就建立齋壇之所,告投地官土府金龍玉簡;就某處潭洞,告投水官水府金龍玉簡。拔贖亡故某乙及在會預薦亡魂等罪簿"②。金允中《上清靈寶大法》卷四一《投龍送簡品》:"《玉匱明真科》云:修靈寶黄籙,當以上金三兩,鑄三龍,龍各一兩。國家用上金,公侯大臣用次金,士庶以銀塗金。副以簡文,題修齋所爲,及太歲年月日法師姓名。投奠方所名山大洞、靈泉龍穴及齋壇中。以告盟天地水府,使鑒證齋功。"③道教宣稱"於五嶽投龍進簡,滅過消愆,乃其本旨也"④。宋代蔣叔輿、金允中的靈寶齋法科書,對大齋後投龍簡的科儀都有詳細記載。總之,道教投龍簡是靈寶齋法的儀格。

道教的投龍之法源於古靈寶經,投龍與《元始五老赤書玉篇真文天書經》有關,該經又名《洞玄靈寶赤書真文》,係東晋古《靈寶經》之首經。王契真《上清靈寶大法》卷四七《齋法符篆門》之"進簡投龍章"曰:"夫元始安鎮敷落五篇,故五老上帝受赤書真文,安天之根,鎮地之源,下鎮五嶽,以奠五方。斯實靈寶之根宗,度人之樞紐。"⑤《太平御覽·道部》卷下引《赤書玉訣》説將龍簡"沉之於清泠之泉,埋本命之嶽。三官九府,書人功過,其理甚明"⑥。

王契真《上清靈寶大法》卷四七《齋法符篆門》之"進簡投龍章"説投龍,"其法

① 《道藏》第 9 册,第 133 頁。
② 《道藏》第 9 册,第 457 頁。
③ 《道藏》第 31 册,第 626 頁。
④ (宋)王契真撰:《上清靈寶大法》卷四七《齋法符篆門》,《道藏》第 31 册,第 131 頁。
⑤ 《道藏》第 31 册,第 131 頁。
⑥ 《道藏》第 32 册,第 141 頁。

實本於五老之赤書，自唐張承先法師編敘齋科，已詳言之矣。至杜廣成編集黄籙齋科，則備述赤書之本末，投簡之典格，可謂坦然明白，無可疑者”[①]。唐代張承先、杜光庭編修黄籙科儀，都有齋後投龍的儀格。[②] 南宋道經《太上洞玄靈寶飛仙度人經法目録》卷三：“五方赤書真文有二用、全用五書。内有秘訣行移式：一告水府，一告土府，一告嶽府。”[③]許旌陽《太上靈寶浄明飛仙度人經法》卷三《玉訣章》之“全用五書格”：“凡投簡，如告水帝削除罪籍，即朱書木簡上，以青紙裹青絲，纏之金龍水簡，以投三河之淵。”[④]道教所謂五方真文，即東方玉篆、南方玉篆、中央玉篆、西方玉篆、北方玉篆。道教認爲靈寶赤書真文五篇，每篇真文鎮一方，皆元始自然之書。道教這種五方赤書真文，是早期靈寶派創行的空洞自然之書，是與天界神靈溝通的神秘文字。

(三)全真宗師法籙傳授沿襲道教古科

金元之際全真宗師道法的傳承，仍沿用晋唐道教的法籙傳授。元王惲《故普濟大師劉公道行碑銘》載：

> 歲己亥，披雲宋公首暢宗風，力紹絶學，起道藏書於河汾間，師幡然喜曰：“此人天師也，吾皈依有所。”即執弟子禮事之，受紫虚籙訣，香火修持，晨夜不少懈。宋偉其志，後以上清三洞五雷籙法畀焉。[⑤]

紫虚籙相傳是左仙公、金明七真所傳，南北朝道經《洞玄靈寶課中法》開篇就是紫虚籙儀的傳授。據唐杜光庭《太上三洞傳授道德經紫虚籙拜表儀》，儀式中要傳授道德青絲金紐《紫虚寶籙》，受籙者稱太上道德高玄高上紫虚弟子。題爲梁張辯撰《受籙次第法信儀》，其中就包括傳授紫虚籙法信。而上清三洞五雷籙法爲宋代天心正法的法籙，道教有上清三洞五雷法師的職銜。《道法會元》卷二四九《太上天壇玉格》：“天心法宜受都功籙、五雷籙，詳見神霄玉格。”[⑥]宋德方(1183～1247)與弟子劉志真的道法傳授，是沿襲晋唐道教法籙傳授的規制。李道謙《甘水仙源録》卷七《崇真光教淳和真人道行之碑》載王志坦師從李志常(1193～

---

① 《道藏》第31册，第131頁。

② 宋金允中《上清靈寶大法》卷四一《投龍送簡品》：“今以張承先法師儀内三簡啓奏，真位不同，故再録於此。”(《道藏》第31册，第632頁)唐杜光庭《太上黄籙齋儀》卷五五《投龍璧儀》爲完整的投龍科儀，該經宣稱：“黄籙齋畢，云奉爲某官某乙修設黄籙大齋，爲國爲家，普兼存没。祈恩謝罪，請福消災。解釋冤仇，增延命禄。法事都畢，投簡靈泉。”(《道藏》第9册，第364頁)

③ 《道藏》第10册，第551頁。

④ 《道藏》第10册，第578頁。

⑤ (元)王惲撰：《秋澗集》卷五三，《景印文淵閣四庫全書》第1200册，第710頁。

⑥ 《道藏》第30册，第528頁。

1256),“參受三洞秘籙,以祈禳訶禁濟人”[①]。以上例證可見金元之際全真道還沿用晉唐法籙傳授儀制,全真三壇大戒的傳授是後來纔興起的。

二、全真宗師齋醮詩詞心態史的考察

(一)王重陽、馬丹陽的齋醮詩詞

金元全真宗師傳世文集的詩詞,有對其所行齋醮活動的書寫,全真宗師以詩化的語言,抒發參加齋醮的感受和心境,值得從心態史的角度予以解析。我們將心態史研究引入齋醮科儀的研究,有助於對金元時期道教齋醮社會影響的關注,可以揭示全真宗師頻繁舉建國家齋醮的社會現象。王重陽(1112～1170)與馬丹陽(1123～1183)在創立新道教的過程中,就注重以齋醮活動來擴大道教的影響。王重陽《重陽全真集》中,有三首涉及齋醮的詩詞。《吕先生作醮託請涇陽道友》【滿庭芳】詞曰:“平昔開懷,今朝闡醮,就中別有清歡。”[②]這首傳世的齋醮詞記録吕先生作醮,詞中流露出闡醮的欣喜心情。王重陽《道友作醮篆符簡》藏頭七言詩曰:

抵良辰集衆仙,將玉篆遂同編。
絲不斷依從古,口相傳各取闐。
字金書誰敢悟,田丹訣我惟先。
然水木火金土,一靈符便奏天。[③]

王重陽《終南劉蔣姚二官設醮》之藏頭七言詩曰:

談心應遇佳時,下修成大醮儀。
俗喜逢真吉善,今雖有最慈悲。
懷道德洪禧助,拔先宗勝廣施。
謝聖賢多擁護,人名姓已天知。[④]

終南劉蔣村是王重陽悟道修煉之地,王重陽參與姚二官的齋醮法會,三首齋醮詩詞反映出王重陽對齋醮的讚許。

---

① 《道藏》第 19 册,第 776 頁。
② (金)王嚞撰:《重陽全真集》卷一一,《道藏》第 25 册,第 749 頁。
③ (金)王嚞撰:《重陽全真集》卷二,《道藏》第 25 册,第 700 頁。
④ (金)王嚞撰:《重陽全真集》卷二,《道藏》第 25 册,第 699 頁。

馬丹陽《洞玄金玉集》中收録八首齋醮詩詞。其《赴萊陽黄籙加持高功李講師見貽詩韻》云：

正念三冬閏月寒，庵中怎敢憶華筵。
講師戲我來干钁，笑没丹經潤火淵。①

《加持馬從仕宅醮》：

悟來樂道恣情咍，醮食須求麵一杯。
幸遇黄冠行法事，助他清醮謹禳災。
加持潔己居環堵，追薦亡靈上玉臺。
瑞氣祥雲相引去，蟠桃賞翫宴蓬萊。②

《贈萊州醮首王永暨衆道友》：

受罪：生前奸狡極，死後罪業多。决入鑊湯獄，難逃鐵網羅。
追薦：孝子辦追薦，亡靈獲福多。决然離地獄，免得面閻羅。
超度：七祖超昇廣，九玄度脱多。攜雲朝玉帝，跨鶴看参羅。
請聖：玉簡躬身執，星冠點地多。青詞采青目，黄道布黄羅。
法事：赴醮星冠廣，登壇月帔多。天尊齊和起，法事越修羅。
圓滿：滿空鸞鶴降，赴會聖賢多。符簡總圓備，雲軒上大羅。③

《文登縣黄籙醮贈道衆》：

崑崙三髻馬風歌，得遇修仙厭事多。
我處無爲酬本願，人求追薦苦相魔。
加持助醮居環堵，救拔亡靈上大羅。
滯魄孤魂誠有幸，一齊超度喜無過。④

【添字醜奴兒】《贈醮首劉大官》詞曰：

彭城兄弟皆官樣，富貴之家。酷好榮華，未解回心悟落花。路途差。
吾親若肯搜玄理，别有生涯。爐煉丹砂，大藥燒成迸彩霞。泛仙槎。⑤

---

① （金）馬丹陽撰：《洞玄金玉集》卷二，《道藏》第 25 册，第 568 頁。
② （金）馬丹陽撰：《洞玄金玉集》卷三，《道藏》第 25 册，第 582 頁。
③ （金）馬丹陽撰：《洞玄金玉集》卷四，《道藏》第 25 册，第 586～587 頁。
④ （金）馬丹陽撰：《洞玄金玉集》卷七，《道藏》第 25 册，第 596 頁。
⑤ （金）馬丹陽撰：《洞玄金玉集》卷七，《道藏》第 25 册，第 598 頁。

【减字木蘭花】《赴萊州黄籙大醮作》詞曰：

口口相傳，真真相濟，悟來意解心通。玄中妙趣，明月應清風。師祖鍾離傳吕，吕公得、傳授王公。王公了，秘傳馬鈺，真行助真功。　彭城，並道友，邀予追薦，數次途中。更同知節使，節副相容。跪領尊官台旨，加持在、紫極之宫。亡靈福，超昇天界，了了道深崇。①

【减字木蘭花】《贈萊陽縣衆醮首》詞曰：

高密鍾真，萊陽姜鑑，磨坊辛氏名通。邀予追薦，不避雪和風。捧示衆官書疏，跪領外、承順諸公。居環堵，一餐薄粥，須辦十分功。　加持，非草草，玉山踏碎，金藏頤中。要虎龍交媾，産出元容，整頓精神惺灑，救亡靈、盡赴蓬宫。人聽勸，齊心樂善，釋道一般崇。②

【减字木蘭花】《赴登州黄籙大醮》：

松柏巖前，煙霞洞裹，清風吹動靈苗。水昇火降，大藥自然燒。歌舞相陪童稚，利名棄、不讓漁樵。忘人我，清貧爲樂，怕底是塵囂。　人來，求追薦，千言萬語，苦苦相邀。便加持齋戒，遥拜雲寮。禱告重陽師父，救亡靈、得上青霄。鸞鶴引，孤魂滯魄，相從總逍遥。③

金世宗大定二十三年(1183)四月，馬鈺行化至芝陽主持齋醮祈雨有驗。秦志安《金蓮正宗記》卷三《丹陽馬真人》載："癸卯年四月十三日，主行芝陽醮事，而風雨大作，衆人哀禱，庶獲晴霽。先生叩齒冥目，似有所祝，須臾雲斂日出。"④馬鈺七言長篇《自喻》詩有《黄邑修設黄籙邀予作度師，既至，加持於全真庵，借東坡海市詩韻以示道衆》。⑤ 馬丹陽應地方邀請做齋醮的度師，即擔任黄籙齋的高功之職。

(二)丘處機主持國家齋醮的心態

金元時期國家重要的齋醮法事，多禮請全真宗師親自主壇。丘處機主教時開始受邀主持國家齋醮。丘處機《磻溪集》卷三《世宗挽詞一首並引》："臣處機以大定戊申春二月，自終南召赴闕下，蒙賜以巾冠衫繫，待詔於天長觀。越十有一

---

① (金)馬丹陽撰：《洞玄金玉集》卷一〇，《道藏》第25册，第618頁。
② (金)馬丹陽撰：《洞玄金玉集》卷一〇，《道藏》第25册，第622頁。
③ (金)馬丹陽撰：《洞玄金玉集》卷一〇，《道藏》第25册，第622頁。
④ 《道藏》第3册，第355頁。
⑤ 《道藏》第25册，第584頁。

日，旨令處機作高功法師，主萬春節醮事。”①丘處機《磻溪集》卷一收録七言詩《福山縣黄籙醮感應並序》説：

明昌甲寅秋九月，建黄籙於福山縣。二十八日午後，將傳符受戒，有鶴十一翱翔乎壇上，終夕不去。越一日設醮，聞天關震響，北極下紅光燭地，可辨纖悉，士民靡不見者。

華燈照耀積金山，人在蓬壺咫尺間。
下士傾心開地府，高真威力動天關。
千門列祭嚴香火，萬口同聲啓笑顔。
三界十方功德備，彩雲仙鶴自迴還。②

《赴蓬萊狄氏醮踏曉登山》：

雞鳴喔喔動精神，閉息登山上湧身。
路惡纔分瞥竊道，林深不辨往還人。
披雲直下觀東海，絶頂孤高映北辰。
日用孳孳爲善者，虚心牢落且同塵。③

《赴濰州北海醮》（温迪罕千户請）：

北極陰風渡海扇，海山風物盡蕭然。
山陰積雪寒鋪地，海上層冰凍接天。
鴻鵠預辭千里塞，蛟龍深卧九重淵。
道人守拙何爲耳，酷冒冰霜赴醮筵。④

《昌陽黄籙醮》：

十月昌陽五穀饒，追思黄籙建清標。
華燈羽服羅三殿，絳節霓旌下九霄。
法事昇壇千衆集，香雲結蓋萬神朝。
從兹降福穰穰滿，一縣潛推百禍消。⑤

---

① 《道藏》第 25 册，第 823 頁。
② 《道藏》第 25 册，第 813 頁。
③ （元）丘處機撰：《磻溪集》卷三，《道藏》第 25 册，第 814 頁。
④ （元）丘處機撰：《磻溪集》卷三，《道藏》第 25 册，第 814 頁。
⑤ （元）丘處機撰：《磻溪集》卷三，《道藏》第 25 册，第 814 頁。

丘處機撰《登州修真觀建黃籙醮》古調長詩描寫黃籙醮科儀,其中曰:

承安四年冬十月,大興黄籙演金科。
赤書玉字先天有,白簡真符破邪久。
三級瑶壇映寶光,九卮神燈摛星斗。
巉岩破錢酆都山,列峙昇仙不可攀。
四夜嚴陳香火供,九朝時聽步虚環。①

丘處機《步虚詞二首》:

曠蕩修真教,飄飖出世門。先師開户牖,歸馬動乾坤。陋室迴仙觀,高名軋帝閽。雲朋霞友會,朝禮太虛尊。

寶炷成雲篆,華燈簇夜光。星河初焕爛,鐘磬乍悠揚。醮主承嘉會,虔心禱上蒼。諸仙來顧盼,接引下虚皇。②

據李志常《長春真人西遊記》載,長春真人丘處機率弟子西行途中,在宣德州上元觀、朝元觀、德興之龍陽觀、縉山之秋陽觀,及蔚州三館、龍門川,都曾多次建齋設醮,史稱"師不憚其老,親禱於玄壇"③。可見丘處機是全真宗師中齋醮弘道的體驗者。

(三)全真宗師王處一齋醮詩詞的心態呈現

王處一《雲光集》四卷有十六首詩詞,從不同側面詠誦參加齋醮的感受。《天壽節作醮》詩曰:

精修黄籙啓真詮,無限官民祝萬年。
普運丹誠須薦福,同行真孝必通天。
香煙裊裊超三界,功德巍巍貫大千。
一切有情登道岸,太平忻樂遇良緣。④

《賜紫登壇作醮》詩曰:

飛龍走虎下天來,光滿金壇紫宴開。

① (元)丘處機撰:《磻溪集》卷三,《道藏》第 25 册,第 825 頁。
② (元)丘處機撰:《磻溪集》卷三,《道藏》第 25 册,第 823 頁。
③ 《道藏》第 34 册,第 498 頁。
④ (元)王處一撰:《雲光集》卷一,《道藏》第 25 册,第 652 頁。

八洞瑶池空裏降，昇沉天地一齊迴。①

《黄籙滿散贈衆醮首二首》詩曰：

性靈空界别行香，上祝皇恩徹萬方。
欣樂太平齊設教，寶華圓満自清凉。

亡者生天更不疑，見存姻眷受洪禧。
既知真聖垂加護，莫作欺謾度歲時。②

《黄籙醮抄亡靈》：

遞相隨處廣抄靈，正直無私絶愛憎。
孝子順孫同薦福，拔亡解苦盡超昇。③

《黄籙大醮破用無私》：

支收買覓事紛紜，各體無私抱正真。
内外都教忘懈怠，存亡方得出沈淪。④

《福山請主醮二首》：

長春高薦請書來，便可奔馳免復催。
官吏市民同會話，莫知心印有誰開。

吾鄉信士遞相傳，糾率名公結勝緣。
孝子順孫同薦福，新亡遠化盡生天。⑤

《赴山前醮》：

苦海奔波出離難，了真隨處布香壇。
登山涉水無辭訴，拔度存亡此願寬。⑥

① (元)王處一撰:《雲光集》卷二,《道藏》第25册,第658頁。
② (元)王處一撰:《雲光集》卷二,《道藏》第25册,第659頁。
③ (元)王處一撰:《雲光集》卷二,《道藏》第25册,第659頁。
④ (元)王處一撰:《雲光集》卷二,《道藏》第25册,第660頁。
⑤ (元)王處一撰:《雲光集》卷二,《道藏》第25册,第665頁。
⑥ (元)王處一撰:《雲光集》卷二,《道藏》第25册,第667頁。

《本州醮罷贈諸道友》：

雅命相邀入本州，醮筵預備廣圓周。
志誠修累真功德，同往蓬壺看十洲。①

《諸王醮罷示衆》：

無相無爲一點真，普同供養大羅尊。
萬靈慶悦承超度，出離陰囚五苦門。②

《泰和癸亥詔赴亳州作普天大醮》：

無作無爲出洞天，普天法道薦良緣。
東方雲海玉陽子，特授皇恩第五宣。③

《贛榆縣諸王村下元黄籙醮贈衆》：

謹設三元醮，同興祝聖筵。
香煙騰碧落，法事禮諸天。
薦福遵黄籙，修真步白蓮。
存亡皆快樂，功德普周全。④

【滿庭芳】《黄縣久旱請作黄籙醮得飽雨作二首》詞曰：

暫别東牟，西遊登郡，萬靈遥列金鄉。無窮仙眷，空外總呈祥。休道蓬萊路遠，諸真聖、都會芝陽。星壇下，凉天静夜，雲宴禮虚皇。　十方同法會，丹誠對聖，出罪行香。度九幽離苦，悉覩三光。見在俱蒙福佑，霑甘露、同免災殃。逍遥樂，圓壇罷散，齊唱滿庭芳。

龍轉西江，金光摇曳，踴身飛上穹蒼。興雲吐霧，威力大施張。槁稼俄逢飽雨，人心盡、欣喜洋洋。將何喻，如收瑞寶，恰似到仙鄉。　真陽。勝朗耀，虚無象外，剔現容光。住混元三界，永劫無央。深荷三清降福，爲東南、雲海行香。休言破，太平隨喜，以道證真常。⑤

① (元)王處一撰:《雲光集》卷二,《道藏》第25册,第668頁。
② (元)王處一撰:《雲光集》卷二,《道藏》第25册,第668頁。
③ (元)王處一撰:《雲光集》卷二,《道藏》第25册,第669頁。
④ (元)王處一撰:《雲光集》卷三,《道藏》第25册,第671頁。
⑤ (元)王處一撰:《雲光集》卷四,《道藏》第25册,第681頁。

《贛榆縣諸王廟黄籙醮罷贈衆》：

海郡行緣，贛榆闡化，良因復顯諸王。謹修黄籙，特地召嘉祥。萬里雲收霧卷，微風息、燈燭熒煌。星壇上，步虚聲舉，月下正悠揚。　頻頻施拜跪，虔誠仰徹，列聖聞香。降無邊恩惠，普救存亡。從此皆成快樂，離陰府、升上天堂。開雲宴，保生接壽，齊唱滿庭芳。①

【滿庭芳】《丹陽升霞作黄籙醮罷憶師遂作》詞曰：

的祖純陽，隨時顯異，密傳師父仙宗。重陽憫化，遺教馬扶風。斡運玄機順應，真功就、三界圓融。垂光降，亡靈濟度，都在碧霄中。　諸公還悟解，頓拋俗海，體道皆同。聚玄珠丹寶，返老還童。定是超凡入聖，騰雲外、光滿山東。真無妄，汞成九轉，直赴大羅宫。②

從這些詩詞可見王處一在傳道所及的山東登州、寧海州、福山、黄縣，安徽亳州，地處蘇魯交界黄海之濱的贛榆縣，都曾主持齋醮，反映其時黄籙醮在民間頗爲盛行。王處一這些吟誦齋醮的詩詞，是其主持各地齋醮法事心態的反映。全真宗師王處一不僅參加魯皖蘇地方齋醮，還曾於金章宗泰和元年(1201)、泰和三年(1203)，兩次在亳州太清宫舉行普天大醮。《玉陽體玄廣度真人王宗師道行碑銘》載："泰和改元及三年，詔兩設普天大醮於亳州太清宫，度民爲道士千餘人。"③泰和三年王處一赴亳州作普天大醮，有《泰和癸亥詔赴亳州作普天大醮》詩。另作【青玉案】《詔赴太清宫普天醮作》，其詞曰：

上天容許清貧漢，隨處香風散。萬禍千災真不亂。寧心行教，普開心月，了悟迴光看。　太清宫下重遊翫，萬事俱無絆。仰答皇恩酬本願。逍遥迴步，密州安化，復隱元居觀。④

以上列舉全真宗師王重陽、馬丹陽、丘處機、王處一的齋醮詩詞，是各種齋醮活動的歷史記憶，客觀反映一代全真宗師齋醮弘道的心態。全真宗師是道門中能文之士，他們書寫的齋醮詩詞既是心態的客觀呈現，也是全真道齋醮傳道活動的集體記憶。全真宗師齋醮詩詞是對齋醮法事的寫實，可以説反映了全真宗師、儀式事主、儀式旁觀者的集體情感和集體心態。全真宗師的齋醮詩詞，從不同側

① (元)王處一撰：《雲光集》卷四，《道藏》第25册，第681頁。
② (元)王處一撰：《雲光集》卷四，《道藏》第25册，第682頁。
③ (元)李道謙集：《甘水仙源録》卷二，《道藏》第19册，第723頁。
④ (元)王處一撰：《雲光集》卷四，《道藏》第25册，第683頁。

面展示了齋醮參與者對全真道的信仰。

三、全真宗師齋醮弘道的社會影響

(一)道經所見全真宗師的齋醮活動

金元全真宗師爲國家舉建的齋醮,在道教經籍中也有較多記載。元憲宗四年(1254),憲宗敕命李志常主醮做大濟度師,邀請全國各地高道赴長春宫建醮。《敕建普天黄籙大醮碑》載此醮會説:

> 設普天黄籙大醮三千六百分位,甲寅春三月初九日至十六日,凡七晝夜。……况大宗師真常真人李公,所率金冠雲服,星冠紫服,登壇墠者五千人,皆清高潔白、深通秘典、嚴持齋法、有道之士。①

李道謙《終南山祖庭仙真内傳》卷下《真常真人》載李志常:

> 丙午,定宗皇帝即位,詔師以戊申上元日就長春宫設普天大醮。仍降璽書,凡名山大川、諸大宫觀,及玄門有道之士,委師就給師德名號。歲舍辛亥,憲宗皇帝嗣登寶位,欲遵祀典,遍祭嶽瀆。秋八月,遣中使詔師至闕下,上端拱御榻,親緘信香,冥心注禱於祀,所賜師金符寶誥,及内府白金五千兩,以充其費。師奉旨驛車南下,遍詣嶽瀆,以行祀事。②

《甘水仙源録》卷三《玄門掌教大宗師真常真人道行碑銘》載李志常主持齋醮事説:

> 甲辰春正月,朝命令公於長春宫作普天大醮三千六百分位,及選行業精嚴之士,普賜戒籙。逮戊申春二月既望,醮始告成,凡七晝夜,祥應不可殫記。……癸丑春正月,奉上命作金籙大齋,給散隨路道士女冠普度戒牒,以公爲印押大宗師。甲寅春,上又遣使作普天大醮分位,日期如戊申而益,以附薦海内亡魂,敕公爲大濟度師。……設金籙醮三晝夜,承制賜登壇道衆紫衣,暨所屬官吏預醮者,賞賚有差。③

李志常在甲辰(1244)春正月、癸丑(1253)春正月、甲寅(1254)春,三次在長春宫爲國家舉建普天大醮。

李道謙《甘水仙源録》載繼李志常之後爲全真掌教宗師的張誠明、丘處機弟

---

① 《宫觀碑志》,《道藏》第 19 册,第 713～714 頁。

② 《道藏》第 19 册,第 536 頁。

③ 《道藏》第 19 册,第 746 頁。

子潘德冲、全真道後七子之一劉道寧，都曾在長春宫舉建國家齋醮。《甘水仙源録》卷五《玄門掌教宗師誠明真人道行碑銘》載：

至元二年，聖旨就長春宫建設金籙大醮三千六百分位。行事之日，有群鶴翔舞，下掠壇墠，去而復來者累日。天子嘉之，賜師金冠雲羅法服一襲，仍命翰林詞臣作瑞應記，刻之碑石。[①]

《甘水仙源録》卷五《冲和真人潘公神道之碑》載十八弟子之一的潘德冲：

甲寅春，聖天子在藩邸，命設普天醮於長春宫。於是，召四方羽侶，道行清高者畢集，師首與其選。[②]

《甘水仙源録》卷六《渾源縣真常子劉君道行記》載劉道寧：

丙午春，有詔設普天大醮於燕京之長春宫，徧召諸方耆德，而君亦預焉。時李真人主醮事，得君甚喜。[③]

李道謙《甘水仙源録》注意記載全真宗師的齋醮活動，反映了道門對齋醮弘道的重視。

(二)全真宗師任高功的威儀形象

全真宗師具有一代高道的形象威儀，具備擔任齋醮壇場高功的素質。《洞玄金玉集》卷一載王重陽(1112～1170)："時在崑崙山居庵，用三尺半青布，造成一巾，頂排九叠九縫。言夢中曾見，名曰九轉華陽巾。師父風貌堂堂，有若鍾離之狀，加之頂起此巾，愈增華潤，誠爲物外人也。"[④]李道謙《甘水仙源録》卷一《全真第二代丹陽抱一無爲真人馬宗師道行碑》讚馬丹陽(1123～1183)"額有三山，手垂過膝，真大仙之才"[⑤]。丘處機(1148～1227)西行，"侍從之士十有八人，皆英偉宏達，道行純備，或心膂之，或羽翼之，欲玄風之不振，衆流之不一，不可得矣"[⑥]。《重陽全真集序》説劉處玄(1147～1203)："教門標的，仙宗羽儀，爲一代之師真，作四方之教主。"[⑦]

高功是齋醮壇場擔任主祭的法師，道教對高功有内在與外在的綜合要求。

---

① 《道藏》第 19 册，第 758 頁。

② 《道藏》第 19 册，第 762 頁。

③ 《道藏》第 19 册，第 773 頁。

④ 《道藏》第 25 册，第 559 頁。

⑤ 《道藏》第 19 册，第 728 頁。

⑥ (元)李道謙集：《甘水仙源録》卷四《應緣扶教崇道張尊師道行碑》，《道藏》第 19 册，第 757 頁。

⑦ 《道藏》第 25 册，第 690 頁。

《無上秘要》卷四八《靈寶齋宿啓儀品》"署高功大法師，當舉高德，玄解妙義"[①]，即指高功應具備的道學修養。南北朝道經《正一指教齋儀》載高功其職曰："道德内充，威儀外備，俯仰動止，莫非法式，三界所尊，鬼神所瞻，關啓祝頌，通真召靈，解釋疑滯，導達衆賢。"[②]更明確宣稱高功要有内在的道德修養和外在的威儀形象，一代全真宗師確乎具備擔任高功的素質。

金元時期全真宗師多次舉建國家齋醮，參加國家齋醮的全真道士頗具威儀。李志常於元憲宗四年(1254)在長春宫建七天的普天黄籙大醮，"所率金冠雲服，星冠紫服，登壇墠者五千人，皆清高潔白、深通秘典、嚴持齋法、有道之士"[③]。李志常《長春真人西遊記》卷下載："臨午致齋，黄冠羽服，與坐者數千人。奉道之衆，又復萬餘。"[④]

(三)全真宗師齋醮活動的社會影響

全真宗師應邀主持國家齋醮，也應地方官員邀請舉建齋醮法事。馬丹陽《洞玄金玉集》的詩詞中所記東牟祈雨醮、登州黄籙大醮、芝陽醮等，就是應地方人士相請而舉建的齋醮。金世宗大定二十二年(1182)五月，"東牟大旱，嘉苗槁矣。遍禱山川，一無所應。州縣官長禮請先生，庶獲霑足，名香一爇，膏雨沛然"[⑤]。馬鈺應州縣官長的禮請，主持的東牟祈雨醮獲得靈應。馬丹陽應邀赴登州黄籙大醮，"人來，求追薦，千言萬語，苦苦相邀。便加持齋戒，遥拜雲寮"[⑥]。大定二十三年(1183)四月十三日，馬鈺"主行芝陽醮事，而風雨大作，衆人哀禱，庶獲晴霽。先生叩齒冥目，似有所祝，須臾雲斂日出"[⑦]。馬丹陽應彭城地方官劉姓兄弟禮請主持醮會，留下《贈醮首劉大官》的詩作。

《全真第五代宗師長春演道主教真人内傳》載丙戌年(金正大三年，1226)五月，"京師大旱，行省請師作醮，雨乃足，僉曰：'神仙雨也。'名公碩儒，皆以詩賀"[⑧]。丘處機從磻溪時期到棲霞時期，曾多次主持齋醮活動。他曾在虢縣和隴州修過朝真醮、下元醮，其齋醮法事以謝恩、祈福、求雨和濟度爲内容。《金蓮正宗記》卷四《長春丘真人》載，丘處機"主持醮壇，祈風禱雨，刻期不差，如影響焉，

① 《道藏》第25册，第172頁。
② 《道藏》第18册，第292頁。
③ 《宫觀碑志·敕建普天黄籙大醮碑》，《道藏》第19册，第714頁。
④ 《道藏》第34册，第499頁。
⑤ (元)林間羽客樗櫟道人編：《金蓮正宗記》卷三，《道藏》第3册，第355頁。
⑥ (金)馬丹陽撰：《洞玄金玉集》卷一〇，《道藏》第25册，第622頁。
⑦ (元)林間羽客樗櫟道人編：《金蓮正宗記》卷三，《道藏》第3册，第355頁。
⑧ 陳垣編纂：《道家金石略》，第636頁。

千門萬户，莫不歸向"[①]。丘處機在福山縣建黄籙醮，"千門列祭嚴香火，萬口同聲啓笑顔"。瑞鶴十一翱翔祭壇的感應，"士民靡不見者"。[②] 丘處機在濰州應温迪罕千户請，"酷冒冰霜赴醮筵"[③]，赴濰州北海舉建齋醮。姬志真《雲山集》卷七《長春真人成道碑》説長春真人主盟玄教之後，"真人年登耄耋，席暖燕山，普應諸方，遠近咸化，祈晴禱雨，剋期而應"[④]。丘處機"黄冠三日醮，素服萬家臨"[⑤]的詩句，就客觀反映全真齋醮與民間的密切關係。

丘處機齋醮弘道的心志爲後世所繼承。李道謙《甘水仙源録》卷六《重玄廣德弘道真人孟公碑銘》載，丘處機弟子孟志源"戊午秋，應丞相胡公之請，主平陽黄籙羅天大醮"[⑥]。在全真道興盛發展時期，上至丞相，下至州縣官長、千户，都樂於請全真宗師主持齋醮。《清和演道玄德真人仙跡之碑》載全真嗣教六世祖尹志平掌教時，多次應官員邀請主持齋醮："癸巳春，師赴北京，宣差侯公請作大醮。……復赴義州，宫請作下元醮……乙未春，西入汾晋，赴沁帥杜德泰請，於平遥縣玉清觀作大醮，多致感應。……歲時醮事，多致休祥。"[⑦]

棲雲子王志謹掌教時，亦曾應地方官員邀請主持黄籙大齋。《棲雲真人王尊師道行碑》載："歲戊子，經鎮市帥曹德禄邀師作黄籙大齋，遠近會者，不下數千。"[⑧]姬志真《雲山集》卷七《鄢陵黄籙大齋之碑》載王志謹掌行鄢陵黄籙大齋："意者薦拔某路無主孤魂，洎各家先亡滯魄，有親無力，附簡提靈。"[⑨]鄢陵黄籙大齋對無主孤魂的濟度關懷，踐行了道教濟生度死的宗旨，擴大了道教的社會影響。《重修真常宫碑》載甲寅年(1254)：

> 上遣使就燕京長春宫作黄籙普天大醮，命師爲大濟度師。……名卿士大夫皆有讚詠，佳聲和氣，傾動京邑。[⑩]

全真宗師李志常主持的黄籙普天大醮，吸引了燕京名卿士大夫的關注，全真宗師與儒家士大夫相互唱和，成爲轟動社會的大醮會。王鶚《玄門掌教大宗師真

---

① 《道藏》第 3 册，第 360 頁。
② (元)丘處機撰：《磻溪集》卷一，《道藏》第 25 册，第 813 頁。
③ (元)丘處機撰：《磻溪集》卷一，《道藏》第 25 册，第 814 頁。
④ 《道藏》第 25 册，第 416 頁。
⑤ (元)李志常述：《長春真人西遊記》卷下，《道藏》第 34 册，第 497 頁。
⑥ 《道藏》第 19 册，第 772 頁。
⑦ 陳垣編纂：《道家金石略》，第 539～541 頁。
⑧ (元)李道謙集：《甘水仙源録》卷四，《道藏》第 19 册，第 756 頁。
⑨ 《道藏》第 25 册，第 418 頁。
⑩ 陳垣編纂：《道家金石略》，第 574 頁。

常真人道行碑銘》記李志常行金籙齋之後遍祭嶽瀆,“祀所多有徵應,鴻儒巨筆,碑以紀之”[①]。元虞集《道園學古録》卷二一《瑞鶴贊》載,元文宗至順三年(1332)三月,全真宗師苗道一修羅天大醮於長春宫。四月初一,齋醮儀仗隊伍,“歷於曾城,浮塵不揚,馳道清肅,風日和美,靈光發舒,將至乎仙壇。而臣道一率其屬奉迎道周,羽蓋雜華,霧以繽紛,法曲繞旌,霓而高亮,百官在列,萬姓聚觀”[②]。地方官員與百姓目睹了全真齋醮威儀,齋醮活動擴大了全真道在社會上的影響。

道教齋醮繼承了先秦祭祀文化的精粹,其科儀在中華傳統宗教祭祀中最具文化内涵,故史有“祈禱之法,莫嚴於道家”[③]之説。金元全真道士積極參與國家和地方官員的各種齋醮活動,既向社會展示了全真道士的威儀形象,又有效擴大了全真道在社會各階層中的影響。

餘論

全真道作爲崛起於北方的新道派,以嶄新的面貌登上中國的歷史舞臺。一代全真宗師爲傳教弘道,積極參與國家和社會的齋醮法事,以齋醮科儀實踐濟世度人宗旨。金元時期全真道國家齋醮的興盛,與全真道的發展及全真宗師的道行有關。一代全真宗師運用道教傳統齋醮科儀,積極參與國家和地方社會的儀式活動,通過齋醮活動提升了全真道的社會影響力。金元以來,全真道漸趨發展興盛,故《金蓮正宗記序》稱“自軒轅以來,教門弘盛,未有今日者”[④]。金元全真宗師從事的國家齋醮規模宏大,在道教科儀史上書寫了輝煌的一頁。

金元全真宗師的齋醮詩詞是對儀式實況的書寫,是一代全真宗師觀念、意識、心態的真實反映,全真宗師齋醮詩詞從不同側面反映道教儀式在社會各階層的影響。全真宗師王重陽、馬丹陽、丘處機、王處一、李志常的齋醮詩詞,反映了全真宗師致力於弘揚大道的情懷。一代全真宗師藉道教傳統齋醮科儀,成功踐行道教濟生度死、濟世度人的宗旨。學界已有研究對全真道興盛的原因雖有各種闡釋,但對全真宗師齋醮弘道的歷史影響關注不够,我們認爲全真宗師的齋醮弘道是全真道興盛發展的重要因素。本文僅是拋磚引玉,願與學界同好共商。

(責任編輯:劉嘉欣)

---

① 陳垣編纂:《道家金石略》,第 579 頁。

② 《景印文淵閣四庫全書》第 1207 册,第 314 頁。

③ 《宫觀碑志 · 中都十方大天長觀普天大醮感應碑》,《道藏》第 19 册,第 720 頁。

④ 《道藏》第 3 册,第 344 頁。

金元全真道教史書寫的成就與特點

□宋學立

摘要:全真道繼承優良的中國傳統史學,重史、記史、以史弘道是其有别於太一、大道等同時代新道派的重要特徵,也是保存歷史記憶、保障傳承發展的重要文化資源和象徵性資本。全真道教史文獻體量龐大,按照承載介質的不同,大體可以分爲紙質史傳和金石碑志兩大類。紙質史傳多有傳世。稽考衆多散佚史傳,有利於較爲全面地揭示金元時期全真史傳的樣貌。全真碑志按照内容可以分爲道行碑、墓表(墓志銘)、法脈傳承碑、公文碑、專事碑(如宫觀創修碑、儀式紀念碑)等。史傳、碑志在記述全真歷史方面有機互動,互爲補充,二者很多時候互爲史源。互見法是碑志之間、史傳與碑志之間教史書寫的一種常用手法。全真道的教史書寫是教團的一種自覺的、有組織性的行爲。代際傳承的道行碑、墓志銘的撰寫和刻立,是全真道士以"方外眷屬"踐行傳統孝悌之道的表現,是儒家孝道思想與實踐在道門的延伸展開。以史傳教是史傳、碑志的共同旨向。史傳多爲紙質介質,碑志多爲金石介質。兩種介質在保存傳承全真歷史記憶方面各有優劣。接受過傳統經史教育的全真道士和教外精英共同構成了全真道歷史書寫的兩大核心作者群。

關鍵詞:全真道　教史書寫　史傳　碑志

作者簡介:宋學立,男,1979 年生,河北玉田人,哲學博士,現爲中國社會科學院古代史研究所暨中國國學研究與交流中心副研究員,中國社會科學院大學歷史學院副教授。研究方向爲道教史、文化史。

全真道繼承優良的中國傳統史學,重史、記史、以史弘道是其有别於太一、大道等同時代新道派的重要特徵,也是保存歷史記憶、保障傳承發展的重要文化資源和象徵性資本。從創教之初,特别是隨著教團的日漸壯大,教内有識之士就開始注重教史的書寫。金元時期,記載全真道士道行、宫觀創修、傳道活動的史傳、碑志大量湧現。20 世紀 40 年代,陳垣《南宋初河北新道教考》揭示全真史志之發達云:"全真史料,所在皆有,與大道、太一不同。余昔纂《道家金石略》,曾將《道藏》中碑記,及各家金石志、文集,並藝風堂所藏拓片,凡有關道教者,悉行録出,自漢至明,得碑千三百餘通,編爲百卷,顧以校讎不易,久未刊行。其金及元初部帙,十之一屬道教舊派,十之二屬大道、太一,十之七皆屬全真,元併江南,始有正一諸碑,與全真對峙,然河北大部仍屬全真也。故今考全真,即以此書爲基本史料,衹患選擇不精,考訂不審,組織不密,不虞史料闕乏也。且前有《甘水仙源録》《祖庭内傳》,近有《長春道教源流》,皆全真舊史,足供參證。"①此後,隨著文獻發掘整理工作的陸續開展,全真碑志資料遞有增續②,進一步印證充實了援庵先生之判斷。大量的史傳、碑志爲深入研究全真道歷史書寫的成就與特點奠定了堅實的文獻學基礎。

一、全真史傳

全真道教史文獻體量龐大,按照承載介質的不同,大體可以分爲紙質史傳和金石碑志兩大類。當然,亦有史志刻諸碑石的情況,下文詳述。

史傳主要載述全真道士的生平、法脈傳承、弘道事蹟等内容。按照載述傳主數量之多寡,可分爲單人單傳型和多人集傳型。

(一)傳世史傳舉要

表1 單人單傳型全真史傳舉要

序號	名稱	著者	撰寫/刻立時間	内容	出處	備注
1	長春真人西遊記	李志常	1228年序	丘處機率衆西行事蹟	正統道藏	

① 陈垣:《南宋初河北新道教考》,北京:中華書局,1962年,第1～2頁。

② 如王忠信編:《樓觀臺道教碑石》,西安:三秦出版社,1995年;劉兆鶴、王西平編著:《重陽宫道教碑石》,西安:三秦出版社,1998年;王宗昱編:《金元全真教石刻新編》,北京:北京大學出版社,2005年;吴亞魁編:《江南道教碑記資料集》,上海:上海辭書出版社,2007年;趙衛東主編:《山東道教碑刻集》(系列),濟南:齊魯書社,2010～2020年;佟洵主編:《北京道教石刻》,北京:宗教文化出版社,2011年;蕭霽虹主編:《雲南道教碑刻輯録》,北京:中國社會科學出版社,2013年;馮承鈞:《元代白話碑》,太原:山西人民出版社,2014年;樊光春主編:《山西道教碑刻》(系列),香港:青松出版社,2016～2021年;蔡美彪編著:《元代白話碑集録(修訂版)》,北京:中國社會科學出版社,2017年;十堰市檔案局編:《武當山碑刻檔案選録》,武漢:湖北人民出版社,2018年;吴受琚編著:《寶雞道教碑石記》,北京:社會科學文獻出版社,2019年;趙衛東、陳法永主編:《金元全真道碑刻集萃》,濟南:山東大學出版社,2020年;等等。這些成果都頗有代表性。此外,一些綜合性金石整理成果對全真碑刻亦有收録。

續表

序號	名稱	著者	撰寫/刻立時間	内容	出處	備注
2	玄風慶會録	耶律楚材	1232年序	成吉思汗與丘處機在興都庫什山論道内容	正統道藏	
3	真静崔先生傳	杜仁傑	1247年立石	崔道演事傳	道家金石略	立石
4	玄風慶會圖	史志經	1274年初版，元明時期曾重刊	丘處機一生弘道圖傳	三洞拾遺	
5	通微真人蒲察尊師傳	李道謙	1280年立石	蒲察道淵事傳	洴陽述古編	立石
6	全真第五代宗師長春演道主教真人内傳	李道謙	1281年	丘處機事傳	道家金石略	立石
7	體玄真人顯異録	疑爲王處一弟子	1287年以前①	王處一十九則顯異故事	正統道藏	
8	太華真隱褚君傳	姚燧	1279～1288年②	褚志通事傳	甘水仙源録	
9	終南劉先生事蹟		1288年或之前	劉志源事傳	甘水仙源録	
10	恕齋王先生事蹟		同上	王粹事傳	甘水仙源録	
11	訥庵張先生事蹟		同上	張本事傳	甘水仙源録	
12	知常姬真人事蹟		同上	姬志真事傳	甘水仙源録	
13	圓明真人傳		1277年以後，1293年立石③	高道寬事傳	北京圖書館藏中國歷代石刻拓本彙編	立石

① 蕭登福考證，該書約撰成於元世祖後元武宗前。參見《正統道藏總目提要》，臺北：文津出版社，2011年，第580頁。按，至元二十四年(1287)秋九月，李道謙請姚燧爲王處一撰寫道行碑。姚燧稱，當時曾參考過《顯異録》。

② 姚燧在《太華真隱褚君傳》中言及至元十六年(1279)世祖徵召褚志通事，《甘水仙源録》成書於1288年。

③ 《圓明真人傳》言及姚燧撰於1277年的《洞觀普濟圓明真人高君道行碑》。參見王宗昱編：《金元全真教石刻新編》，第86頁。

續表

序號	名稱	著者	撰寫/刻立時間	内容	出處	備注
14	純陽帝君神化妙通紀	苗善時	1310 年以後①	吕洞賓神化事蹟	正統道藏	

表 2　多人集傳型全真史傳舉要

序號	名稱	著者	撰寫/刻立時間	内容	出處	備註
1	七真仙傳	張邦直等	初成於 1237 年,至明初多次增益	王嚞、馬、譚、劉、丘、王、郝事傳	臺灣大學圖書館藏本	
2	金蓮正宗記	秦志安	1241 年序	和德瑾、李靈陽、五祖七真事傳	正統道藏	
3	終南山祖庭仙真内傳	李道謙	1284 年序	三十七位祖庭高道事傳	正統道藏	
4	歷世真仙體道通鑑(續編、後集)	趙道一	1294 年序	上古至元八百九十九位仙真事傳	正統道藏	
5	金蓮正宗仙源像傳	劉天素、謝西蟾	1326、1327 年序	老子、五祖七真像傳	正統道藏	
6	上陽子金丹大要列仙志	陳致虛	1335 年序	五祖七真、宋德方、李鈺、張模、趙友欽簡傳	正統道藏	

以上擇要舉陳了部分金元全真史傳。總體來看,呈現出以下一些特徵:單人單傳和多人集傳型史傳在金元時期都是比較常見的。大蒙古國早期丘處機以“雪山論道”爲契機贏得元太祖在宗教政策上的大力護持,全真大興。諸家史傳在撰書長春真人一生弘道事蹟,特别是與“雪山論道”相關的内容上,著墨頗多。從撰作時間來看,全真史傳的傳主構成與全真宗祖譜系建構成正相關性。即大蒙古國時期,多人集傳型史傳重在客觀全面地反映早期全真道士傳法弘道的實態。《七真仙傳》初成於金末蒙初,僅撰王嚞及六大男弟子傳記。《金蓮正宗記》成於元太宗朝,《正統道藏》本録五祖七真、和德瑾、李靈陽共計 14 位仙真傳記,貌似凸顯五祖七真譜系,實則是經過元代中後期删改後的結果。撰於元世祖至

① “帝君”之號,係至大三年(1310)元武宗敕封。

元朝末年的《歷世真仙體道通鑑續編》卷一收王嚞、馬鈺，卷二收譚處端、劉處玄、丘處機，卷三收王處一、郝大通、和德瑾、李靈陽，卷五收金蓬頭傳記。《歷世真仙體道通鑑後集》卷六收孫不二傳記。合計 11 人。趙道一《通鑑》“三部曲”仿照儒、釋《通鑑》體例[①]，“始自上古三皇，下逮宋末，其得道仙真事蹟乃搜之群書，考之經史，訂之仙傳而成”[②]，采取的是將全真仙傳融入上古以來仙傳通史的書寫手法。伴隨著世祖、武宗朝最高統治者對全真宗祖的持續性褒封，以五祖七真爲核心的全真宗祖譜系在教内外的影響力不斷攀升。

（二）散佚史傳拾零

受戰亂、宗教政策、紙質文本的自然“損耗”乃至教内外各種力量的有意“屏蔽”等諸多因素的影響，和衆多古籍文獻一樣，全真史傳也有被動或主動淡出歷史舞臺的情況。爲了較爲全面地揭示金元時期全真史傳的樣貌，在稽考教内外文獻基礎上，以時間先後爲序鈎沉已經散佚的部分全真史傳名録或部分内容如下。

《通真子墓碣銘》記載，除了《金蓮正宗記》外，秦志安還將《煙霞録》、繹仙、婺仙等傳增入 1244 年成書的《大元玄都寶藏》。《道家金石略》收有《繹仙傳存真訾仙翁實録之碑》，上像下文，載録訾存真（1153～1234）參禮馬、劉、丘三師的學道弘道事蹟及其與金朝統治者的互動。[③] 可證，訾存真是《繹仙傳》傳主之一。

真常子劉道寧（1172～1246）早年師事渾源隱士劉柴頭。元太祖十八年（1223），丘處機西行歸來後，“執弟子禮”，“授秘訣，加號真常”，築室西京，擔任一方道官達十年之久。丘辭世後，劉道寧繼續得到尹志平、李志常兩位掌教禮重，著有“《會仙》《隨應》《總仙》三録，以道神仙可學之事”[④]。

頤真冲虛真人毛養素，在金蒙易代前後，興宫觀，驅飛蝗，發糧濟困，擔道職，纂修道藏。乃馬真后稱制三年（1244），“副提點寂照大師吴志明北上齎皇后懿旨，有冲虛大師之號，繼及真常掌教大宗師銜命南下，賜號頤真冲虛真人”，“於性理之學，刻意終世，斯須無少間斷，故能透脱融貫，全真正脈，其造之也不爲不深”，“時紫陽楊使君行漕臺，暨玉華王元禮、西庵楊相正卿諸公，俱在洛，與之遊，

① 趙道一在《歷世真仙體道通鑑序》中交代：“常觀儒家有《資治通鑑》，釋門有《釋氏通鑑》，惟吾道教斯文獨闕。”（《道藏》第 5 册，北京：文物出版社、上海：上海書店、天津：天津古籍出版社，1988 年，第 99 頁）因此，他發願編撰道門《通鑑》。

② 《道藏》第 5 册，第 102 頁。

③ 《繹仙傳存真訾仙翁實録之碑》，陳垣編纂：《道家金石略》，北京：文物出版社，1988 年，第 511 頁。

④ （元）李道謙集：《甘水仙源録》卷六，《道藏》第 19 册，第 772～773 頁。

相得甚厚,道價增重,光耀一時”,元憲宗九年(1259)辭世,“關洛諸公多爲作傳”。[①] 可知,其時毛養素《傳》不止一種。

元李鼎《玄都至道披雲真人宋天師祠堂碑銘並引》稱,“真人(指宋德方——筆者按)事實,本傳具載。略觀其十之一二,知其言爲不妄矣”[②]。李碑未明確撰作時間。碑文談到,1254 年宋德方遺蜕改葬於永樂純陽宫。該碑於 1262 年立石,推知李碑當撰作於這兩個年份之間。其時,宋德方本傳仍有流傳。

中統三年(1262)五月,掌教張志敬率衆“具狀其師(指李志常——筆者按)之道行,及持虚舟道人李鼎之和所爲《傳》”,請翰林學士承旨資善大夫知制誥兼修國史王鶚撰寫道行碑。一月之内,凡三次見臨,王鶚力不能辭,遂以平日見聞撰述之。[③] 可知,王鶚撰寫《玄門掌教大宗師真常真人道行碑銘》時,應該參考了李鼎所作的李志常《傳》。

1270～1272 年,淳和真人王志坦短暫掌教。嘉議大夫、吏禮部尚書高鳴所撰《崇真光教淳和真人道行之碑》對王志坦的師承、在憲宗至世祖朝的作爲,以及丘處機至王志坦之間的掌教傳承等載述頗詳。《道行碑》文末言:“嗚呼,以公平日陰功濟物之心,向在闕庭,假之以政,救時行道,焉知不有如行符設醮之功耶?若夫將適遼東也,禱之而愈風痹,又去許昌也,空中傳玉帝有命,其靈異若是者甚多,然實非公之本心。且有《淳和真人傳》在,兹略而不書。”[④]高碑撰於 1274 年,此時《淳和真人傳》尚存。

1274 年史志經作《玄風慶會圖》,著重書寫長春真人一生弘道事蹟,特别是與成吉思汗的際遇。原五卷,現存卷一。從文獻學或史源學角度講,卷一廣泛利用了經王粹增飾的《七真仙傳》[⑤]、馬鈺《洞玄金玉集》、尹志平《清和真人北遊語録》等文獻。特别值得一提的是,史志經徵引了三部已經散佚的文獻,即孫周的《長春真人傳》、李道謙的《終南山記》和《筠溪筆録》。現迻録相關引文如下:

(1)《磻溪煉行》:“孫周作《長春真人傳》云:大定十二年,宗師及丹陽於長安化自然錢數十千。復取重陽仙骨西歸,葬於終南之劉蔣村風仙故里,廬墓三年。

---

① (元)李道謙集:《甘水仙源録》卷七,《道藏》第 19 册,第 777～779 頁。

② 陳垣編纂:《道家金石略》,第 547 頁。

③ (元)李道謙集:《甘水仙源録》卷三,《道藏》第 19 册,第 747 頁。

④ (元)李道謙集:《甘水仙源録》卷七,《道藏》第 19 册,第 777 頁。

⑤ 《玄風慶會圖》云:“按北平王粹作《祖師傳》云,大定九年己丑十月,祖師挈馬、譚、劉、丘四子至南京,憩於王氏旅邸。至歲終,祖師將化,於鈺輩極加鍛煉之功,錯行倒施,一言一動,悉受訶責。”(周燮藩主編,王卡分卷主編:《三洞拾遺》第 16 册,合肥:黄山書社,2005 年,第 402 頁)

逮甲午歲秋，四師於秦渡鎮真武廟中，月夜各言其志。"[①]

(2)《振教祖庭》："大定二十六年丙午，師道成，令聞四達。京兆統軍迎歸終南，振教劉蔣之祖庭。按《終南山記》云：重陽祖師於大定三年癸未秋，填南時村之活死人墓，遷劉蔣别業，與和、李二真同處。至七年丁亥夏四月，將傳教海上，遂焚其故廬，人或怪而問之，乃作詩云：'茅庵燒了事休休，决有人人却要修。'詰旦拂袖東行，既達瀕海，開化演教者三載。"[②]

(3)《松島論天》："七月中，再見於長松島，剖天人之理，應制進詞。……《筠溪筆録》云：是冬，仙駕盤於桓山陽、伊洛間，與門人創蘇門之資福、馬坊之清真、孟州之岳雲三觀基業。又增置洛陽長生之地。興定間，並請額爲觀。考之碑刻，則訥庵張本之紀資福，遺山元好問之紀清真，紫陽楊奂之紀岳雲，西庵楊果之紀長生，俱言長春宗師於大定末年以倡其始。"[③]

《長春真人西遊記》卷上記載，1220 年五月，丘處機西行途中，至德興龍陽觀度夏，以詩寄燕京士大夫云："'登真何在泛靈楂，南北東西自有嘉。碧落雲峰天景致，滄波海市雨生涯。神遊八極空雖遠，道合三清路不差。弱水縱過三十萬，騰身頃刻到仙家。'時京城吾道孫周楚卿、楊彪仲文、師謂才卿、李士謙子進、劉中用之、陳時可秀玉、吴章德明、趙中立正卿、王鋭威卿、趙昉德輝、孫錫天錫，此數君子，師寓玉虚日所與唱和者也。"[④]可見，孫周與長春真人早有往來。1227 年七月九日丘處機辭世，"七月十五日，燕京儒學官孫周等謹以香茶之奠，致祭於長春真人丘仙翁之靈"[⑤]。比對《七真仙傳・長春真人丘宗師傳》與史志經引孫周《長春真人傳》的内容，後者相關記載未見於前者。由此推定，孫氏《長春真人傳》當爲丘處機的另一傳記，且在 1274 年前後仍有流布。

宋渤《玄明文靖天樂真人李公道行銘並序》稱，李道謙"著述有《祖庭内傳》三卷、《七真人年譜》一卷、《終南山記》三十卷、《仙源録》六卷、《筠溪筆録》一十卷、詩文五卷"[⑥]。陳垣推斷"《終南山記》三十卷，必與全真教史有關"[⑦]。《振教祖庭》引《終南山記》史事證實了上述判斷，惜援庵先生未之見。上引《筠溪筆録》載述了丘處機率衆創建全真宫觀之史事。雖不能貿然認爲《終南山記》《筠溪筆録》是

---

① 周燮藩主編，王卡分卷主編：《三洞拾遺》第 16 册，第 403 頁。
② 周燮藩主編，王卡分卷主編：《三洞拾遺》第 16 册，第 406 頁。
③ 周燮藩主編，王卡分卷主編：《三洞拾遺》第 16 册，第 411 頁。
④ (元)李志常述：《長春真人西遊記》卷上，《道藏》第 34 册，第 482 頁。
⑤ (元)李道謙集：《甘水仙源録》卷二，《道藏》第 19 册，第 736 頁。
⑥ 陳垣編纂：《道家金石略》，第 714 頁。
⑦ 陳垣：《南宋初河北新道教考》，第 34 頁。

全真史傳類文獻,但亦與史傳有著密切關聯。多提一句,史志經與李道謙同爲元代全真教内著名史家,而且二人關係非同一般。史志經多次引録天樂真人史著,與二人的密切往來,特别是以史弘道的共同旨趣有很大關係。

至元十六年(1279),史志經撰《靈神洞明貞晦真人道行記》,載録靈神子孫道古修道事蹟。碑記稱,孫道古撰有《玉陽内傳》和《范無生本行》。[①] 孫道古先後師禮王處一、丘處機。作《玉陽内傳》彰顯本師之意,頗爲明顯。范無生,或爲范全生之誤,濟南人,爲丘處機弟子,事蹟見《清虚純德輔教真人祠堂記》。《記》稱,"真人靈異感應,具載本傳,此不煩述"[②]。此處之本傳或指孫道古《范無生本行》。可見,孫道古頗爲屬意本宗師長、同門史傳之編纂。以上多次提到了史家史志經,他不僅熱衷於教門史傳的編纂,而且尤爲屬意全真高道的史傳作品,《靈神洞明貞晦真人道行記》特别點出孫道古《玉陽内傳》《范無生本行》兩部史傳,即是明證。上文談到,史志經的老師劉道寧就注重通過纂修仙傳、仙録的方式闡釋"神仙可學之事",史志經賡續了這一脈的薪火。以上提到的史傳均已散佚。不過,從中不難看出全真道對史傳書寫之重視。

多提一句,《七真仙傳》多篇序文中,最早者爲元太宗九年(1237)張本所作。《終南山神仙重陽真人全真教祖碑》記載,"大定丁亥四月,忽自焚其庵,村民驚救,見真人狂舞於火邊,其歌語傳中具載"。《祖碑》撰於"後真人五十六年"。[③] 王嚞於 1170 年辭世,後五十六年爲 1225 年。引文中的歌語當指《七真仙傳・重陽真君王祖師傳》所記的:"俄一夕,自焚其庵,村里驚救之,師方舞躍而歌曰:'數載殷勤,謾居劉蔣,庵中日日塵勞長。豁然真火瞥然開,便教燒了歸無上。奉勸諸公,莫生悒怏,我咱别有深深况。惟留灰燼不重遊,蓬萊路上知來往。'"王鶚 1264 年《序》稱:"金朝國史院編修河内張邦直子中嘗爲作傳,然略而不詳。"[④]换言之,張邦直早在 1225 年以前即已寫就王嚞仙傳初稿。[⑤] 彭志祖 1268 年《序》亦

---

① 王宗昱編:《金元全真教石刻新編》,第 30 頁。

② 王宗昱編:《金元全真教石刻新編》,第 41 頁。

③ (元)李道謙集:《甘水仙源録》卷一,《道藏》第 19 册,第 725 頁。

④ 《七真仙傳》,臺灣大學圖書館藏本。

⑤ 《重陽宫道教碑石》録《重陽祖師之圖》及張邦直贊文。張邦直贊云:"道之真以治身,而世之從事者多得其一,罕有得其全。自重陽子唱全真之道,馬丹陽輩從而和之。然後,其教大行乎天下,而習他教者爲衰。嗚呼,其盛矣!故昔莊子休有云:'後世之學,不幸不見天地之純、古人之大體,道術將爲天下裂。'惜不及見此公。"(劉兆鶴、王西平編著:《重陽宫道教碑石》,第 29 頁;趙衛東、陳法永主編:《金元全真教碑刻集萃》,第 270～271 頁)然《七真仙傳》中未見此贊文。畢竟"河内張子中,雖有所紀,簡而不略"(語出至元元年孟攀鱗《七真仙傳・序》,臺灣大學圖書館藏本),或與張邦直之後,全真道多次對《仙傳》增飾補輯有關。

可佐證此論:"《七真仙傳》自河内張邦直子中爲之,張本、北平王粹子正寔增飾之,太原李鼎之和又從而繼述之,前後歷二十餘稔,始克完備。"[①]贅言數語如上,冀希推進王嚞《傳》及《七真仙傳》成書歷程的考證。

二、全真碑志

碑志是碑記和墓志的統稱,是以石刻爲載體,載述志主生平事蹟,或記述某項活動,有的還會通過銘文的形式在文末做出褒揚性評價的一種文字體裁。碑志在補史、證史乃至開拓相關研究新視域方面,具有不可替代的作用和價值,近年來尤爲學界重視。

(一)碑志類型

全真碑志按照内容可以分爲道行碑、墓表(墓志銘)、法脈傳承碑、公文碑、專事碑(如宫觀創修碑、儀式紀念碑)等。在數量可觀的全真碑志中,以道行碑、墓志、宫觀創修碑最多見。此外,還有一些碑志專門載述不同宗系的法脈傳承,如長清五峰山洞真觀《戊申歲紀海衆信士姓氏之圖》,四層刻,正書,第一層刻王嚞—七真—真静大師崔道演等全真五代傳承法脈。《朝元洞碑陰仙源圖》刻録丘處機以下六代法嗣傳承。[②] 還有的碑志刻立某一宗系的門衆及其所屬的宫觀、任職等,如《棲元真人門衆碑》。[③] 也有就某事、某項活動專門刻碑紀念者,陳時可《燕京白雲觀處順堂會葬記》、馮志亨《敕建普天黄籙大醮碑》、李蔚《大朝投龍記》、徐世隆《長春宫大醮靈應記》、薛友諒《棲雲王真人開澇水記》、趙世延《大元敕藏御服之碑》等大體屬於此類。還有一些碑刻載録宫觀網絡、廟産等信息,旨在護持道門基業,如《純陽萬壽宫提點下院田地常住户記》記載永樂純陽宫提點師號姓名,以及下院名稱、四至、常住户等信息。[④]

道行碑、墓志銘、墓表是全真道仿照世俗喪葬制度,爲辭世道士刻立的碑碣。通常情況下,道行碑,有的稱爲本行碑、本行記、仙跡碑、仙跡記、道行碣、道行銘、功行碑、神道碑,有的立於墓前,有的立於祠堂前[⑤],多載録傳主生平、事蹟、著述、

① 《七真仙傳》,臺灣大學圖書館藏本。

② 陳垣編纂:《道家金石略》,第 500、771～772 頁。

③ 王宗昱編:《金元全真教石刻新編》,第 172～175 頁。

④ 陳垣編纂:《道家金石略》,第 792～794 頁。

⑤ 據王鶚《渾源縣真常子劉君道行記》,1246 年劉道寧辭世後,門人史志經持行狀,至燕京請魏邦彦撰寫道行記,"且將刻石祠堂之側"。參見(元)李道謙集:《甘水仙源録》卷六,《道藏》第 19 册,第 773 頁。

社會交往等。和世俗神道碑不同,道行碑一般會對傳主的丹道修行、神異感應之跡、法嗣傳承情況有所交代。墓志銘,又稱墓表、墓碑、墓碣銘。通常情況下,墓志一般埋於墓中,也有立於地上者。從金元全真墓葬看,立於地上者並不鮮見。李道謙《甘水仙源録·序》交代,他住居祖庭重陽宫五十載,每因教事歷覽多方,收集了大量福地名山、仙宫道觀所立師真、宫觀碑銘,集成《甘水仙源録》一書。其中收有《終南山碧虚真人楊先生墓銘》《普照真人玄通子范公墓志銘》《湛然子趙先生墓碑》《冲虚大師于公墓碣銘》《大朝故講師李君墓志銘》《棲真子李尊師墓碑》《洞元虚静大師申公提點墓志銘》等多篇墓志。從體例上看,道行碑和墓志銘(特别是立於地上者)有很大的相似性。道行碑一般由碑題、撰書者、正文、銘文、刻立時間、立石者等部分組成。不同的碑刻,上述組成部分先後順序略有不同。墓志銘一般也由正文和銘文兩部分組成,立於地上者有的也會刻録撰書者、刻立時間、立石者等信息。内容上,從《終南山重陽祖師仙跡記》《長真子譚真人仙跡碑銘》《頤真冲虚真人毛尊師蜕化銘》等題名可見全真道行碑重在揭示傳主的仙功仙跡。墓志銘同樣旨在揭示墓主的仙道功行。就不同點而言,相比於道行碑,墓志碑的體量要小,所記内容也相對簡略些。舉例言之,據《重陽宫道教碑石》載録,《全真教祖碑》,螭首方座。通高 512 厘米(其中首高 132 厘米,座高 46 厘米),寬 148 厘米,厚 50 厘米。碑額圭形,額刻陰文篆書"終南山神仙重陽王真人全真教祖碑"15 字。碑文正書,36 行,行 84 字,除空格外共 2798 字。馬鈺、宋德方、李道謙、孫德彧等人的道行碑,形制與王嚞碑大體相同,通高多在 400～600 厘米,寬 120～150 厘米,厚 30～40 厘米。馬鈺碑正文 42 行,行 86 字。宋德方碑正文 30 行,行 65 字。李道謙碑正文 33 行,行 62 字。孫德彧碑正文 35 行,滿行 80 字。[①] 可見,道行碑特别是在全真道發展史上位高德著者的道行碑都是比較高大的。相比之下,虞集《玄門掌教孫真人墓志銘》合計 1043 字。我未見到墓志原物,從篇幅上判斷,其體量一定遠遜於孫氏道行碑。

全真道行碑還有一種值得注意且比較有意思的現象,一人多碑。兹以《道家金石略》所收王嚞、宋德方、尹志平道行碑爲例,加以説明。王嚞的有金源璹《終南山神仙重陽真人全真教祖碑》(1225 年撰,1275 年立)、劉祖謙《終南山重陽祖師仙跡記》(1232 年撰,1276 年立)。宋德方有商挺《玄都至道崇文明化真人道行之碑》(1270 年撰,1274 年立)、王利用《玄通弘教披雲真人道行之碑》(1289 年撰,1320 年立)。教史上撰有道行碑最多的當屬清和大宗師尹志平,分别爲李志全(1191～

① 參見劉兆鶴、王西平編著:《重陽宫道教碑石》,第 14、24、33、43、45 頁。

1261)《清和演道玄德真人仙跡之碑》(未記撰文時間,當不晚於1261年[①],1314年立)、弋彀《玄門掌教清和妙道廣化真人尹宗師碑銘並序》(1262年撰,1264年立)、賈餀《大元清和大宗師尹真人道行碑》(1290年撰)、王惲《大元故清和妙道廣化真人玄門掌教大宗師尹公道行碑銘並序》(1297年撰)。

重複撰述、刻立的道行碑,内容上大同小異。賈餀《碑》稱,"若夫清和之碑,義不可考,今猶闕然,是則嗣教者不敏之過也"[②]。王惲《碑》記載,元貞三年(1297),尹志平法孫陳德定稱,"今(尹志平)紀行之碑,未克昭建,是殆闕如"[③]。兩碑撰作時間相差七載。《樓觀臺道教碑石》記載,賈《碑》於元貞元年(1295)在樓觀太清宗聖宫立石。[④] 王《碑》未載刻立時間。但是比較清楚的是,王惲受託撰碑時,賈《碑》剛剛在樓觀刻立兩年左右的時間。從引文看,不僅二者互不知情,且對1264年已經立石的弋《碑》亦不知曉。確實是時空區隔所致,還是另有隱情,值得進一步探究。而李《碑》、弋《碑》均在尹志平門人馬志通所紀行狀的基礎上成之。[⑤] 同樣出現了重複性書寫以及先撰者後立、後撰者先立的情况。個中原因,當與兩碑對尹志平、李志常之間掌教交接的表述有關。李《碑》是現存尹氏碑銘中最早者,行文古樸,頗重史事,少有發揮。關於李志常嗣教,碑文稱:"戊戌正旦,諸路宿德慶節,師曰:'吾今已七旬,力弱任□,鮮能勝舉,欲付有德者久矣。'僉言:'誰可嗣法?'曰:'捨權教真常,其疇克之?'衆唯唯而退。上元日,作大齋,授大宗師法印,真常再四遜避曰:'弟子與師代勞,尚且不堪,敢膺此託?'時會衆昌言,師欲付之非一次,數年來教門巨細事,君常裁制。真常自度不能免,姑從衆議,師即退居西越。"[⑥]弋《碑》是遵照掌教大宗師張志敬之命撰寫的,並且次年誠明真人親自主持了立碑活動。相較於李《碑》,弋《碑》有兩個明顯的特點,一是從王嚞創教到尹志平嗣教即全真道創立與傳承的高度,盛讚尹志平在教史上的"功德",雖亦以馬志通所記行狀爲基礎,又"摭其功德之著,見於耳目者,序述之",對清和真人的評價甚至有超邁歷代宗祖之勢。如云"自古教法之盛,功德之隆,惟

① 李《碑》撰作時間,陳垣、張廣保分别有考證。參見陳垣:《南宋初河北新道教考》,第61～62頁;張廣保:《全真教的創立與歷史傳承》,北京:中華書局,2015年,第90頁。

② (元)賈餀:《大元清和大宗師尹真人道行碑》,陳垣編纂:《道家金石略》,第680頁。

③ (元)王惲:《大元故清和妙道廣化真人玄門掌教大宗師尹公道行碑銘並序》,陳垣編纂:《道家金石略》,第690頁。

④ (元)賈餀:《大元清和妙道廣化真人尹宗師之道行碑》,王忠信編:《樓觀臺道教碑石》,第152頁。

⑤ 李志全稱:"僕知遇岩深,據高弟馬志通所集行狀,次而爲傳。"弋彀稱:"謹按門人馬志通所紀行狀,仍摭其功德之著,見於耳目者,序述之。"(陳垣編纂:《道家金石略》,第541、567頁)

⑥ (元)李志全:《清和演道玄德真人仙跡之碑》,陳垣編纂:《道家金石略》,第540頁。

清和師爲最,蓋天之畀付之道一,而所遇之時異也"[①],巧妙地將尹氏之功德歸結於時勢。二是淡化尹、李掌教傳承之細節描述,碑文稱"戊戌春,忽曰:吾老矣,久厭勞事。以正月上日,傳衣鉢於真常李公,俾主教事"[②]。此後的尹氏碑傳基本沿襲弋《碑》説法。[③] 張爲李志常弟子,且由師父親手扶上掌教之位,頗有爲師父避嫌、溢美掌教傳承之意。[④] 這應該是弋《碑》後撰先立的原因。仁宗延祐元年(1314)刻立李《碑》,其時關於尹、李掌教傳承之嫌隙,已然不能構成對元代中後期全真道統發展之威脅,先撰者後立,重在揭示尹志平在全真道史上的事蹟功行,和其他碑刻一樣,一則緬懷宗祖,二則爲後學樹立修道典範。王嚞的兩通碑傳成於金末,立碑在元初,且立碑時間僅差一年,立碑者爲同一波人。[⑤] 宋德方的兩通碑都撰於其遷葬永樂純陽宫之後。前者爲宋德方弟子祁志誠請正奉大夫參知政事同簽樞密院事商挺所撰,後者爲宋德方法孫楊道祺"偕道録王志明齎秦蜀道教提點天樂真人李君之書",請前翰林直學士太中大夫西蜀四川道提刑按察使王利用撰。撰文時間相差 20 年,立碑相差近 50 年。和王嚞碑一樣,旨在通過重複性書寫和樹碑活動,緬懷追念宗祖創教傳教之功、持續性弘揚道範功行。

(二)金元文人與碑志書寫

除了教内史家積極撰作全真史傳外,金元精英文人在全真史事的記載和書寫方面也發揮了不容忽視的作用。這一時期,文人精英廣交全真道士,對記録和撰寫全真歷史表現出很高的熱情,撰作了大量的全真文本。衆多金元全真道士的道行碑、墓志銘、宫觀碑、祠堂記以及元朝統治者頒布的相關政令等多出自一時文人名士之手。記人、記事、記史成爲文人全真書寫的主要内容。

---

① (元)弋彀:《玄門掌教清和妙道廣化真人尹宗師碑銘並序》,陳垣編纂《道家金石略》,第 567 頁。

② (元)弋彀:《玄門掌教清和妙道廣化真人尹宗師碑銘並序》,陳垣編纂《道家金石略》,第 568 頁。

③ 《終南山祖庭仙真内傳》卷下《清和真人》:"戊戌春,忽曰:吾老矣,久厭勞事。以正月上日會四方耆宿,嗣法於真常李公,俾主教席。"(《道藏》第 19 册,第 534 頁)賈《碑》:"至戊戌春,師從容謂衆曰:'吾老矣,宜去勞從佚。'會諸耆德,手自爲書,付真常李公,俾嗣教。"王《碑》:"戊戌,師壽七秩,以教門事付真常李公。"(陳垣編纂:《道家金石略》,第 680、690 頁)

④ 尹、李掌教之間的傳承,除了教内因素外,還與蒙古皇室對李志常的賞識及其給尹志平的壓力有關。參見張廣保:《全真教的創立與歷史傳承》,第 99 頁。

⑤ 前者署"至元乙亥歲中元日,陝西五路西蜀四川道教提點兼領重陽萬壽宫事洞觀普濟圓明真人高道寬、重陽萬壽宫提點悟真了一襲明真人申志信、衍真復樸純素真人張志悦立石、長安虚静大師(下闕)。功德主昭勇大將軍京兆路總管兼府尹兼諸軍奥魯營繕司大使趙炳、營繕司副使王海、京兆等路采石提舉謝澤、副提舉段德續"。後者署"安西王府文學姚燧以至元丙子中秋日書並題額,陝西四川等路道教提點洞觀普濟圓明真人高道寬、重陽萬壽宫提點悟真了一襲明真人申志信、衍真復樸純素真人張志悦立石,功德主昭勇大將軍京兆路總管兼府尹兼諸軍奥魯總管營繕司大使趙炳、營繕司副使王海、京兆等處采石提舉謝澤,助緣龐德林"。(劉兆鶴、王西平編著:《重陽宫道教碑石》,第 87、92 頁)

李道謙"歷覽多方","既經所見,隨即紀録",纂成《甘水仙源録》一書,其中輯録道行碑、墓志銘、祭文、宮觀碑等七十餘通,十之八九出自金元文人精英之手。立足這部碑刻集,闡釋金元文人對全真碑刻撰寫的參與度,是有説服力和代表性的。

表 3 《甘水仙源録》所收文人撰作全真碑志

序號	碑記名稱	作者	職銜	撰作時間
1	丹陽真人馬公登真記	張子翼		金世宗大定二十五年(1185)
2	重修太清觀記	王奂		金章宗明昌三年(1192)
3	大金陝州修靈虚觀記	辛愿		金宣宗興定三年(1219)
4	終南山神仙重陽真人全真教祖碑	金源璹	開府儀同三司上柱國密國公	金哀宗正大二年(1225)
5	隴州汧陽縣新修玉清觀記	李邦獻		金哀宗正大二年(1225)
6	長春真人祭文	吴章		元太祖二十二年(1227)
7	長春真人本行碑	陳時可	寂通居士	蒙古拖雷監國(1228)
8	終南山重陽祖師仙跡記	劉祖謙	翰林修撰嘉議大夫同知制誥上輕車都尉彭城郡開國伯食邑七百户賜紫金魚袋	金哀宗天興元年(1232)
9	懷州清真觀記	元好問		元太宗九年(1237)
10	修建開陽觀碑	張本	翰林	元太宗九年(1237)
11	渾源縣真常子劉君道行記	王鶚	前進士	元定宗二年(1247)
12	普照真人玄通子范公墓志銘	宋子貞		海迷失后二年(1250)
13	終南山重陽萬壽宮洞真于真人道行碑	楊奂	宣授河南路轉運使兼廉訪	元憲宗元年(1251)
14	淵静觀記	高鳴		元憲宗三年(1253)
15	佐玄寂照大師馮公道行碑銘	趙著		元憲宗四年(1254)

續表

序號	碑記名稱	作者	職銜	撰作時間
16	紫陽真人祭無欲真人	楊奐	河南漕長兼廉訪致仕	元憲宗五年(1255)
17	玄門弘教白雲真人綦公道行碑	李庭	京兆府學教授	元憲宗九年(1259)
18	增修華清宫記	商挺	參知政事陝西四川等路行中書省事	元世祖中統二年(1261)
19	清和妙道廣化真人尹宗師碑銘並序	弋轂		元世祖中統三年(1262)
20	玄門掌教大宗師真常真人道行碑銘	王鶚	翰林學士承旨資善大夫知制誥兼修國史	元世祖中統三年(1262)
21	湛然子趙先生墓碑	孟攀鱗	京兆路提舉學校官前進士	元世祖中統三年(1262)
22	棲雲真人王尊師道行碑	王鶚	翰林學士承旨資善大夫知制誥兼修國史	元世祖中統五年(1264)
23	重玄子李先生返真碑銘	高鳴	嘉議大夫吏禮部尚書	元世祖中統五年(1264)
24	衛州胙城縣靈虚觀碑	王惲	翰林修撰	元世祖中統五年(1264)
25	洞玄子史公道行録	王鶚	慎獨老人東明前進士	元世祖至元二年(1265)
26	應緣扶教崇道張尊師道行碑	孟祺	承事郎太常博士應奉翰林文字	元世祖至元九年(1272)
27	玄門掌教宗師誠明真人道行碑銘	王磐	翰林學士嘉議大夫知制誥兼同修國史	元世祖至元九年(1272)
28	棲真子李尊師墓碑	王博文	嘉議大夫河東山西道提刑按察使	元世祖至元十年(1273)
29	崇真光教淳和真人道行之碑	高鳴	嘉議大夫吏禮部尚書	元世祖至元十一年(1274)
30	創建真常觀記	王磐	翰林學士嘉議大夫知制誥兼修國史	元世祖至元十二年(1275)
31	洞觀普濟圓明真人高君道行碑	姚燧	安西王府文學	元世祖至元十四年(1277)

續表

序號	碑記名稱	作者	職銜	撰作時間
32	弘玄真人趙公道行碑	李謙	翰林待制知制誥兼修國史	元世祖至元十七年(1280)
33	清虛大師把君道行録	陳楚望	翰林侍讀學士正議大夫兼國子祭酒	元世祖至元十七年(1280)
34	全真第二代丹陽抱一無爲真人馬宗師道行碑	王利用	翰林直學士中順大夫陝西漢中道提刑按察副使	元世祖至元十九年(1282)
35	洗燈子然先生道行碑銘	王利用	翰林直學士中順大夫陝西漢中道提刑按察副使	元世祖至元二十年(1283)
36	廣寧通玄太古真人郝宗師道行碑	徐琰	嘉議大夫嶺北湖南道提刑按察使	元世祖至元二十三年(1286)
37	大都清逸觀碑	商挺	正奉大夫參知政事	元世祖至元二十三年(1286)
38	玉陽體玄廣度真人王宗師道行碑銘並序	姚燧	前翰林直學士奉政大夫知制誥同修國史	元世祖至元二十四年(1287)
39	長真子譚真人仙跡碑銘	金源璹	開府儀同三司上柱國密國公	
40	七真贊	王粹		
41	真常子李真人碑銘	張邦直	朝請大夫翰林修撰同知制誥賜紫金魚袋	
42	離峰子于公墓銘	元好問		
43	終南山碧虛真人楊先生墓銘	劉祖謙	翰林修撰嘉議大夫同知制誥上輕車都尉彭城郡開國伯食邑七百户賜紫金魚袋	
44	真静崔先生傳	杜仁傑		
45	冲和真人潘公神道之碑	徒單公履	翰林侍講學士少中大夫知制誥兼修國史	
46	頤真冲虛真人毛尊師蜕化銘	李國維	宣授河南府路提舉學校官	
47	通真子秦公道行碑銘	元好問		
48	純成子李君墓志銘	李蔚	宣授懷孟路提學	

續表

序號	碑記名稱	作者	職銜	撰作時間
49	太華真隱褚君傳	姚燧	安西王府文學	
50	泰安阜上張氏先塋記	杜仁傑		
51	延安路趙先生本行記	張子獻	朝列大夫守延安治中賜紫金魚袋	
52	鄠縣秦渡鎮重修志道觀碑	俞應卯	前鄂州教授雪溪逸人	
53	燕京白雲觀處順堂會葬記	陳時可	寂通居士	
54	鄧州重陽觀記	麻九疇		
55	燕京創建玉清觀碑	趙復		
56	德興府秋陽觀碑	張本		
57	順德府通真觀碑	宋子貞	平章政事	
58	神清觀記	王粹		

注:有明確撰寫時間的,按照先後順序排列在前。未標注時間的,按照原書順序依次排列在後。

金元文人撰寫碑記呈現出以下一些特點:一是從時代演進來看,金蒙易代、王朝更迭並未對文人精英與全真道的交往造成影響,文人精英的全真碑刻書寫活動一以貫之地跨越金元兩代。二是從撰者身份來看,金元文人多出身儒家,並以政府官員的身份撰寫全真碑刻。一方面體現了儒道互通的特點,另一方面也凸顯了世俗社會對出世活動的關注和熱衷。三是從碑傳内容來看,以記載全真道士弘道活動的道行碑、墓志銘、宫觀建修碑居多,這些内容是構建全真道歷史的重要基礎。以史弘道,金元文人的貢獻不容忽視。四是從覆蓋面來講,上述碑刻基本涵蓋了王嚞創教以來,七真及其後嗣各宗系的傳承歷史。當然,也有例外,其中對孫不二一系的記載明顯不足。這實際上涉及《甘水仙源録》編者李道謙對七真構成的認知問題。五是金源璹、元好問、王鶚、王磐、商挺、高鳴、王利用等爲多人、多宫觀撰寫碑記的情況十分普遍,足見金元文人與全真道有著廣泛的交往。這與衆多全真道士出家前的儒士身份是緊密聯繫在一起的。六是從教外精英和教内高道撰寫教史對比的角度看,前者多是對“點”(如某道士、某宫觀)的記載和書寫,後者則呈現“點”“線”“面”相結合的特點。如李道謙不僅撰有多部道行碑、宫觀碑，而且從教團傳承與發展的高度，一方面致力於搜集整理教内外精英的全真書寫，另一方面又編著了多部教史文獻，較爲全面系統地向教俗兩界展現了全真道的歷史。秦志安、史志經等也有類似作爲，這是教外精英未能做到的。之所以有這樣的區别，原因在於，教外精英可能是源於和某些高道、宫觀的友好交往，纔慨然應允撰作相關碑記的。而秦志安、李道謙等教内史家則是站在鑒往知來，爲全真後學提供修學楷式的高度觀照教團整體發展的。二者的動因和書寫側重點不同，但是在推動教團發展上殊途同歸。

金元時期中央和地方統治者向全真道頒布了諸多政令公文，雖冠以皇帝、宗王或政府之名，但多出自文人精英之手。在記述、揭示全真道與國家社會的關係方面，金元文人特别是政界精英具有得天獨厚的優勢。據《玄門掌教孫真人墓志銘》，孫德彧以祈禱靈應著稱一時。元仁宗目爲"仙人"，"命圖其像，屬翰林學士承旨趙公孟頫爲贊，以璽識之"[①]。碑記未載趙孟頫奉敕所撰贊文，筆者在《松雪齋集》卷一〇中檢得。《長春宫孫真人真贊奉敕撰》：

> 澹兮其若川，油兮其若雲在天。虚兮其若谷，粹兮其若玉，冲冲兮而無不足。服文采，冠崔嵬，佩寶璐，人皆羡其榮，而我安若素。夫所謂真人者，非斯人其孰與邪？[②]

再如，泰定帝朝，元代名儒吴澄（1249～1333）奉敕撰《封孫真人制》，敕封郝大通一系孫履道神仙玄門演道大宗師、泰定虚白文逸明德真人、掌管諸路道教所、知集賢院道教事。[③] 按，1324～1328年，孫履道出任全真掌教。程越基於袁桷撰"長春宫提點常某授玄門演道大宗師掌教真人管領諸路道教所商議集賢院道教事"，補陳垣漏考的一位全真掌教。[④] 又，虞集《瑞鶴贊》收入《元人文集珍本叢刊》本《道園類稿》卷一五，《道家金石略》《金元全真教石刻新編》等未收。贊文記載，至順三年（1332）三月，趙國公常不蘭奚、中書平章政事亦列赤、御史中丞脱盈納等，奉文宗皇帝聖旨、皇后懿旨，命苗道一在大長春宫修建羅天大醮。此事發生在苗道一第二次出任掌教期間。贊文記述當時盛況稱，"羽蓋雜華，霧以繽紛。法曲繞旌，霓而高亮。百官在列，萬姓聚觀。乃有青鸞白鶴飛舞太空，雅唳長鳴，

---

① 陳垣編纂：《道家金石略》，第767頁。鄧文原《皇元特授神仙演道大宗師玄門掌教輔道體仁文粹開玄真人管領諸路道教所知集賢院道教事孫公道行之碑》亦云："命翰林學士承旨趙孟頫贊公像，且加御璽其上。"（陳垣編纂：《道家金石略》，第788頁）

② 《景印文淵閣四庫全書》第1196册，臺北：臺灣商務印書館，1986年，第737頁。

③ 陳垣編纂：《道家金石略》，第768頁。

④ 参見程越：《金元全真道後弘期掌教研究》，《中國社會科學院研究生院學報》1996年第4期。

去人尋丈,若群真之並駕,從列聖以來迎,盤桓後先,及壇而止。衆目瞻睹,驚歎神異”[①]。常不蘭奚將醮儀盛况繪圖上呈文宗,文宗非常重視此事,命虞集爲文記之。按,《元史》卷三三記載,天曆二年(1329)八月、十月,掌教苗道一兩度奉敕在大都建醮。前者和玄教宗師吴全節共舉,後者由他在長春宫主持修建。至順三年(1332)長春宫建醮事,《元史》失載,《瑞鶴贊》可補正史之闕。不難看出,文人精英的書寫在構建全真道歷史乃至正史過程中的重要作用。

和全真道士的史志書寫重在褒揚道門的筆法不盡相同,金元文人的全真書寫既有弘揚教團歷史的一面,也有直書省思的一面。如元好問《紫微觀記》回顧全真道在金末的發展盛况後,對金廷的禁罷之策及教團因此微而復興的歷史有客觀揭示:“上之人亦嘗懼其有張角斗米之變,著令以止絶之。當時將相大臣有爲主張者,故已絶而復存,稍微而更熾。五七十年以來,蓋不可復動矣。”[②]至元二十一年(1284)三月,翰林院唐方、楊文郁、王構、李謙、閻復、王磐等奉敕撰《聖旨焚毁諸路僞道經藏之碑》,對憲宗、世祖兩朝的佛道之争以及元廷對道教的限制打壓有清晰的交代,對道教創立以來改變道家清静之風、“襲訛成僞,誇誕百出”的狀况提出批評警示。王磐等雖爲奉敕而作,但是佛道之争因全真道的鵲起膨脹而生,焚經書寫亦從一個側面揭示了全真道在大蒙古國時期和元初的歷史境遇。[③] 如果没有金元文士的書寫,就不可能更加全面地瞭解、構建全真道早期發展的歷史。更爲重要的是,與教内史家相比,他們的書寫展現了世俗社會對全真道的多視角觀察,使世人對它的認識更加客觀、多元。

除了熟知全真道宗祖傳承以外,對以道家道教歷史、典籍爲代表的中國傳統文化的熟稔是文人全真書寫的文化根基。表3中提到的宋子貞(1188～1268),字周臣,號鳩水野人,潞州長子(今山西長子)人。元太宗、世祖朝先後出任行臺右司郎中、益都路宣撫使、翰林學士、中書平章政事等職。《元史》卷一五九有傳。他對《道德經》《南華經》《茅君内傳》等典籍頗爲熟悉,撰有《順德府通真觀碑》《普照真人玄通子范公墓志銘》《全真觀記》等多篇全真碑記。丘處機弟子巨陽子韓志具於金章宗明昌朝在山東泰安縣上章村創建全真觀,並請其撰寫碑記。他認爲,土木之工、金石之記,並不能傳之久遠,祇有誦讀《道德經》,踐行老子之言,道

① (元)虞集:《道園類稿》卷一五,《元人文集珍本叢刊》第5册,臺北:新文豐出版股份有限公司,1985年,第453頁。

② (元)元好問著,狄寶心校注:《元好問文編年校注》卷四,北京:中華書局,2012年,第363頁。

③ 參見(元)釋祥邁:《至元辨僞録》卷五,《續修四庫全書》第1289册,上海:上海古籍出版社,2002年,第459～462頁。

家精神纔能傳承長久。然而，具有諷刺意味的是，他還是應邀爲之撰寫了創建碑記。杜仁傑（1201～1282），字仲梁，號止軒，字善夫，濟南長清人。金末隱内鄉山中，至元中屢徵不起。追謚文穆。在爲崔道演撰寫贊文時，杜氏談到自己嘗讀《列仙傳》，對"乘雲氣，跨箕尾，解水火，遺冠舄"①之説頗爲熟悉。

三、教史書寫的特點

首先，作爲全真教史的兩大類型，史傳和碑志之間很多時候並非各自獨立，互不統屬，而是有機互動的。碑、傳"套系"配合者，比較普遍。以丘處機爲例，既有《長春真人傳》《七真仙傳・長春真人丘宗師傳》《金蓮正宗記・長春丘真人》《全真第五代宗師長春演道主教真人内傳》《歷世真仙體道通鑑續編・丘處機》《金蓮正宗仙源像傳・長春子》等多部史傳，又有《長春真人本行碑》《燕京白雲觀處順堂會葬記》《重修磻溪長春成道宫記》等記載其事蹟的道行碑、專事碑。馬鈺弟子湛然子趙九淵是活躍於金末的早期祖庭高道之一，金哀宗正大朝辭世。中統三年（1262），孟攀鱗撰《湛然子趙先生墓碑》。李道謙又編有《趙九淵傳》，收入《終南山祖庭仙真内傳》卷上。至元十四年（1277）五月，李道謙狀高道寬行實，請姚燧撰《洞觀普濟圓明真人高君道行碑》。1284 年《終南山祖庭仙真内傳》成書，卷下收《圓明真人傳》，所記比姚燧《碑》更詳。這當與高、李同門，且李作爲高的副手共同管領祖庭的經歷有關。1294 年門人苟道恭等又請人撰作《圓明真人傳》，收入《北京圖書館藏中國歷代石刻拓本彙編》，漫漶嚴重，撰者不可考。

從史傳、碑志取材角度看，二者很多時候互爲史源。李道謙編寫《趙九淵傳》時參考了孟攀鱗撰《湛然子趙先生墓碑》。佚名《圓明真人傳》參考了姚燧《高君道行碑》。此乃碑志爲史傳史源的情況。1250 年十月二日，于善慶辭世。楊奂《終南山重陽萬壽宫洞真于真人道行碑》稱，"後九日，葬於宫之西北隅，有《洪鐘集》行於世。鎮陽馮侍郎璧傳其事甚悉"。上文談到，王鶚撰寫李志常道行碑時，參用了李鼎所作的《李志常傳》。這些都是史傳作爲道行碑史源的情況。李道謙撰寫《終南山全陽真人周尊師道行碑》參考了"崆峒李公君瑞作師墓銘"。② 此乃史傳、墓志銘爲道行碑史源的例證。

從整體上看，史傳、碑志有重複書寫的情況。但從具體行文看，互見法——

① （元）李道謙集：《甘水仙源録》卷五，《道藏》第 19 册，第 760 頁。

② （元）李道謙集：《甘水仙源録》卷三、卷四，《道藏》第 19 册，第 748、752 頁。

相同相類的史事參見他文、不做贅述的書寫方法——是碑志之間、史傳與碑志之間教史書寫的一種常用手法。例如,丘處機辭世後,尹志平易長春宮東甲第爲白雲觀,次年構堂安厝長春遺蜕,並請陳時可撰寫《燕京白雲觀處順堂會葬記》。關於丘處機一生的事蹟,陳時可撰有《長春真人本行碑》,"其歲月事蹟已見於《本行碑》"[①],故《會葬記》圍繞道士死後是否應該厚葬的争論展開,重點闡釋大起葬事的"慎終追遠"之理。此爲專事碑與本行碑互見的例子。1258 年高暐撰《玄都觀碑》,記載丘處機令弟子在馬鈺故宅起建、修復玄都觀歷史。碑記開篇簡要介紹了王嚞與馬鈺的契遇,對王嚞在山東招收七真的歷史一筆帶過,"已而度長真、長生、長春、玉陽、廣寧、純德,其形狀之始終,神變之微異,具載於《仙傳》,今略而不書"[②]。此處之《仙傳》或指太宗朝初成書的《七真仙傳》。此爲史傳與碑記互見的例子。王博文《棲真子李尊師墓碑》載述丘處機弟子李志明一生弘道活動,但對興復天慶觀一事未做詳論,僅稱"具見於榮禄宋公所撰《萬壽宫碑》,兹故略"[③]。此爲宫觀創修專事碑與墓志互見的例子。還有宫觀碑互見的情况。楊奂《重修岳雲宫記》載述孟州岳雲宫興建史。此宫係金大定二十八年(1188)丘處機所創[④],金末蒙初全真徒衆屢有增葺,其中楊奂點到了棲神子王志祐增修岳雲宫一事:"迨國朝,棲神子出,修飾而潤色之。棲神諱志祐,姓王氏,林慮人。其至也以乙未,其升也以己亥,壽八十有八,具李翰林《陽臺宫碑》。"[⑤]經查,《陽臺宫碑》指的是李俊民《重修王屋山陽臺宫碑》。碑文概述了唐以來陽臺宫的歷史沉浮。關於王志祐的作爲,其稱:

> 正大四年丁亥,林州先生王志祐,由平水抵王屋,周覽勝區,感歎陳跡,慨然有動於心。邑令及司氏昆仲,挽留住持,養道餘暇,以起廢爲事。不募而役集,不鳩而材具,變汙以潔,易故而新,宏大殿堂,修直廊廡,復靈官之位,列齋廚之次,接遇則有賓館,招納則有道院,其用簡,其功速,旋天關,回地軸,華日月而平北斗,其爲力也大哉!……先生少業儒術,長慕玄理,年高行積,境滅心休,幽人逸士,望風禀受,號曰棲神子。一日,與余邂逅於山前,頗得其所長……大朝己亥歲三月二十二日壬辰,登真於岳雲觀,春秋八十有

---

① (金)陳時可:《燕京白雲觀處順堂會葬記》,陳垣編纂:《道家金石略》,第 458 頁。
② 王宗昱編:《金元全真教石刻新編》,第 10 頁。
③ (元)李道謙集:《甘水仙源録》卷六,《道藏》第 19 册,第 775 頁。
④ (元)李道謙:《全真第五代宗師長春演道主教真人内傳》,陳垣編纂:《道家金石略》,第 634 頁。
⑤ 楊奂:《重修岳雲宫記》,陳垣編纂:《道家金石略》,第 525 頁。

八。其徒曰定、曰忠、曰祥、曰玄、曰温。[①]。

如此,《重修王屋山陽臺宮碑》在《道家金石略》分類中就應該從"(五)歸屬不明者"移入"(一)全真派"。

其次,全真教史的作者大體由教内史家和世俗精英兩大群體組成。[②] 以秦志安、史志經、李道謙爲代表的教内史家比較系統地對教團歷史的梳理、宗祖譜系的申論、宗門認同的述説,以楊奂、元好問、王鶚、王惲、姚燧爲代表的一大批金元文人對不同宗系全真道士弘道事蹟的描繪、各大宫觀創建興修活動的記録、全真道士與世俗社會交通往來的勾勒,共同構成了全真道歷史書寫的兩大系統。在這個過程中,全真道的歷史傳承與斑斑道業得以再現,全真道士的道行和濟世度人的事蹟得以傳聞,遠接上古近承唐宋的宗祖譜系得以構建,功行雙修、性命兩全的修道宗旨得以展現,這都與教俗兩界的教史書寫鋪陳無法分隔。

全真道的史志書寫是教團的一種自覺的、有組織性的行爲,邀請教内外名士撰寫史傳、碑志已然成爲一種不成文的規則。從發起者角度看,全真史志的書寫可以分爲以下幾種類型。

第一爲官方委託撰寫。如劉道寧的弟子佑德真人褚志通,道行高潔,不問世事,被譽爲"太華真隱"。至元十六年(1279),忽必烈遣使徵召,不起。李德輝深知其人,曾請姚燧撰寫《太華真隱褚君傳》,以彰其行。按,李德輝(1218～1280)字仲實,通州潞縣(今北京通州)人。元定宗二年(1247),經劉秉忠薦,徵至忽必烈潛藩,侍講讀。後深得世祖器重,忽必烈繼承皇位後,先後出任燕京宣撫使、山西宣慰使、太原路總管、右三部尚書、安西王相、安西行省左丞等職。在元初平定川蜀和"西南夷羅施鬼國"過程中堪當大任。爲政以德,頗有政聲。辭世後,西南官民深感其德,立廟祠祭。《元史》有傳。至元九年(1272)十月,忽必烈封皇子忙哥剌爲安西王,賜京兆分地,駐兵六盤山。至元十一年,"(安西王)奏以德輝爲輔,遂改安西王相。至則視瀕涇營牧故地,可得數千頃,起廬舍,疏溝澮,假牛、種、田具與貧民二千家,屯田其中,歲得粟麥芻藁萬計"[③]。他當時就是以王相的身份請姚燧撰寫褚氏傳的。姚燧時任安西王府文學,與李德輝爲上下級關係。姚燧曾爲李德輝撰《中書左丞李忠宣公行狀》(收入《牧庵集》卷三〇),二人關係

① (元)李俊民:《重修王屋山陽臺宫碑》,陳垣編纂:《道家金石略》,第1074～1075頁。

② 張廣保系統總結了金元時期全真教内的八大史家(李鼎、秦志安、李志全、姬志真、史志經、李道謙、趙道一、朱象先)的教史貢獻。參見《全真教史家與全真教史的建構》,趙衛東主編:《全真道研究》第七輯,濟南:齊魯書社,2018年,第24～53頁。

③ (明)宋濂等撰:《元史》卷一六三《李德輝傳》,北京:中華書局,1976年,第3816頁。

非同一般。衆多護教聖旨、懿旨、令旨等公文,多係政界精英奉官方敕命撰作,前文已述,不贅言。

第二是教内領導層組織撰寫。這裏的領導層既包括掌教大宗師,也包括地方道官。就掌教大宗師言之,1228 年八月,掌教尹志平請寂通居士陳時可撰作《長春真人本行碑》。上文談到,1262 年張志敬積極推動清和真人尹志平道行碑的"重修"工作,並於至元元年(1264)以掌教身份刻石立碑。1264 年王志謹"門人論志元、魏志言持師行狀,洎提點張志格、李志居書,不遠數千里",懇請王鶚作《棲雲真人王尊師道行碑》,再結合"予衰朽之人,忝居翰職,應制之外,不宜爲人作文字,惟師以同里同宗之分,而掌教誠明真人亦爲言之,義不容辭,乃爲書其大概",可知,張志敬也曾襄助此事。[①] 至元九年(1272)三月三日,張志敬遺蜕葬五華山道院東。"襄事畢,提點劉志敦持行狀,致嗣教真人王志坦之命",請王磐撰作《玄門掌教宗師誠明真人道行碑銘》。[②] 以上均屬於掌教積極推動全真碑志撰寫的情況。

就地方道官言之,天樂真人李道謙於至元十四年(1277)出任陝西五路西蜀四川道教提點兼領重陽萬壽宫事。作爲教内著名史家和地方道官,不僅親自撰作了諸多史志,而且積極推動全真碑志的撰寫工作。如至元十九年(1282)八月,持馬鈺行狀,請王利用撰《全真第二代丹陽抱一無爲真人馬宗師道行碑》。至元二十四年(1287),偕終南上清太平宫提點賀志冲、李志真,請姚燧爲王處一撰寫碑記,理由是"真君並六真既各有傳,獨是玉陽尚無屬筆"[③]。1289 年十二月,"(宋德方)法孫張道祺來自長安,偕道録王志明齎秦蜀道教提點天樂真人李君之書,逕詣成都",請王利用撰《玄通弘教披雲真人道行之碑》。[④] 李道謙或爲介紹,或親自撰作行狀,爲推動全真碑志書寫甘居幕後。從補王處一碑來看,宗祖道行碑的撰立並非可有可無,教團是有整體考慮安排的。宫觀提點、宗門領導者組織撰碑者,也不在少數。《全真教祖碑》《祖師仙跡記》由"嗣法孫汴京嘉祥觀提點真常子李志源、中太一宫提點洞真子于善慶"分别請金源璹、劉祖謙撰寫。李志源、于善慶雖同爲王嚞法孫,但其宫觀提點的身份表明,二碑的撰作並非完全出於李、于私意。至元二十三年(1286),崇玄誠德洞陽真人徐志根請徐琰爲其師祖

① (元)李道謙集:《甘水仙源録》卷四,《道藏》第 19 册,第 756、757 頁。
② (元)李道謙集:《甘水仙源録》卷五,《道藏》第 19 册,第 759 頁。
③ (元)姚燧:《玉陽體玄廣度真人王宗師道行碑並序》,陳垣編纂:《道家金石略》,第 718 頁。
④ 陳垣編纂:《道家金石略》,第 753 頁。

郝大通撰作《廣寧通玄太古真人郝宗師道行碑》，“時洞陽掌本宗教，住朝元宫”①。

第三是弟子請人撰寫。例如，真常子劉道寧在世時，與學士魏邦彦有交。死後，門人史志經請魏氏撰寫道行記。魏邦彦因年老，久不作文字，乃請王鶚代勞。王鶚“初客燕城，殊無文思，重違學士之請，而復嘉志經之不忘所事，乃以臨終之言名其堂，因爲紀其始末云”②。1259年毛養素辭世，弟子王志冲、張志性同道判常志久，齎講師郭從道所作行狀，請李國維撰《頤真冲虚真人毛尊師蜕化銘》。至元九年(1272)掌教王志坦辭世，十一年，弟子梁志安、常志敏等狀公之行，請高鳴作《崇真光教淳和真人道行之碑》。至元十一年九月，終南山重陽成道宫提點吴志恒請李道謙爲其師周全道撰《終南山全陽真人周尊師道行碑》。乃馬真后二年(1243)清平子趙志淵辭世，至元二十五年(1288)，華清宫提點李志通、遇仙觀尊宿楊志素、提領蘇道常等，以其法屬講師吕志真爲介紹，持狀請祖庭重陽宫講經師張好古撰《清平子趙先生道行碑》。1292年，濟寧路道録徐居仁操其師高道宣行狀至大都長春宫寓仙道院，請諸路道門玄學提舉王道明撰《純正昭慧冲和真人高君道行碑》。嗣法弟子爲先師、先祖請文立碑的情况非常普遍，不再贅敘。

還有同門師兄弟爲道友請碑的情况。吕道安與畢知常同師馬鈺，金興定朝辭世。畢知常安厝其遺蜕後，請趙九淵撰《終南山靈虚觀冲虚大師吕君墓志》。棲真子李志明與洞元大師申雲叟同爲丘處機門人。至元三年(1266)李志明辭世。至元十年四月，從遺命藏之於太原府城東南三里所。“洞元持師之門人郭志修等所纂行實狀”③，請王博文撰《棲真子李尊師墓碑》。

全真碑志撰寫的發起既有官方力量介入，也有教内大宗師、地方道官、宗門管理者、嗣法弟子、同門道友等多種力量的踴躍推進，呈現教内外共同參與、自覺性與組織性相統一等特點。

最後，簡要從兩方面談一談全真教史書寫的價值意義。一就碑志而言，代際傳承的道行碑、墓志銘的組織撰寫和刻立，是全真道士以“方外眷屬”踐行傳統孝悌之道的表現，是儒家孝道思想與實踐在道門的延伸展開，是全真道以儒合道的直觀性體現。元貞三年(1297)，秦蜀道教提點、棲玄致道通真法師陳德定請王惲

① (元)李道謙集:《甘水仙源録》卷二,《道藏》第19册,第738頁。

② (元)李道謙集:《甘水仙源録》卷六,《道藏》第19册,第773頁。

③ 陳垣編纂:《道家金石略》,第583頁。

爲其師祖尹志平撰寫道行碑。陳、王二人的對話深刻揭示了樹碑立傳在光揚宗祖、探原報本以及儒道互通之理方面的重要意義:"'德定自惟托跡草茅,何以致此,蓋遠藉先蔭,思效光揚。師祖清和公之返真,侍郎趙楠已表松臺,祖庵之復,實所權輿,今紀行之碑,未克昭建,是殆闕如。提點温某等五人,已礱樂石,幸翰長先生惠之銘,是亦不一書而止之意也。'予曰:'有是哉! 探原報本,乃吾儒美事,道雖不同,其理弗異。'"①二以史傳教是史傳碑志的共同旨向。《恕齋王先生事蹟》記載,李志常請王粹續編《七真仙傳》的目的是"藏諸秘笈,以永其傳"②。李道謙以《玄風慶會圖》爲"後進者照心之鏡、釋疑之龜","後之學者固當取法是書,朝披夕省"。③ 中統三年(1262)三月,掌教張志敬請王鶚撰作永樂大純陽萬壽宫重修碑記。王鶚先闡述了道家之教的淵源,特別是全真道自東華帝君以降的歷代傳承。在他看來,不藉助碑石,就無法將全真道的歷史傳承久遠,"不假豐碑記述以傳永久,則先輩勤勩,泯泯無聞"④。十二、十三世紀教俗兩界對全真歷史的記録和書寫也不例外,他們通過教史書寫,傳承了全真道的歷史記憶,增進了教俗兩界對教團傳承發展的歷史認知,鞏固了教團凝聚力,增强了修道者對教團的認同感、歸屬感。

史傳、碑志在弘演教史方面發揮的作用不言而喻。史傳多爲紙質介質(當然刻諸碑石的情況也不鮮見),碑志多爲金石介質。關於兩種介質在保存傳承全真歷史記憶方面的優劣,教内已有觀察。史志經《玄風慶會圖·後序》云:"宗師(指丘處機——筆者按)在陝右日立教弘道之績有所未明,吾友筠溪天樂先生李君和甫彌而縫之者居多,兼載長春、虚静二傳。……或者詰云:'宗師道行已載金石,何以是爲?'余曰:'請試論之,凡爲臣子欲彰君父之美者,莫不鑄於鐘鼎,或刻諸琬琰,咸謂得永遠之計。是豈知鐘鼎有時而鎔,琬琰有時而裂。或不鎔裂,止照於一方,見於一所。未若鋟梓印行,流布四方,縱也東郡之廢而西邑之存,北里之藏而南鄰之出,使人不離機(當爲"几"之誤——筆者按)席,八荒之事可知,不移晷刻,千年之跡可見。是知鋟梓之功不後於鑄金刻石者之爲模也。'"⑤張好古《甘水仙源録·後序》認爲,元代全真大興,仙鄉道館什百爲耦。金石碑刻遍布四方,

① (元)王惲:《大元故清和妙道廣化真人玄門掌教大宗師尹公道行碑銘並序》,陳垣編纂:《道家金石略》,第 690 頁。

② (元)李道謙集:《甘水仙源録》卷七,《道藏》第 19 册,第 784 頁。

③ 周燮藩主編,王卡分卷主編:《三洞拾遺》第 16 册,第 392、393 頁。

④ (元)王鶚:《重修大純陽萬壽宫之碑》,王宗昱編:《金元全真教石刻新編》,第 128 頁。

⑤ 周燮藩主編,王卡分卷主編:《三洞拾遺》第 16 册,第 418～419 頁。

一己之力很難遍覽通觀。李道謙將全真碑刻集爲一編,不出户庭,即可概見"玄元之心法"。客觀地講,紙質文本和金石碑刻各有利弊,至元焚經之厄,歷史上衆多碑刻的人爲性破壞,均給全真史志的傳承造成了不小的影響。不過,二者在記載傳承全真道歷史方面的價值值得重視,互相發明、深度發掘多重面相的全真歷史書寫還有很大的空間。

(責任編輯:秦國帥)

鏡喻:道與禪

□聶　清

摘要:明鏡是中國心性之學最爲重要的隱喻之一。通過分析禪宗與老莊、道教在鏡喻使用上的差異,本文試圖説明:主流禪宗有其獨立的心性立場,而道教的心性論則是其先秦淵源的曲折延續。

關鍵詞:心性　鏡喻　體用　禪宗　全真教　宗密

作者簡介:聶清,上海科技大學人文科學研究院副教授,主要從事中國哲學與宗教研究。

明鏡是中國心性之學最爲重要的隱喻之一。恰如戴密微在他的《心鏡》①一文中所揭示的,心鏡之喻並非神秀與慧能的一時機鋒,它普遍存在於中國、印度與歐洲的哲學傳統之中。中國哲學中的鏡喻有其獨特的内涵,從先秦老莊到後來的全真教,都能發現這一主題的不斷再現與變奏。

那麽處於先秦與宋元之際的禪宗,在這個心性論傳統中發揮了何等作用?通常認爲禪宗吸收了老莊的思想,反過來又影響了本土的道教,這種思路默認了禪宗和老莊在心性之學上的高度契合。然而從廣爲人知的禪宗五祖傳法偈可見,慧能並不認可神秀所持的心鏡之喻。對於心鏡之喻的質疑與反駁,後來又屢屢出現於慧能一系的傳承之中。這種對待鏡喻的不同態度,使我們有必要重新考察禪、道心性思想契合的通行觀點。

一、鏡喻的淵源

中國以鏡喻心的傳統源於老莊。《老子》中"滌除玄覽"之説算得上是本土心

① [法]戴密微:《心鏡》,[美]彼得・格里高瑞編:《頓與漸:中國思想中通往覺悟的不同法門》,馮煥珍等譯,上海:上海古籍出版社,2010年,第3~30頁。

鏡譬喻的發端，關尹繼承了他的觀點："'在己無居，形物自著。'其動若水，其静若鏡，其應若響。芴乎若亡，寂乎若清。同焉者和，得焉者失。未嘗先人而常隨人。"[①]然後這個隱喻在《莊子》當中得到充分展開。《應帝王》中對於心鏡之喻做出了經典論述："至人之用心若鏡，不將不迎，應而不藏，故能勝物而不傷。"[②]至人對紛繁現象持有超然態度，基於這種超然立場所做出的對應，纔能真正免於有爲之法的弊端。同時對於"至人之用心若鏡"的原理，《莊子・天道》當中也有相應解説，如《德充符》所言："人莫鑑於流水而鑑於止水。"[③]以止水作輔助解説，揭示了心鏡之喻重要的内涵之一：休止。《莊子》也稱這種懸置狀態爲"静"："聖人之静也，非曰静也善，故静也。萬物無足以鐃心者，故静也。水静則明燭鬚眉，平中準，大匠取法焉。水静猶明，而況精神。聖人之心静乎，天地之鑑也，萬物之鏡也！"[④]萬物無足以鐃心，並非否定萬物的存在性，而是從心性角度講對各種價值判斷的懸置。這種價值的中立或者超然，是心鏡最爲重要的内涵之一。因爲它無所偏倚所以稱之爲平，平則中準，意味著可以作爲舉措的尺規。由象徵價值懸置的"平"與"静"而導向"明"，揭示了鏡喻另外一個重要内涵：智慧或曰洞察。莊子通過鏡喻揭示，基於價值懸置的洞察可以幫助我們對所處境遇做出最合理的應對。所謂"休則虚，虚則實，實者倫矣。虚則静，静則動，動則得矣"[⑤]。戴密微《心鏡》中提到心鏡譬喻有積極性和消極性兩個維度，那麼象徵價值懸置的"平"意味著鏡喻的消極性一面，而象徵洞察的"明"則代表了其中的積極性一面，兩者在莊子所奠定的鏡喻中合爲一體。

鏡喻在道家哲學層面的重要性恐怕並非偶然，因爲明鏡向來在方術系統中承擔著重要職能。

在薩滿傳統中，鏡是除鼓之外最爲重要的法器："在薩滿神帽、神衣、神裙上都有鏡子，它能反射光線，可以防止惡鬼亡靈的侵入。神帽上的小鏡，叫做護頭鏡，用以保護頭部。護心鏡套在頸部，佩在胸前，可以稱爲心臟之鏡，用以保護心臟。背後的護背鏡也是防邪護身的，護心鏡和護背鏡一前一後守護著薩滿的身軀。"[⑥]很多方術認爲明鏡具有祛除邪祟的能力。《抱樸子・登涉》篇講："又萬物

① （晋）郭象注，（唐）成玄英疏：《南華真經注疏》，北京：中華書局，1998年，第615頁。
② （晋）郭象注，（唐）成玄英疏：《南華真經注疏》，第178頁。
③ （晋）郭象注，（唐）成玄英疏：《南華真經注疏》，第113頁。
④ （晋）郭象注，（唐）成玄英疏：《南華真經注疏》，第264～265頁。
⑤ （晋）郭象注，（唐）成玄英疏：《南華真經注疏》，第265頁。
⑥ 莊吉發：《薩滿信仰的歷史考察》，臺北：文史哲出版社，1996年，第43頁。

之老者,其精悉能假託人形,以眩惑人目而常試人,唯不能於鏡中易其真形耳。是以古之入山道士,皆以明鏡徑九寸已上,懸於背後,則老魅不敢近人。或有來試人者,則當顧視鏡中,其是仙人及山中好神者,顧鏡中故如人形。若是鳥獸邪魅,則其形貌皆見鏡中矣。又老魅若來,其去必却行,行可轉鏡對之,其後而視之,若是老魅者,必無踵也,其有踵者,則山神也。"[①]這種以明鏡洞見真相的觀點,福永光司認爲來自《淮南子》[②],《俶真訓》云:"人莫鑑於流沫而鑑於止水者,以其静也;莫窺形於生鐵,而窺於明鏡者,以睹其易也。夫唯易且静,形物之性也。"[③]《淮南子》的這段論述並没超出《莊子》的原説,就明鏡洞見邪魅並防範其侵入心神的功能而言,《抱樸子》的這段論述與薩滿—巫覡傳統更爲接近。

早期道教修煉用鏡的作用之一是分形,《抱樸子・地真》對此有相應描述:"守玄一,并思其身,分爲三人,三人已見,又轉益之,可至數十人,皆如己身,隱之顯之,皆自有口訣,此所謂分形之道。左君及薊子訓葛仙公所以能一日至數十處,及有客座上,有一主人與客語,門中又有一主人迎客,而水側又有一主人投釣,賓不能别何者爲真主人也。師言守一兼修明鏡,其鏡道成則能分形爲數十人,衣服面貌,皆如一也。"[④]或者是用鏡來降神:"或用明鏡九寸以上自照,有所思存,七日七夕則見神仙,或男或女,或老或少,一示之後,心中自知千里之外,方來之事也。明鏡或用一,或用二,謂之日月鏡。或用四,謂之四規鏡。四規者,照之時,前後左右各施一也。用四規所見來神甚多。或縱目,或乘龍駕虎,冠服彩色,不與世同,皆有經圖。欲修其道,當先暗誦所當致見諸神姓名位號,識其衣冠。不爾,則卒至而忘其神,或能驚懼,則害人也。"[⑤]從上可見,道教修煉中對銅鏡的使用,與其存神觀想之術密不可分。無論是避免邪祟對神魂的入侵,還是通過存神分形降神,方術系統中明鏡都同心性存有密切關聯。

普遍存在於方術與道術中的明鏡實體與中國哲學中的心鏡玄理之間具有諸多相通之處。首先它們都認爲明鏡與心性之間有内在的關聯性。其次它們都認爲明鏡(心性)並非簡單地反映現象,而能够透過現象洞察實際。再次,兩者都認爲可以通過對明鏡(心性)的把握來獲得超乎尋常的能力。這種立場與我們日常

① 王明:《抱樸子内篇校釋》,北京:中華書局,1985 年,第 300 頁。

② [日]福永光司:《道教的鏡與劍》,劉俊文主編:《日本學者研究中國史論著選譯》第 7 册,北京:中華書局,1993 年,第 406 頁。

③ 何寧撰:《淮南子集釋》,北京:中華書局,1998 年,第 143～146 頁。

④ 王明:《抱樸子内篇校釋》,第 325～326 頁。

⑤ 王明:《抱樸子内篇校釋》,第 273 頁。

中使用明鏡的經驗不同,也與西方傳統中對現象予以精准反映的心鏡隱喻迥異。① 由其思想淵源可知,中國本土的心鏡譬喻並非反映現象的認識論,而是從明净心性起用的體用論。認爲明鏡具有穿透現象洞見真實的功用,是中國式鏡喻的獨到立場。

二、禪宗鏡喻的分歧

道家鏡喻影響巨大,進而滲透入中土佛學。

在印度佛學中,鏡喻最爲重要的功用是以鏡像來形容現象的虚幻不實。大乘佛教有十個最爲常用的譬喻,所謂"觀諸法門,猶如幻事、陽焰、夢境、水月、響聲,既類空花、鏡像、光影,亦如變化及尋香城,雖體實無而現似有"②。其中鏡喻與夢幻泡影等譬喻所起的作用類似,共同構成大乘佛教對諸法空性的判定和解説。

自《大乘起信論》起,中土佛學對鏡喻的使用開始呈現出與印度傳統不同的一面。《大乘起信論》將心鏡之喻綜合爲四種含義:"覺體相者,有四種大義,與虚空等,猶如净鏡。云何爲四?一者,如實空鏡。遠離一切心境界相,無法可現,非覺照義故。二者,因熏習鏡。謂如實不空。一切世間境界,悉於中現,不出不入,不失不壞,常住一心,以一切法即真實性故。又一切染法所不能染,智體不動,具足無漏,熏衆生故。三者,法出離鏡。謂不空法,出煩惱礙、智礙。離和合相,淳净明故。四者,緣熏習鏡。謂依法出離故,遍照衆生之心,令修善根,隨念示現故。"③《大乘起信論》第一種"如實空鏡"與印度佛學以"大圓鏡智"象徵究竟智慧有些類似。那麽第二、第三和第四種鏡喻都具備了從空寂心體起用的意味,已經與中國哲學中感而遂通的鏡喻更爲接近。

如果説《大乘起信論》還試圖在印度和中國的鏡喻之間予以綜合的話,那麽神秀的傳法偈則明顯傾向於中國哲學的立場。所謂"身似菩提樹,心如明鏡臺。時時勤拂拭,莫使有塵埃"。陳寅恪認爲此偈文義不通,無論是身喻還是心喻都與佛義不合。④ 這種不通並非出於臆造,而是因爲神秀偈借用的鏡喻出自本土傳統,與印度佛學的鏡花水月之鏡著重點完全不同。宗密《禪源諸詮集都序》概括

---

① 參見[美]理查·羅蒂:《哲學與自然之鏡》,李幼蒸譯,北京:商務印書館,2003年。
② (唐)玄奘譯:《大般若波羅蜜經》卷四七九,《大正藏》第7册,第427頁。
③ 《大乘起信論》,《大正藏》第32册,第576頁。
④ 參見陳寅恪:《禪宗六祖傳法偈之分析》,《清華學報》1932年第2期。

神秀一系爲息妄修心宗,所謂“故須依師言教背境觀心息滅妄念,念盡即覺悟無所不知。如鏡昏塵,須時時拂拭,塵盡明現即無所不照”①。神秀所代表的北宗認爲心體如同被遮蔽的明鏡,而消除妄念就是拂拭鏡塵的過程;一旦妄念凈盡心體清明,就可以如實觀照各種現象。從整個理論架構説,這一系有意無意間繼承了來自老莊的鏡喻。

慧能的傳法偈完全是針對神秀偈而發:“菩提本無樹,明鏡亦非臺,佛性常清凈,何處有塵埃。”或曰:“心是菩提樹,身爲明鏡臺,明鏡本清凈,何處染塵埃。”②從表面上看慧能並没有完全否認神秀的鏡喻,但慧能既否認了塵埃的存在,也否定了“拂拭”的作用,實際上抽空了神秀鏡喻的内涵。慧能弟子神會以頓悟爲標榜,繼續對北宗思想展開了激烈批駁。其中他對北宗的鏡喻也有專門批評:“明鏡高臺,能照萬像,萬像即悉現其中。古得相傳,共稱爲妙。今此門中,未許爲妙。何以故?且如明鏡,則能鑑萬像,萬像不現其中,此將爲妙。何以故?如來以無分别智,能分别一切。豈有分别之心而能分别一切?”③神會抽空的是神秀鏡喻中的鏡像觀念。神會認爲“古得”所謂萬象悉現的心鏡,並不是心性的終極境界。因爲究竟心體本來空寂,所以萬象不現纔是心鏡的極致。神會提出了一個没有鏡像的鏡子,這與本土立場的鏡喻大相徑庭。中國傳統心鏡之喻中鏡像是至關重要的組成元素,没有對鏡像的映照就無法呈現心體起用的一面。

在隨後的南宗諸派中,對傳統鏡喻的否定屢見於師資傳授之中。這種否定切入的角度有若干,或者是否定磨鏡的作用,或者是否認鏡子的映照能力,或者是設立另外一面鏡子,或者是試圖打破鏡子等等,不一而足。

如《景德傳燈録》所載:

> 問:古鏡未磨時如何?師曰:不施功。曰:磨後如何?師曰:不照燭。(卷第十七)
>
> 問:如何是大圓鏡?師曰:不鑑照。曰:忽遇四方八面來怎麽生?師曰:胡來胡現。曰:大好不鑑照。師便打。(卷第二十)
>
> 問:古鏡未磨時如何?師曰:昧不得。曰:磨後如何?師曰:黑如漆。(卷第二十三)
>
> 問:古鏡未磨時如何?師曰:照破天地。曰:磨後如何?師曰:黑似漆。

---

① (唐)宗密:《禪源諸詮集都序》卷一,《大正藏》第 48 册,第 402 頁。

② (唐)慧能著,郭朋校釋:《壇經校釋》,北京:中華書局,1983 年,第 16 頁。

③ 楊曾文編校:《神會和尚禪話録》,北京:中華書局,1996 年,第 88 頁。

(卷第二十四)[1]

以上幾段公案出自不同時代不同師承，但却有驚人的相似之處。無論是"不照燭""不鑑照""黑如漆"還是"黑似漆"都否認心性對現象的鑑照能力。這可以看作神會鏡喻"萬像不現其中"立場在南宗各系中的再現。至於古鏡未磨而能鑑照，同樣是對神秀式鏡喻的反駁。神秀認爲衹有通過不斷研磨纔能恢復心性本然清净的一面，而南派禪學更傾向於"不施功"的頓悟法門。

有時南宗會設立另外一面相對的鏡子來破斥鏡必有像的傳統鏡喻：

> 師示衆云："明鏡相似，胡來胡現，漢來漢現。"有人舉似玄沙。玄沙云："明鏡來時作摩生？"其僧却歸雪峰，舉似玄沙語。師云："胡漢俱隱也。"其僧却歸玄沙，舉此語。玄沙云："山中和尚脚跟不踏實地。"[2]
>
> 隋州龍居山智門寺守欽圓照大師。僧問：兩鏡相對爲什麼中間無像。師曰：自己亦須隱。曰：鏡破臺亡時如何？師竪起拳。[3]

從圓照的這段公案中可見，兩鏡相照其中無像固然是更高一重的境界，但也並非究竟所在。圓照明確提出了在兩鏡相照之外，還有個"鏡破臺亡"的説法。這種説法更典型的論述出自靈雲和尚：

> 進曰："直得純清絶點時如何？"師云："由是真常流注。"進曰："如何是真常流注？"師云："如鏡常明。"進曰："未審向上還有事也無？"師曰："有。"進曰："如何是向上事？"師云："打破鏡來相見。"[4]

首先靈雲認可的是鏡明而不是鏡像，繼承了南宗"萬像不現"的一貫立場。其次他明確提出在此之外還有向上一路，需打破明鏡方能顯現。打破明鏡的譬喻對應於禪宗的頓悟法門，體現的是對現行心識的徹底否定，這種觀念在本土思想中是絶無存在的。

綜上而言，南宗對心鏡之喻有著獨到的解説：首先否定鏡像的重要性，以神會"萬像不現其中"爲典型表達；其次，强調明鏡本身的空寂之性，這以公案中常見的"以鏡照鏡"爲範例；再次，南宗禪法還有打破明鏡的意圖。這種意圖並不突

① 《大正藏》第 51 册，第 243、363、396、401 頁。
② (南唐)静筠二禪師編撰：《祖堂集》卷七，北京：中華書局，2019 年，第 356 頁。
③ 《景德傳燈録》卷二三，《大正藏》第 51 册，第 396 頁。
④ (南唐)静筠二禪師編撰：《祖堂集》卷一九，第 851 頁。

兀,它不過是宋譯《楞伽經》“離心意意識”之説的形象化表述。① 相應的結果是,南宗從根本上否定了磨鏡的重要性和必要性,甚至將漸修看作一種錯誤。從以上來源衆多、歷時長久的論述可知,不能將頓漸差異簡單理解作争取現實利益的暫時藉口。從慧能開始的對北宗心鏡之喻的反駁,有其獨特的心性論立場作爲支撑。

三、道教的鏡喻

唐宋以後心性論重新成爲中國哲學關注的焦點,漢魏以來的方術化道教逐漸轉向心性化道教,在全真教之後,甚至出現性功重要性超過命功的趨勢。在這種情況下,道教關於心性問題的論述越來越普遍,不可避免借用了通行的心性論話語。當時通行的心性論話語模式爲佛教尤其是禪宗所把握,所以宋元以來道教借用佛典禪語來闡述道法成爲通行的慣例。禪宗最爲重要的心性論隱喻有兩個:波喻與鏡喻。波浪之喻的直接源頭是《楞伽經》所傳佛教唯識立場,而鏡喻的來源更接近本土道家學説。因此很自然,宋元以來道教對於心性之解説,也傾向於采用更爲本土化的鏡喻而不是波喻。

其中全真諸子對鏡喻的運用非常豐富。首先他們經常借此解説其漸進式的煉養路線,屢屢用磨鏡的意象來表述漸修之道:

磨鏡

磨鏡争如磨我心,我心自照遠還深。
鑑回名利真清浄,顯出虛無不委沉。
一片靈光開大道,萬般瑩彩出高岑。
教公認取玄玄寶,掛在明堂射古今。②

七言律詩

滅惡除情作善良,好將名利兩俱忘。
山頭潑殺無明火,靈室常添般若香。
塵垢盡除明鏡現,荒蕪如去玉蓮芳。

① 印順:《宋譯楞伽經與達摩禪》,張曼濤主編:《現代佛教學術叢刊》卷一二《禪宗典籍研究》,臺北:大乘文化出版社,1976 年,第 22 頁。

② (金)王嚞:《重陽全真集》卷一,白如祥輯校:《王重陽集》,濟南:齊魯書社,2005 年,第 5 頁。

修行莫厭華胥遠，了了虚空路不長。[①]

女功内丹

資生資始總陰陽，無極能開太極光。

心鏡勤磨明似月，大千一粟任昂藏。[②]

五言絶句頌

真清保性命，垢盡如明鏡。

照耀自然光，蜕形朝至聖。[③]

有些研究認爲全真教是禪宗化的道教，但實際上我們很難在全真教中找到類似於南宗的頓悟觀點。[④] 在大多數情况下，全真教强調的是積功累行以至神仙。這種觀點同禪宗主流相去甚遠，倒是與本土固有的傳統一脈相承。因此他們在使用鏡喻的時候，呈現出來的涵義就更接近於受老莊熏染的神秀，將磨鏡作爲滌除妄念復原玄覽的必經之路。

以磨鏡來比喻漸修祇是全真諸子鏡喻的一個方面，鏡喻在道教中的另一方面是呈現如何從心體起用：

仵壽之生日，設醮索詞

耳聽金經，口餐玉餅。手持象管書心印。雖然事事競相縈，真如不動常清浄。欲要靈明，須磨内鏡。居塵不染真常應。真常應後顯胎仙，胎仙顯後真常定。[⑤]

四言頌　述懷

方寸無塵，靈真如鏡。

應物明通，至性保命。[⑥]

在這些關於心鏡的表述中，除了鏡體之“磨”之外，另一個主題就是鏡像之“應”。

---

① （金）譚處端：《水雲集》卷上，白如祥輯校：《譚處端・劉處玄・王處一・郝大通・孫不二集》，濟南：齊魯書社，2005年，第11～12頁。

② （金）孫不二：《孫不二元君法語》，白如祥輯校：《譚處端・劉處玄・王處一・郝大通・孫不二集》，第451頁。

③ （金）劉處玄：《仙樂集》卷五，白如祥輯校：《譚處端・劉處玄・王處一・郝大通・孫不二集》，第150頁。

④ 聶清：《全真道與禪宗心性思想比較》，趙衛東主編：《全真道研究》第四輯，濟南：齊魯書社，2015年，第188～208頁。

⑤ （金）馬丹陽：《漸悟集》卷下，趙衛東輯校：《馬鈺集》，濟南：齊魯書社，2005年，第165頁。

⑥ （金）劉處玄：《仙樂集》卷三，白如祥輯校：《譚處端・劉處玄・王處一・郝大通・孫不二集》，第122頁。

“磨”代表的是漸修過程,“應”表述的是體用關係。馬鈺所言“居塵不染真常應”並非新出現的觀點,源頭可以上溯到《易傳》“寂然不動,感而遂通”的經典論述,傳吕祖《百字銘》也有“真常需應物”的類似觀點。這種感應能力是本土鏡喻思想中不可或缺的成分,否則會被認爲落入體用隔絶的窠臼。如劉處玄在《黄帝陰符經注》中所言:“達道之人,居塵不染,在欲無欲,磨開寶鏡,應物之形影,何礙?有一等不達中邊,悟道之螢耀,認至静,棄有著無,有取捨之妄想,分别高下,誇得道之妙,世之如麻也。”①劉處玄認爲寶鏡應物形影,並不妨礙明鏡本身的體性,反而是“棄有著無”試圖摒棄鏡像,纔背離了真正的中道立場。

姬志真在《雲山集》中對於全真教這種心鏡之喻的體用關係進行了較爲集中的闡述:

> 輝前照後,博古明今。出爲生而入爲死,静乃性而動乃心。窮浩劫之靈源,幽深恍惚;體無生之妙用,隱顯浮沉。當其未鑿混沌之前,不動檀那之際,示地文而冥會爲定,發天光而朝徹爲慧。蓋已超於幻境,恍爾難名;即自契於真常,翛然無係。故用有動静語默,即體非味色聲香,縱之則蕩於遠邇,收之則入於毫芒。猶寒灰之重焰,若枯株之再芳。煉真實以成丹,鬼神莫測,摶虚空而作塊,兵刃奚傷。至如作止萬殊,根源一共。有以俏措拈弄者,當機薦取。有以澹薄安養者,飲醇受用。白牛之泯滅無迹,寶塔之玲瓏没縫,壁問掛口,不殊筋陡浪傳神;棒裏翻身,何異攧交拈作頌。若乃物來斯照,感而遂通,印星斗於澄潭之底,現胡漢於明鏡之中。②

這種“物來斯照,感而遂通”的心鏡之喻不僅存在於全真教派,在其他道教派别中也經常出現。與之類似的是,心鏡之説在宋明理學中也屢見不鮮,可謂唐以後本土思想中通行的心性譬喻。

四、鏡喻的承接

從以上論述中已經可以很明確地判定,後世道教與先秦道家在心鏡之喻上有高度的契合。問題在於這種觀點如何從先秦傳遞到宋元?按照我們前面對禪

① (金)劉處玄:《黄帝陰符經注》,白如祥輯校:《譚處端·劉處玄·王處一·郝大通·孫不二集》,第 187 頁。

② (元)姬志真:《雲山集》卷一《性賦》,《道藏》第 25 册,北京:文物出版社、上海:上海書店、天津:天津古籍出版社,1988 年,第 364 頁。

宗的分析,作爲主流的南派禪宗心鏡之説與先秦道家和宋元道教都相去甚遠。禪宗北派的鏡喻倒是與老莊頗爲契合,但是北宗在歷史上影響範圍和時間都非常有限,無法與宋以後興起的本土心性論相銜接。

依我個人揣測,承擔這個過渡工作的可能是宗密。宗密既是華嚴五祖,又是南宗荷澤一脈四祖,在教内外享有非凡聲望。而且他論著豐富,敘述條理,較之公案法語更易於爲士人所理解。其中更爲根本的原因在於,宗密所建立的心性解説體系,實際上與本土的鏡喻暗合。這種情況的確不易解釋,因爲宗密對本土思想有過明確的批評。但事實上他又不知不覺接受了很多本土思想預設,對用心若鏡的認同衹是其中之一。[①]

宗密心性之學最典型的表達是摩尼珠:

> 如一摩尼珠,一靈心也。唯圓净明,空寂知也。都無一切差別色相。此知本無一切分別,亦無聖凡善惡。以體明故,對外物時,能現一切差別色相。以體知故,對諸緣時,能分別一切是非好惡,乃至經營造作世出世間種種事數。此是隨緣義也。色相自有差別,明珠不曾變易。愚智善惡自有差別,憂喜愛憎自有起滅,能知之心不曾間斷,此是不變義也。[②]

宗密的摩尼珠譬喻與本土的鏡喻結構一致:本然清净是不變本體,能分別善惡經營造作是隨緣作用。宗密的這種思想明確基於他對《大乘起信論》的解釋,可見於《禪源諸詮集都序》中的圖解。也有些地方宗密直接就使用鏡喻來闡述自己的觀點:

> 雖云磨鏡,却是磨塵。所言修道,衹是遣妄。夫鏡性本明,非從外得。塵覆則隱,磨之則顯。隱顯雖殊,明性不異。今謂人執法執是垢,尋伺如實是磨,真心本覺是明,人法二空是現。[③]

> 鏡明而影像千差,心净而神通萬應。影像類莊嚴佛國,神通即教化衆生。[④]

---

① 參見聶清:《宗密心性論的道家傾向》,陳鼓應主編:《道家文化研究》第三十輯,北京:中華書局,2016 年,第 418～428 頁。

② (唐)宗密:《禪門師資承襲圖》卷一,石峻等編:《中國佛教思想資料選編》卷二,第三册,北京:中華書局,1983 年,第 467 頁。

③ (唐)宗密:《大方廣圓覺修多羅了義經略疏》卷上二,《大日本續藏經》第壹輯第拾五套第壹册,1931 年上海涵芬樓影印本。

④ (南唐)静筠二禪師編撰:《祖堂集》卷六,第 289 頁。

宗密以靈明覺照消除人法二執,回復本性,與北宗"時時勤拂拭"一樣都遵循了"滌除玄覽"的漸修路線。而他所謂影像千差神通萬應,則是中國哲學從體起用觀點的佛教版本。

雖然宗密在荷澤宗和華嚴宗都没有明確的繼承人,但他在晚唐五代時期影響之大,遠遠超過具體的派系而接近於通識。這種現象並不難理解,因爲宗密本來就借用了本土的思路,那麼重新受到本土思想認同是自然而然的結果。如此一來,所謂禪道之間的心性論共鳴則有可能是種假象:禪宗有其獨立的心性立場,而道教的心性論則是其先秦淵源的曲折延續。

(責任編輯:趙衛東)

《洞玄金玉集》異文考辨

□郗　賀

摘要：全真教第二代掌教馬鈺所撰《洞玄金玉集》，現存明代《正統道藏》、清代《道藏輯要》兩種版本。通過對校，檢得兩本異文149處。以全真道文化常識、宋金元習慣用語、詩詞格律規則、馬鈺用詞常見搭配等爲依據，判斷異文正誤。發現《道藏輯要·洞玄金玉集》所改異文，準確率一般，故其文獻校勘價值，並未勝過《正統道藏·洞玄金玉集》。

關鍵詞：馬鈺　《洞玄金玉集》　《正統道藏》　《道藏輯要》

作者簡介：郗賀，男，1981年生，祖籍山東龍口。中國史博士，西安電子科技大學人文學院歷史系副教授，主要從事歷史文獻學、宋史研究。

《洞玄金玉集》作者馬鈺，本名從義，字宜甫，生於宋徽宗宣和五年（金太宗天會元年，1123）。在金世宗大定八年（1168）二月，拜入王嚞門下，改名鈺，字玄寶、山侗，號丹陽子。馬鈺秉承王嚞清静煉養"真性"的工夫和思想，進一步發展了儒、釋、道三教學説的融合，創作出1300多首詩詞作品，主要收録於《洞玄金玉集》十卷、《漸悟集》二卷、《丹陽神光燦》一卷。他論道講法的言論，由弟子編成《丹陽真人語録》《丹陽真人直言》各一卷。

《洞玄金玉集》收録詩詞900多首，按七言絶句、七言律詩、七言長詩、五言絶句、五言長篇、五言律詩、吟、頌、六言詩、詞等體裁分類，記述馬鈺從追隨祖師王嚞，到留居關中修行傳道，再到被迫東歸山東的種種經歷，年代下限爲他去世之年，能够完整地反映其思想和行跡，是馬鈺及全真教的代表性著作。

是書版本單一，目前已知僅有明《正統道藏》收録一種，是各種現代整理本的底本。[1] 清初,朱彝尊《曝書亭詞話》謂:"予所見《鳴鶴餘音》《洞玄金玉集》及他抄本。"[2]遺憾的是,他並未交代此抄本,是源自《正統道藏・洞玄金玉集》(以下簡稱"道藏本"),還是另有底本。

清代《道藏輯要》所收《洞玄金玉集》[3],不分卷,且直接校改原文。不過,《道藏輯要・洞玄金玉集》(以下簡稱"輯要本")具體校改了哪些字詞,是否正確,尚無全面考察[4],因而導致整理本的文本可信度存疑。

今將國家圖書館藏北京白雲觀《正統道藏》第 3409 册至第 3418 册《洞玄金玉集》,對校輯要本,共檢出異文 149 處。對於異體字,如"佩、珮""昃、昦"等,以及避諱字,如輯要本中"玄"字缺末筆等,不計入其中。依據全真道文化常識、宋金元習慣用語、詩詞格律規則、馬鈺用詞常見搭配等,分爲四種情況:一是道藏本誤,輯要本修改正確者,有 26 處;二是兩本皆不準確者,有 14 處;三是道藏本原文正確,輯要本校改錯誤者,有 93 處;四是兩本用詞皆成立,有 16 處。限於篇幅,排除顯而易見的錯字、漏字及同類錯誤,摘選其中典型條目,特别是整理本失校或分歧較大者,共 57 條,臚列於兹,就教於四方博雅。

一、道藏本原文誤,輯要本校改正確

1."檐",道藏本卷一《行化到黄羊店,會王公解元,話及黄英卿殿試,五十三歲及第,有詩自詠。予因借韻賦十絶》其四:"肩頭重檐没心擔。"輯要本作"擔",《中華道藏》《馬丹陽學案》作"檐",《全遼金詩》《馬鈺集》作"擔"。[5]

---

① 現代點校整理本先有唐圭璋編《全金元詞》(北京:中華書局,1979 年),薛瑞兆、郭明志编《全金詩》(天津:南開大學出版社,1995 年),閻鳳梧、康金聲編《全遼金詩》(太原:山西古籍出版社,1999 年),分别整理了詞、詩部分。此後有朱哲、王卡點校《中華道藏・洞玄金玉集》(北京:華夏出版社,2004 年),趙衛東輯校《馬鈺集》(濟南:齊魯書社,2005 年),盧國龍輯録《馬丹陽學案》(濟南:齊魯書社,2010 年)。

② (清)朱彝尊撰:《朱彝尊詞集・曝書亭詞話》,杭州:浙江古籍出版社,1994 年,第 398 頁。

③ 《道藏輯要》的編纂者,有清康熙年間彭定求、嘉慶年間蔣元庭兩種説法。或者認爲彭定求先從《正統道藏》中摘選道書 200 種編爲初版,嗣後蔣元庭予以擴充。或者認爲彭定求編纂初版係誤傳,實爲蔣元庭獨力編纂成書。參見尹志華:《〈道藏輯要〉的編纂與重刊》,《中國道教》2012 年第 1 期。

④ 較早有趙衛東先生輯校《馬鈺集》,以《正統道藏》爲底本,對校《道藏輯要》,列舉兩本文字差異,但未予辨析。其後有楊懷源先生運用平仄格律知識,考訂馬鈺《洞玄金玉集》異文 12 條。不過其中二條沿襲《馬鈺集》校對之誤:卷七《贈李校尉》"三島十洲却有由",誤校《道藏輯要》"由"作"山";卷一〇《贈蔡先生翁母》其二"得住蓬萊宅",誤校《道藏輯要》闕"宅"字。另有三條異文考訂結論有誤,需重加辨析。參見楊懷源:《據格律考訂王重陽、馬鈺、丘處機、王處一詩詞異文》,《宗教學研究》2010 年第 3 期。

⑤ 《全遼金詩》,第 421 頁;《中華道藏》,第 417 頁;《馬鈺集》(原書爲簡體字"担",後文同此例,不再標注),第 20 頁;《馬丹陽學案》,第 149 頁。

按：據七言絶句格律[①]，此處當爲仄聲，原文"檐"平聲不合平仄，且"重檐"與"肩頭""擔"不搭配。

2."生"，道藏本卷二《贈鄠縣劉姑》"生一粒腹中留"，輯要本作"圭"，《全遼金詩》《中華道藏》《馬鈺集》作"生"，《馬丹陽學案》作"圭"。[②]

按：此詩藏頭拆字，指從每句末字，拆出一字，作爲下句首字（尾句末字拆字，做首句第一字），此詩"拆刂字起"，即尾句末字"劉"拆"刂（刀）"字作爲首句第一字，與第二字組成"刂（刀）生"不通，故原文誤。據全真道内丹煉氣理論，"刂（刀）圭"即體内津液，見於王嚞《重陽真人金關玉鎖訣》"三刀圭者，爲寶也，是精、氣、血也"[③]。

3."簩"，道藏本卷二《因覽鄠縣仵壽之與衆道友，唱和楊清叟〈東軒簩龍過毋自適〉詩卷，借韻各賦一篇》，輯要本作"籜"，《全遼金詩》《中華道藏》《馬鈺集》《馬丹陽學案》作"籜"。[④]

按：檢《宋元以來俗字譜》《敦煌俗字典（第二版）》《吐魯番俗字典》，以及蔡永貴等《俄藏黑水城漢文文獻俗字研究》，于淑健《敦煌佛典語詞和俗字研究》，歐昌俊、李海霞《六朝唐五代石刻俗字研究》等書，皆不見"簩"字，故知是訛文。輯要本徑改爲"籜"，"籜龍"即竹筍，此説是。

又馬鈺《因覽鄠縣仵壽之與衆道友，唱和楊清叟〈東軒籜龍過毋自適〉詩卷，借韻各賦一篇》其二云："蓑一笠外無餘，志修仙萬物疏。下貪吟《過毋》草，分枝葉腹空虚。拆一字起。"據藏頭拆字規則，全詩當爲："一蓑一笠外無餘，余志修仙萬物疎。足下貪吟《過毋》草，十分枝葉腹空虚。"意在諷諭仵壽之等人沉迷詞章，未了解修道真諦。由此可知，原詩題係指楊清叟詩作《東軒籜龍過毋自適》。檢王嚞《重陽全真集》卷二《和鄠縣楊清叟緑猗軒》，推知"東軒"即"緑猗軒"。"東軒籜龍過毋自適"乃化用陸游《幽居初夏》"籜龍已過頭番筍"詩意：雖然東軒的竹筍已經長大，但是還不能自我滿足。

4."一"，道藏本卷二《和平凉府户判耿朝列四首》其四"得一明厭事多"，輯要

① 参見王力：《王力全集》卷一八《詩詞格律 詩詞格律概要》，北京：中華書局，2014年，第52、53頁。

② 《全遼金詩》，第431頁；《中華道藏》，第421頁；《馬鈺集》，第32頁；《馬丹陽學案》，第161頁。

③ （金）王嚞撰，白如祥輯校：《王重陽集·重陽真人金關玉鎖訣》，濟南：齊魯書社，2005年，第285頁。

④ 按：《全遼金詩》《中華道藏》《馬鈺集》標點爲"因覽鄠縣仵壽之與衆道友唱和楊清叟東軒籜龍過毋自適詩卷，借韻各賦一篇"，《馬丹陽學案》標點爲"因覽鄠縣仵壽之與衆道友唱和楊清叟《東軒籜》、《龍過》、《毋自適》詩卷，借韻各賦一篇"，皆不準確。《全遼金詩》，第430頁；《中華道藏》，第421頁；《馬鈺集》，第31頁；《馬丹陽學案》，第159頁。

本作“心”,《全遼金詩》《中華道藏》《馬鈺集》《馬丹陽學案》作“一”。[①]

按:道藏本卷一《題紙扇》等詩詞皆作“心明”,而未見“一明”。且卷二《雲禪求問》:“今深厭鬧林叢,捨無心固守中。”卷四《贈李講師》:“常令心地善,未解厭塵多。”皆以“心”“厭”搭配。

5.“讓”,道藏本卷三《加持馬從仕宅醮》“助他清醮謹讓災”,輯要本作“禳”,《全遼金詩》《中華道藏》《馬鈺集》作“讓”,《馬丹陽學案》作“禳”。[②]

按:按七言律詩格律,此處當爲平聲[③],原文“讓”仄聲不合平仄,且“讓災”不通,故原文誤。“禳災”指行法術解除災害。

6.“暨道友”,道藏本卷五《迷悟吟·贈鳳翔府樂孔目暨道友》,輯要本作“暨衆道友”,《全遼金詩》《中華道藏》《馬鈺集》《馬丹陽學案》作“暨道友”。[④]

按:道藏本卷三《寄咸陽小張録事暨衆道友》、卷四《贈萊州醮首王永暨衆道友》等多首詩詞題中,皆作“暨衆道友”“暨衆女姑”。

7.“攸”,道藏本卷五《述懷吟·贈華亭居環堵靈陽子李大乘》“四攸不成真”,輯要本作“假”,《全遼金詩》《中華道藏》《馬鈺集》《馬丹陽學案》作“攸”。[⑤] 楊懷源先生認爲,此詩爲五律,押仄聲韻,此處應爲平聲,而“攸”爲平聲,“假”爲上聲。且首聯第二句“身投清净户”第二字“投”平聲,則頸聯第一句第二字作“假”失粘,即原文“攸”正確。[⑥]

按:此説誤。律詩不押仄聲韻[⑦],故此詩爲古體詩,非五言律詩,不需調平仄。“四假”指肉身,見於馬鈺《漸悟集》卷下《無夢令·贈京兆權先生》:“妻妾兒孫一假。金玉珍珠二假。三假是榮華,幻化色身四假。知假。知假。説破浮名五假。”[⑧]且道藏本卷五《固本吟贈隴州佑德觀王道正》等三首,皆作“四假”。而“四攸”不可解。

8.“道修”,道藏本卷五《苦樂吟·贈鳳翔府高謀克暨程先生》“養家受煎熬,道

---

① 《全遼金詩》,第437頁;《馬鈺集》,第41頁;《中華道藏》,第424頁;《馬丹陽學案》(誤爲“得一朝厭事多”),第169頁。

② 《全遼金詩》,第459頁;《中華道藏》,第433頁;《馬鈺集》,第67頁;《馬丹陽學案》,第196頁。

③ 啓功:《詩文聲律論稿》,北京:中華書局,2000年,第17頁。

④ 《全遼金詩》,第478頁;《中華道藏》,第440頁;《馬鈺集》,第83頁;《馬丹陽學案》,第212頁。

⑤ 《全遼金詩》,第480頁;《中華道藏》,第441頁;《馬鈺集》,第85頁;《馬丹陽學案》,第214頁。

⑥ 楊懷源:《據格律考訂王重陽、馬鈺、丘處機、王處一詩詞異文》,《宗教學研究》2010年第3期。

⑦ 謝崧《詩詞指要》:“不但唐人,即使是唐以後的人,作仄韻近體詩的,可説是鳳毛麟角絶無僅有。而律詩則一首仄韻都没有。”(北京:人民文學出版社,2018年,第27頁)

⑧ 《全金元詞》,第329頁。

修無炙烙”，輯要本作“修道”，《全遼金詩》《中華道藏》《馬鈺集》《馬丹陽學案》作“道修”。①

按：道藏本中“道修”“修道”互見，又此詩爲古風，不需調平仄。從後句“養家、學道”搭配，而“家逼、道煉”“家累、道成”搭配推測，此處爲“養家、修道”搭配。

9.“人”，道藏本卷六《慈惠歌藏頭拆字》“拆人字起”，輯要本作“丿”，《全遼金詩》《中華道藏》《馬鈺集》《馬丹陽學案》作“人”。②

按：此詩藏頭拆字，尾句末字“嗾”，若拆“人”，與首句首字“然”組成“人然幸遇重陽仙”，不通。故拆“丿”，組成“丿然”，即撇然，指忽然。

10.“樸”，道藏本卷九《翫丹砂本名浣溪沙・讚師叔玉蟾普明澄寂和公真人辭世》“樸住虚無撮住空”，輯要本作“撲”，《全金元詞》《中華道藏》《馬鈺集》作“樸”，《馬丹陽學案》作“撲”。③

按：原文“樸”通“撲”，“樸(撲)住虚無”與“撮住空”同義。不過道藏本卷四《寧海軍判官烏延烏出次韻》、卷一〇《夜叉婆》皆作“撲”，疑此處“樸”爲書手筆誤。

11.“靈”，道藏本卷九《翫丹砂・贈于先生》“五靈年少捧神珠”，輯要本作“陵”，《全遼金詩》《中華道藏》《馬鈺集》《馬丹陽學案》作“靈”。④

按：從前句“花萼樓前横走馬，華陰縣裏倒騎驢”推斷，此處當爲關中地名“五陵”。

12.“提”，道藏本卷九《寄長春子》“肯向人前誇提對”，輯要本作“捷”，《全金元詞》《中華道藏》《馬鈺集》《馬丹陽學案》作“提”。⑤

按：據《玉樓春》詞牌，此處爲仄，原文“提”平聲，且“提對”指提審對證，不通。而“捷”入聲符合平仄，指應答迅速。

13.“泠”，道藏本卷一〇《退姜四翁所惠團襖》“啀他寒泠如囚”，輯要本作“冷”，《全金元詞》《中華道藏》《馬鈺集》《馬丹陽學案》作“冷”。⑥

按：據《滿庭芳》詞牌，此句六言，遵循第二、四字平仄相間律，第二字“他”平聲，則第四字必須仄聲，否則拗。原文“泠”平聲，不符合平仄，疑書手筆誤。

---

① 《全遼金詩》，第 478 頁；《中華道藏》，第 440 頁；《馬鈺集》，第 84 頁；《馬丹陽學案》，第 212 頁。

② 《全遼金詩》，第 487 頁；《中華道藏》，第 444 頁；《馬鈺集》，第 92 頁；《馬丹陽學案》，第 220 頁。

③ 《全金元詞》，第 374 頁；《中華道藏》，第 464 頁；《馬鈺集》，第 128 頁；《馬丹陽學案》，第 262 頁。

④ 《全金元詞》，第 374 頁；《中華道藏》，第 464 頁；《馬鈺集》，第 129 頁；《馬丹陽學案》，第 263 頁。

⑤ 《全金元詞》，第 377 頁；《中華道藏》，第 466 頁；《馬鈺集》，第 132 頁；《馬丹陽學案》，第 266 頁。

⑥ 《全金元詞》(作“捱他寒冷如囚”，“捱”是“啀”之誤)，第 389 頁；《中華道藏》，第 474 頁；《馬鈺集》，第 148 頁；《馬丹陽學案》，第 286 頁。

二、兩本皆誤

1.“鍜”，道藏本卷三《隴州蕭公索詩，兼呈辛公司候》“的端煉鍜了心人”，輯要本作“鍛”，《中華道藏》作“鍜”，《馬鈺集》《馬丹陽學案》作“鍛”，《全遼金詩》作“煅”。①

按：原文“鍜”另見於道藏本《清净吟・贈華亭縣宰明威》等 12 首詩詞，輯要本皆作“鍛”。據《説文解字・金部・鍜》：“鍜，錏鍜也。從金、叚聲。”清段玉裁注：“乎加切。”②所謂“錏鍜”就是頸部護甲：“錏，錏鍜，頸鎧也。”③可知，名詞“鍜”與動詞“鍛”音、義皆不同，原文“煉鍜”不通。從字形分析，錯字“鍜”字形最接近“鍛”，即“鍛”異體字，最大可能是道藏本書手誤“鍛”爲“鍜”，故輯要本作“鍛”亦不準確。

2.卷一〇《贈鄭先生》“有心入道當回首。况流年六九”，輯要本與道藏本文字全同，《馬丹陽學案》與道藏本文字全同，《全金元詞》《馬鈺集》指出“况”前缺一字，《中華道藏》補“何”字，作“何况流年六九”。④

按：據《桃源憶故人》詞牌，推知在“况”字前或後闕一字，當爲“(仄/平)仄”，而馬鈺填詞《桃源憶故人》，此句首字皆作仄聲。又道藏本中“味况”固定搭配，雖然“况味”亦通，遵從馬鈺用詞習慣，當在“况”字前補“味”字。全句意爲：按年份運行的運氣到了六十九歲的狀况。

三、道藏本原文正確，輯要本誤改

1.“拆”，道藏本卷一《行化到黄羊店，會王公解元，話及黄英卿殿試，五十三歲及第，有詩自詠。予因借韻賦十絶・其五藏頭》“般玄妙不須擔，訣傳來傚緑衫。内修完真大藥，然斡運六和三。拆一字起”，輯要本作“折”，《全遼金詩》《中華道藏》《馬鈺集》《馬丹陽學案》作“拆”。⑤

---

① 《全遼金詩》，第 450 頁；《中華道藏》，第 429 頁；《馬鈺集》，第 58 頁；《馬丹陽學案》，第 186 頁。

② (漢)許慎撰，(清)段玉裁注：《説文解字注》篇一四上《金部・鍜》，杭州：浙江古籍出版社，1998 年，第 711 頁。

③ (漢)許慎撰，(清)段玉裁注：《説文解字注》篇一四上《金部・錏》，第 711 頁。

④ 《全金元詞》，第 384 頁；《馬鈺集》，第 143 頁；《中華道藏》，第 471 頁；《馬丹陽學案》，第 280 頁。

⑤ 《全遼金詩》(缺“藏頭”)，第 422 頁；《中華道藏》，第 417 頁；《馬鈺集》，第 21 頁；《馬丹陽學案》，第 149 頁。

按：據藏頭拆字規則，此詩當作："一般玄妙不須擔，口訣傳來儌緑衫。个内修完真大藥，樂然斡運六和三。"輯要本中，凡藏頭拆字"拆某字起"，皆作"折"，誤。

2."扎"，道藏本卷一《又贈堂下衆小童》"積行蟠桃賽扎甘"，輯要本作"蜜"，《全遼金詩》《中華道藏》《馬鈺集》《馬丹陽學案》作"扎"。[①]

按：原文"累功玉液勝糖味，積行蟠桃賽扎甘"兩句互文：累積功德修行獲得的口津、蟠桃等仙物，比世間糖、扎甜美。此處"扎"指"玉札"，即道教外丹派煉丹上藥白玉。

3."乀"，道藏本卷二《再遊終南太平宫，復用前韻贈知宫元德茂，題真君殿前西命燈亭壁》"甲金庚秀我才，乀元公成正覺"，輯要本作"乁"，《全遼金詩》《馬鈺集》作"乀"，《中華道藏》作"丿"，《馬丹陽學案》作"一"。[②]

按：此詩藏頭拆字，前句"甲金庚秀我才"末字"才"拆"丿"，與"乀"組成"丿乀"，即撇捩(或作撇捩、撇烈)，指迅速。又見於道藏本卷二《和司竹監使劉公》其二"脈嬰兒號至人，乀運行丹結就"，前句末字"人"拆"丿"，與"乀"組成"丿乀"。而"丿乁"不通。

4."么么"，道藏本卷二《贈荔菲大隱》"明水秀自然玄。中悟徹么么理"，輯要本作"玄玄"，《全遼金詩》《中華道藏》《馬鈺集》作"么么"，《馬丹陽學案》作"玄玄"。[③]

按：此詩藏頭拆字，前句尾字"玄"拆"幺"，則此句爲"幺中悟徹么么理"。原文"么么"即"幺么"，指細微。又見於道藏本卷二《贈張大悟》"侗先剔性中玄。么明解通三昧"，前句尾字"玄"拆"幺"，與"么"構成"幺么明解通三昧"。

5."浮利浮名"，道藏本卷三《自覺》"浮利浮名引調人"，輯要本作"浮名浮利"，《全遼金詩》《中華道藏》《馬鈺集》《馬丹陽學案》作"浮利浮名"。[④]

按：此詩爲七絶首句仄起平收，首句第二字當爲仄聲，第四字當爲平聲，故原文"浮利浮名"符合平仄，而"浮名浮利"不符合。

6."非"，道藏本卷三《勸世》其八"永觀菡萏景非春"，輯要本作"長"，《全遼金

---

① 《全遼金詩》，第 427 頁；《中華道藏》，第 419 頁；《馬鈺集》，第 27 頁；《馬丹陽學案》，第 155 頁。
② 《全遼金詩》，第 431 頁；《中華道藏》，第 421 頁；《馬鈺集》，第 33 頁；《馬丹陽學案》，第 161 頁。
③ 《全遼金詩》，第 435 頁；《中華道藏》，第 423 頁；《馬鈺集》，第 38 頁；《馬丹陽學案》，第 166 頁。
④ 《全遼金詩》，第 444 頁；《中華道藏》，第 427 頁；《馬鈺集》，第 49 頁；《馬丹陽學案》，第 178 頁。

詩》《中華道藏》《馬鈺集》《馬丹陽學案》作“非”。[①]

按:“非”“長”皆合平仄,而“常飲醍醐惺復醉”與“永觀菡萏景非春”對仗,其中“惺、醉”“景、春”分别形成對比——經常喝下口津,醒了也是醉;長久觀賞荷花美景,不需春天,意即烹煉内神,脱離外物。且道藏本卷三《贈魏道清》“壺中有景非常景,洞裏藏春别是春”,語意相近。

7.“縱”,道藏本卷三《重陽憫化妙行真人釣予出家,故作是詩,以謝師之慈悲耳》“山侗閑想舊縱由”,輯要本作“蹤”,《全遼金詩》《中華道藏》《馬鈺集》作“縱”,《馬丹陽學案》作“蹤”。[②] 楊懷源先生認爲,此句第六字當爲平聲,原文“縱”可平可仄,“蹤”平聲,二字都符合,“考慮到此處語義”,以“蹤”爲是。[③]

按:此説誤。“縱由”“蹤由”都是緣由、根由的意思,如五代常察《玄機》“妙體本來無處所,通身何更有蹤由”。顧宏義先生認爲,“蹤由即縱由”。[④] 且“縱”“蹤”皆平聲,故不需改“縱”爲“蹤”。

8.“競利”,道藏本卷三《勉門人》其二“争名競利苦忙忙”,輯要本作“争利”,《全遼金詩》《中華道藏》《馬鈺集》《馬丹陽學案》作“競利”。[⑤]

按:原文“競利”又見於道藏本卷一《和寧海范學正》“競利争名騁少年”,卷一〇《贈古劉二先生》“競利争名喫頓”,卷一〇《嘆憨漢》“日日争名競利”,而未見“争利”與“争名”搭配。且此處當爲仄聲,“争”平聲不符合。

9.“境”,卷三《寄蒲城陸德寧》“對境心迷難養氣,逢魔意亂怎收精”,輯要本作“鏡”,《全遼金詩》《中華道藏》《馬鈺集》《馬丹陽學案》作“境”。[⑥]

按:原文“對境心迷難養氣”與下句“逢魔意亂怎收精”互文,且道教有“魔境”之謂,指迷亂心志的處境。

10.“子”,道藏本卷三《任判官求》“湧焰光焚碧海,清子净舞朱林”,輯要本作“意”,《全遼金詩》《中華道藏》《馬鈺集》《馬丹陽學案》作“子”。[⑦]

按:此詩藏頭拆字,前句末字“海”拆“母”,與後句構成“母清子净”,即氣清神净。

---

① 《全遼金詩》[作“未觀菡萏景非春”,“未”是“永(氶)”之誤],第 445 頁;《中華道藏》,第 428 頁;《馬鈺集》,第 53 頁;《馬丹陽學案》,第 178 頁。

② 《全遼金詩》,第 452 頁;《中華道藏》,第 430 頁;《馬鈺集》,第 60 頁;《馬丹陽學案》,第 189 頁。

③ 楊懷源:《據格律考訂王重陽、馬鈺、丘處機、王處一詩詞異文》,《宗教學研究》2010 年第 3 期。

④ (宋)道原著,顧宏義譯注:《景德傳燈録譯注》卷二九《贊頌偈詩・同安禪師・玄機》,上海:上海書店出版社,2010 年,第 2379 頁。

⑤ 《全遼金詩》,第 454 頁;《中華道藏》,第 431 頁;《馬鈺集》,第 63 頁;《馬丹陽學案》,第 192 頁。

⑥ 《全遼金詩》,第 456 頁;《中華道藏》,第 432 頁;《馬鈺集》,第 65 頁;《馬丹陽學案》,第 194 頁。

⑦ 《全遼金詩》,第 460 頁;《中華道藏》,第 433 頁;《馬鈺集》,第 69 頁;《馬丹陽學案》,第 197 頁。

11.“雲彩”，道藏本卷四《寧海軍判官烏延烏出次韻》“風光摇曳奔山虎，雲彩横斜出水龍”，輯要本作“彩雲”，《全遼金詩》《中華道藏》《馬鈺集》《馬丹陽學案》作“雲彩”。[①]

按：前句“風光摇曳奔山虎”，平平仄仄平平仄，則後句當爲仄仄平平仄仄平，且第二字必須爲仄，故原文“雲彩”符合。

12.“伈”，道藏本卷四《應禱攢三字》“伈旱苗”，輯要本作“沁”，《全遼金詩》作“極”，《中華道藏》《馬鈺集》《馬丹陽學案》作“伈”。[②]

按：“攢三字”指每句第一字，拆成兩個字，組成該句第一、第二字，原第一字變爲第三字。故原文“伈”拆作“人心”，“人心伈旱苗”表示當地人恐懼乾旱。而“沁”拆成“水心”表示水中央，與“沁旱苗”不搭配，且已經有水，則不需要馬鈺求雨，與詩意違背。

13.“三角”，道藏本卷五《三奇吟・自論》“滌慮滅三彭，洗心按三角”，輯要本作“二角”，《全遼金詩》《中華道藏》《馬鈺集》《馬丹陽學案》作“三角”。[③] 楊懷源先生認爲，此詩爲五律，押仄聲韻，此處應爲仄聲，而“三”爲平聲，“二”爲去聲。且前句“滌慮滅三彭”，若此處仍作“三”，“平仄上失對，用字上重複，對仗上不工”。故“二角”正確。[④]

按：此説誤。其一，“三”可平可仄，亦屬二十八勘仄聲。其二，這組《吟二十首》押仄韻，爲古風，不需調平仄。其三，“三角”指三角髻，指馬鈺入道後的髮式。見於道藏本卷一《行化到黄羊店，會王公解元，話及黄英卿殿試，五十三歲及第，有詩自詠。予因借韻，賦十絶》其一“魔障扶風角髻三”，但“二角”不可解。其四，用字重複是這組古風《吟二十首》的特點，不僅有“三彭”和“三角”，前句還有“難牧三奇樸”。另外，《迷悟吟贈鳳翔府樂孔目暨道友》“養家受辛苦，學道應仙舉。養家著外求，學道向内補。養家墮輪回，學道免來去”，“養家”“學道”重複；《自然吟贈隴州蕭防判》“心猿自然停，意馬自然住。龍虎自然調，神氣自然固”，“自然”重複。

14.“隄”，道藏本卷六《立身法》“隄防口過”，輯要本作“提”，《全遼金詩》作“提”，《中華道藏》《馬丹陽學案》作“隄”，《馬鈺集》作“堤”。[⑤]

---

① 《全遼金詩》，第 464 頁；《中華道藏》，第 435 頁；《馬鈺集》，第 72 頁；《馬丹陽學案》，第 201 頁。

② 《全遼金詩》，第 474 頁；《中華道藏》，第 439 頁；《馬鈺集》，第 80 頁；《馬丹陽學案》，第 209 頁。

③ 《全遼金詩》，第 480 頁；《中華道藏》，第 441 頁；《馬鈺集》，第 85 頁；《馬丹陽學案》，第 214 頁。

④ 楊懷源：《據格律考訂王重陽、馬鈺、丘處機、王處一詩詞異文》，《宗教學研究》2010 年第 3 期。

⑤ 《全遼金詩》，第 489 頁；《中華道藏》，第 445 頁；《馬鈺集》，第 93 頁；《馬丹陽學案》，第 222 頁。

按:道藏本中卷一《贈華亭縣庵主張大悟》、卷五《和坊州朝虚子曹瑱韻》等詩詞中皆作“隄防”,爲宋金元時習語“提防,小心防備”①。

15.“氣財”,道藏本卷七《十報恩本名瑞鷓鴣》其五“酒色氣財誓不侵”,輯要本作“財氣”,《全金元詞》《中華道藏》《馬鈺集》《馬丹陽學案》作“氣財”。②

按:道藏本中“酒色氣財”“酒色財氣”互見,據《瑞鷓鴣》詞牌,此句七言,遵循第二、四字平仄相間律,第二字“色”仄聲,則第四字必須平聲,否則拗,故“氣財”符合。

16.“樂”,道藏本卷七《十報恩本名瑞鷓鴣》其九“活樂丹成蓬島去”,輯要本作“藥”,《全金元詞》《中華道藏》《馬鈺集》《馬丹陽學案》作“樂”。③

按:原文“活樂”即快樂,又見於道藏本卷三《京兆府任公索》“(貝)珠活樂出瑶岑”,而“活藥丹”未見。

17.“料”,道藏本卷七《贈張、劉二都料》,輯要本作“科”,《全金元詞》《中華道藏》《馬鈺集》《馬丹陽學案》作“料”。④

按:原文“都料”指都料匠,即營造工匠,而“都科”指明代六科都給事中,誤。

18.“利名”“不”,道藏本卷七《贈華亭張大悟》“棄利名、愛海恩山。食無求飽,居不求安”,輯要本作“名利”“無”,《全金元詞》《中華道藏》《馬鈺集》《馬丹陽學案》作“利名”“不”。⑤

按:道藏本中“利名”“名利”互見,據《行香子》詞牌,此句三言,原文“棄利名”爲仄仄平,符合平仄,而“棄名利”爲仄平仄,誤。

又據《行香子》詞牌,此句四言,遵循第二、四字平仄相間律,第四字“安”平聲,則第二字必須仄聲,“無”平聲不符合。且原文“居不求安。更不狂思,不下忽,不高攀”,皆用“不”。

19.“魁”,道藏本卷七《戰掉醜奴兒本名添字醜奴兒·紫極宫加持,忽聞左右宰豬之聲,因作是詞》“奈何鄰舍屠魁劊”,輯要本作“僧”,《全金元詞》《中華道藏》《馬鈺集》《馬丹陽學案》作“魁”。⑥

按:原文“魁劊”即屠夫,而“僧劊”不通。

---

① 龍潛庵:《宋元語言詞典》,上海:上海辭書出版社,1985 年,第 863～864 頁。
② 《全金元詞》,第 349 頁;《中華道藏》,第 447 頁;《馬鈺集》,第 96 頁;《馬丹陽學案》,第 225 頁。
③ 《全金元詞》,第 350 頁;《中華道藏》,第 447 頁;《馬鈺集》,第 97 頁;《馬丹陽學案》,第 226 頁。
④ 《全金元詞》,第 353 頁;《中華道藏》,第 449 頁;《馬鈺集》,第 102 頁;《馬丹陽學案》,第 230 頁。
⑤ 《全金元詞》,第 355 頁;《中華道藏》,第 451 頁;《馬鈺集》,第 104 頁;《馬丹陽學案》,第 233 頁。
⑥ 《全金元詞》,第 355 頁;《中華道藏》,第 451 頁;《馬鈺集》,第 105 頁;《馬丹陽學案》,第 234 頁。

20.“恓”，道藏本卷七《自戒》其十四“忒孤恓”，輯要本作“悽”，《全金元詞》《中華道藏》《馬鈺集》《馬丹陽學案》作“恓”。[①]

按：“恓”指不安，“悽”指悲傷，二字音、義不同，後世誤以爲是異體字。雖然“孤恓”“孤悽”皆通，但是不當改“恓”爲“悽”。

21.“宮”，道藏本卷八《鬥修行本名鬥百花犯正宮》，輯要本作“官”，《全金元詞》《馬鈺集》《馬丹陽學案》作“宮”，《中華道藏》作“官”。[②]

按：據夏承燾先生觀點，“‘犯曲’如今西樂所謂‘轉調’”[③]。故“犯正宮”即轉爲正宮調，而“犯正官”不通。

22.“受”，道藏本卷八《贈鐵李先生》“獨自受炙熁”，輯要本作“愛”，《全金元詞》《中華道藏》《馬鈺集》《馬丹陽學案》作“受”。[④]

按：原文“受炙熁”與後句“火燒瘡，汗滴血。萬苦千辛”呼應，而“愛炙熁”與後文意思矛盾。

23.“净清”，道藏本卷八《薄待詔求問》“净清中、結就神丹”，輯要本作“清净”，《全金元詞》《中華道藏》《馬鈺集》《馬丹陽學案》作“净清”。[⑤]

按：道藏本中“净清”“清净”互見，據《紅窗迥》詞牌，此句三言，原文“净清中”爲仄平平，符合平仄[⑥]，而“清净中”爲平仄平，誤。

24.“流”，道藏本卷八《贈文登宋法師》“逗流子午”，輯要本作“留”，《全金元詞》漏收，《中華道藏》作“逕流子午”，《馬鈺集》《馬丹陽學案》作“流”。[⑦]

按：原文“逗流子午”指人體氣血在穴位流動，而“逗留子午”不通。

25.“汩”，道藏本卷九《贈昭然子》“不爲汩没塵中客”，輯要本作“汨”，《全金元詞》《中華道藏》《馬鈺集》作“汩”，《馬丹陽學案》作“汨”。[⑧]

按：原文“汩没”即沉没，而“汨没”不通。

26.“大畢先生”，道藏本卷一〇《金蓮出玉花本名减字木蘭花・贈大畢先生》，輯要本作“畢大先生”，《全金元詞》《中華道藏》《馬鈺集》《馬丹陽學案》作“大畢”。[⑨]

---

① 《全金元詞》，第 358 頁；《中華道藏》，第 453 頁；《馬鈺集》，第 108 頁；《馬丹陽學案》，第 238 頁。

② 《全金元詞》，第 358 頁；《中華道藏》，第 453 頁；《馬鈺集》，第 109 頁；《馬丹陽學案》，第 239 頁。

③ （宋）姜夔撰，夏承燾箋校：《姜白石詞編年箋校》卷三《悽凉犯》，上海：上海古籍出版社，1981 年，第 41～42 頁。

④ 《全金元詞》，第 363 頁；《中華道藏》，第 456 頁；《馬鈺集》，第 114 頁；《馬丹陽學案》，第 245 頁。

⑤ 《全金元詞》，第 366 頁；《中華道藏》，第 458 頁；《馬鈺集》，第 117 頁；《馬丹陽學案》，第 249 頁。

⑥ 王力：《詩詞格律概要》，北京：北京出版社，1979 年，第 174 頁。

⑦ 《中華道藏》，第 462 頁；《馬鈺集》，第 122 頁；《馬丹陽學案》，第 254 頁。

⑧ 《全金元詞》，第 376 頁；《中華道藏》，第 465 頁；《馬鈺集》，第 131 頁；《馬丹陽學案》，第 266 頁。

⑨ 《全金元詞》，第 380 頁；《中華道藏》，第 469 頁；《馬鈺集》，第 137 頁；《馬丹陽學案》，第 273 頁。

按:從道藏本卷八《贈醴泉三畢先生》推知,有畢氏三兄弟,“大畢先生”指畢氏大哥。又道藏本中猶有“老張姑”“小麻先生”“老程先生”“老田先生”“老姚先生”等稱謂,且《宋元學案》有“大程先生”“大劉先生”等稱謂,與“大畢先生”稱謂形式相同。

27.“獄”,道藏本卷一〇《贈趙先生母蓬瀛散人》“設獄祭魂孤”,輯要本作“醮”,《全金元詞》《中華道藏》《馬鈺集》《馬丹陽學案》作“獄”。①

按:原文“設獄”即道教考召法第一步“立獄”,指在陽間建牢獄拘押鬼怪邪魅,爲世人消災。又見於《宋大詔令集・元祐七年正旦乙太皇太后本命年齋醮設獄詔》。②

28.“愡”,道藏本卷一〇《處自然》“自然體用惺愡”,輯要本作“忪”,《全金元詞》作“忪”,《中華道藏》作“憁”,《馬鈺集》《馬丹陽學案》作“愡”。③

按:原文“愡”音“七弄切”,“惺愡”即“惺憁”,南朝梁顧野王《玉篇》:“惺憁,了慧也。”④“忪”的音、義與“愡”不同:“職容切。心動不定,驚也,遑遽也。”⑤可知“愡”“忪”本爲二字。然而,“怱”“悤”“恖”互爲異體字,像《敦煌俗字典》“憁(按:即愡)”作“㥔”⑥,與“忪”形近,後世可能由此將“惺愡”誤認作“惺忪”,沿用至今。⑦且“惺愡”又見於道藏本卷一〇《自破坐》“自然耐得惺愡”,而“惺忪”未見。

29.“不忘師旨”,道藏本卷一〇《不看謁》“般般不,不忘師旨”,輯要本作“敢忘師旨”,《全金元詞》《中華道藏》《馬鈺集》《馬丹陽學案》作“不忘”。⑧

按:前句“般般不”,又見於道藏本卷二《和綦殿試韻》:“(丿)然開悟般般不。”原文意爲:對種種不能做(的行爲),不忘師父教導。若作“敢”,則變成:對種種不能做(的行爲),敢忘師父教導。不通。

30.“破”,道藏本卷一〇《自破坐》,輯要本作“打”,《全金元詞》《中華道藏》《馬鈺集》《馬丹陽學案》作“破”。⑨

按:原文“破坐”即離座起身。馬鈺不提倡打坐,見於道藏本卷五《無爲吟自

① 《全金元詞》,第387頁;《中華道藏》,第473頁;《馬鈺集》,第146頁;《馬丹陽學案》,第284頁。

② (宋)佚名編,司義祖整理:《宋大詔令集》卷一一《太皇太后上・本命》,北京:中華書局,1962年,第53頁。

③ 《全金元詞》,第388頁;《中華道藏》,第473頁;《馬鈺集》,第147頁;《馬丹陽學案》,第285頁。

④ (南朝梁)顧野王:《宋本玉篇》卷八《心部》,北京:中國書店,1983年,第157頁。

⑤ (南朝梁)顧野王:《宋本玉篇》卷八《心部》,第156頁。

⑥ 黄徵:《敦煌俗字典(第二版)》,上海:上海教育出版社,2019年,第120頁。

⑦ 王力:《王力古漢語字典》,北京:中華書局,2000年,第322頁。

⑧ 《全金元詞》,第390頁;《中華道藏》,第475頁;《馬鈺集》,第150頁;《馬丹陽學案》,第288頁。

⑨ 《全金元詞》,第392頁;《中華道藏》,第476頁;《馬鈺集》,第151頁;《馬丹陽學案》,第290頁。

詠》“打坐我不愛”。

四、兩本異文皆成立

1.“太”，道藏本卷一《和長安藥、王二郎韻》“得遇重陽師太獎”，輯要本作“大”，《全遼金詩》《中華道藏》《馬鈺集》《馬丹陽學案》作“太”。[①]

按：原文“師太”一般指女性，故讀斷爲“重陽師太”不通，衹能讀斷爲“重陽師/太獎”。又《广雅》：“太，大也。”[②]清段玉裁認爲太是大的更高級：“凡言大而以爲形容未盡，則作太。”[③]則“太獎”即更大獎。故“太”“大”皆通。

2.“驅驅”，道藏本卷一《贈長安郭子聰機宜韻》“自然猿馬不驅驅”，輯要本作“馳驅”，《全遼金詩》《中華道藏》《馬鈺集》《馬丹陽學案》作“驅驅”。[④]

按：“驅驅”“馳驅”詞義、平仄皆通，不過在道藏本中，“意馬”多與“奔馳”“馳騁”等搭配。

3.“空是色”，道藏本卷一《過鄠郊渼陂空翠堂，作詩贈耀州梁姑》“色即是空空是色”，輯要本作“空即色”，《全遼金詩》《中華道藏》《馬鈺集》《馬丹陽學案》作“是”。[⑤]

按：“是”“即”皆仄聲，且意思相同。

4.“明通”，道藏本卷一《和岐陽鎮趙殿試》其四“未到明通且受謾”，輯要本作“通明”，《全遼金詩》《中華道藏》《馬鈺集》《馬丹陽學案》作“明通”。[⑥]

按：道藏本中“明通”“通明”互見，且詞義、平仄皆通。

5.“葩”，道藏本卷三《勸世》其二“悟取仙葩開四季”，輯要本作“花”，《全遼金詩》《中華道藏》《馬鈺集》《馬丹陽學案》作“葩”。[⑦]

按：“葩”“花”皆平聲，且意思相同。

6.“静”，道藏本卷五《贈姚玄玉》“意静樂清貧”，輯要本作“净”，《全遼金詩》

---

① 《全遼金詩》，第408頁；《中華道藏》，第412頁；《馬鈺集》，第2頁；《馬丹陽學案》，第130頁。

② （三國魏）張揖撰，（清）王念孫疏證，鍾宇訊點校：《廣雅疏證》卷一上《釋詁》，北京：中華書局，2004年，第5頁。

③ （漢）許慎撰，（清）段玉裁注：《説文解字注》篇一一上《水部・泰》，第565頁。

④ 《全遼金詩》，第410頁；《中華道藏》，第413頁；《馬鈺集》，第5頁；《馬丹陽學案》，第133頁。

⑤ 《全遼金詩》，第412頁；《中華道藏》，第414頁；《馬鈺集》，第9頁；《馬丹陽學案》，第137頁。

⑥ 《全遼金詩》，第417頁；《中華道藏》，第415頁；《馬鈺集》，第14頁；《馬丹陽學案》，第142頁。

⑦ 《全遼金詩》，第445頁；《中華道藏》，第427頁；《馬鈺集》，第51頁；《馬丹陽學案》，第180頁。

《中華道藏》《馬鈺集》《馬丹陽學案》作“静”。[①]

按:在道藏本及北宋張君房《雲笈七籤》中“意静”“意净”互見,而輯要本將“意静”皆改爲“意净”。

7.“讓”,道藏本卷八《贈王庵主》“忒劳讓劳讓”,輯要本作“攘”,《全金元詞》作“嚷”,《中華道藏》《馬鈺集》《馬丹陽學案》作“讓”。[②]

按:原文“劳讓”亦見於明成化七年(1471)《重建清泉寺碑記》:“每日塵劳讓讓。”[③]而“劳攘”亦作“撈攘”“劳穰穰”,意爲奔波、紛亂。[④] 故“劳讓”“劳攘”皆通。

8.“瀛”,道藏本卷八《道友問予:“甚家門户?”》其二“指蓬瀛歸去”,輯要本作“萊”,《全金元詞》《中華道藏》《馬鈺集》《馬丹陽學案》作“瀛”。[⑤]

按:道藏本中“蓬瀛”“蓬萊”互見,且詞義、平仄皆通。

9.“行”,道藏本卷九《贈王、劉二先生》“莫把修行作等閑”,輯要本作“持”,《全金元詞》《中華道藏》《馬鈺集》《馬丹陽學案》作“行”。[⑥]

按:道藏本中“修行”“修持”互見,且詞義、平仄皆通。

10.“耄”,道藏本卷一〇《桃源逋客問道》“引出胎仙不耄”,輯要本作“老”,《全金元詞》《中華道藏》《馬鈺集》《馬丹陽學案》作“耄”。[⑦]

按:“耄”“老”皆仄聲,且意思相同。

11.“看”,道藏本卷一〇《不看謁》,輯要本作“干”,《全金元詞》《中華道藏》《馬鈺集》《馬丹陽學案》作“看”。[⑧]

按:原文“看謁”亦見於《蘇軾集》《宋會要輯稿》等宋代文獻,意同“干謁”。

12.“勿”,道藏本卷一〇《忍忍忍》“觸來勿競”,輯要本作“無”,《全金元詞》《中華道藏》《馬鈺集》《馬丹陽學案》作“勿”。[⑨]

按:據《滿庭芳》詞牌,此句四言,當爲“(平/仄)平(仄/平)仄”,第三字可平可仄,故原文“勿”仄聲,“無”平聲都符合。

---

① 《全遼金詩》,第 477 頁;《中華道藏》,第 440 頁;《馬鈺集》,第 83 頁;《馬丹陽學案》,第 212 頁。

② 《全金元詞》,第 367 頁;《中華道藏》,第 458 頁;《馬鈺集》,第 119 頁;《馬丹陽學案》,第 250 頁。

③ 劉澤民、李玉明、高劍鋒編:《三晋石刻大全·臨汾市安澤縣卷》,太原:三晋出版社,2012 年,第 27 頁。

④ 龍潛庵:《宋元語言詞典》,第 389 頁。

⑤ 《全金元詞》,第 368 頁;《中華道藏》,第 460 頁;《馬鈺集》,第 121 頁;《馬丹陽學案》,第 253 頁。

⑥ 《全金元詞》,第 375 頁;《中華道藏》,第 465 頁;《馬鈺集》,第 130 頁;《馬丹陽學案》,第 264 頁。

⑦ 《全金元詞》,第 390 頁;《中華道藏》,第 475 頁;《馬鈺集》,第 150 頁;《馬丹陽學案》,第 288 頁。

⑧ 《全金元詞》,第 383 頁;《中華道藏》,第 471 頁;《馬鈺集》,第 141 頁;《馬丹陽學案》,第 278 頁。

⑨ 《全金元詞》,第 392 頁;《中華道藏》,第 476 頁;《馬鈺集》,第 152 頁;《馬丹陽學案》,第 291 頁。

結語

要之，輯要本校改道藏本産生的 149 處異文，其中以同義詞、近義詞替换，且符合平仄的 16 處異文，尚無法判斷去存。然而，由於輯要本並未參校其他底本，所以這些異文仍屬臆改，原則上應該遵從原文爲是。故道藏本原文有誤，輯要本修改正確者，不過 26 處①，其他 109 處異文（不含 14 處兩本皆誤），仍當以道藏本原文爲準②。

推測輯要本並非出自一手，校勘者水準參差不齊，一方面通過藏頭拆字，或平仄格律，糾正了道藏本原文部分錯誤；另一方面又造成一些顯而易見的誤改、缺漏。尤其在缺乏其他版本對校的情况下，輯要本編纂者僅靠理校之法，勢必增加誤校的風險。

故此，《道藏輯要·洞玄金玉集》在校勘準確率、全面性方面，難稱精審。其版本價值在校勘、時代雙重意義上，都居《正統道藏·洞玄金玉集》之下。

［本文爲陝西省“十三五”古籍整理重大項目《陝西古代文獻集成》子課題“馬鈺《洞玄金玉集》整理與研究”（項目編號：SG17001·子 028）、2022 年教育部人文社科基金項目“宋元時期關中地區民間信仰與社會變遷研究”（項目編號：22YJA770012）階段性成果］

（責任編輯：胡常春）

① 在這 26 處之外，道藏本原文還有錯誤，輯要本並未發現。參見鄒賀：《馬鈺〈洞玄金玉集〉校札》，《中國道教》2023 年第 1 期。

② 由此可證，雖然《全金元詞》《全遼金詩》《中華道藏》《馬鈺集》《馬丹陽學案》没有甄别異文真僞，但是整體遵循底本道藏本字詞，除去少數誤校，依然是基本可信的整理本。

趙宜真、劉淵然以性命之道會通道教諸道派

——兼論趙宜真、劉淵然的道派歸屬

□張廣保

摘要：北宋中後期和金朝初年的張伯端（紫陽）、王嚞（重陽）分別創立内丹道教的南北二宗，通過創立道教性命之學以討論生命終極解脱問題，從而將中國傳統的心性論推向一個新的高度。從心性論發展的歷史看，由儒家、佛教的心性論轉入道教的性命論標誌著心性理論的深化與成熟。道教性命論的創立大大豐富了整個中國心性論的内容，爲思想文化寶庫注入了新血液。明代道教進入各大道派互相融合的發展新階段，道教各道派最終會融爲正一、全真兩大道派。明統治者據此區分正一、全真兩大道派的道教管理政策實際上是順應道教内部的道派融合的趨勢。而趙宜真、劉淵然、邵以正一系法脈在明代道教中，正是以融合會通道教各派爲其開宗立派的特色。對此，我們判斷這一系道派的歸屬應抓住該派的這一特點，將其置於明代三教融通思潮的大背景下予以把握。從道教思想角度看，趙宜真融通道教各派是以性命之道爲根基的，絶非雜糅道教各派思想。趙宜真、劉淵然實際上通過以性命之學爲中心融通諸宗，兼攝道法，創立了一個新的道派。如果從明代道教政府管理以區分全真與正一角度看，這一派無疑應歸入全真派。

關鍵詞：性命之道　趙宜真　劉淵然　道派歸屬

作者簡介：張廣保，北京大學哲學系教授、儒學研究院研究員，博士生導師，老子道學文化研究會副會長兼丹道與養生文化研究分會會長。主要從事道教史、經學思想史及三教關係研究。

心性論是中國古代思想家尤其是儒、道兩家討論的中心問題，是貫穿中國哲學史、思想史的核心問題意識，我認爲也是中國古代思想家提出的獨特思想論題。心性論在西方哲學中難覓蹤影，從未被當作一個哲學論題予以關注。就印

度哲學傳統來説，中國佛教宗派尤其是禪宗把明心見性作爲成佛做祖、宗教了證的關鍵，天台宗、華嚴宗等中國化佛教宗派也很注重對心性問題的討論。例如天台宗提出一念心概念，提出一心三觀，華嚴宗提出自性清净心。[①] 但無論是天台宗還是華嚴宗，他們關注的中心問題並不是心性問題，天台宗主張空、假、中三諦圓融，骨子裏還是浸潤著中觀哲學的精神，因此其將龍樹推尊爲初祖並非毫無緣由；而華嚴宗的支撑理論還是奠基於般若空觀的法界理論。中國本土思想之所以突顯心性問題，乃是源於其對世界所采取的一種生存式領悟態度，而這種生命領悟是發自於心的，這與西方以腦爲中心的對世界采取知解式的立場絶然不同。而印度、西方思想傳統對心並没有這種理解，因此梵語中要用四個不同概念纔能與中文"心"概念對譯。不過心性問題却是中國佛教尤其是以禪宗爲代表的中國佛教宗派關注的核心問題意識。從某種意義上説，佛教之所以能成功地完成中國化的歷史進程，很重要的一點就在於其接納了中國本土的基本思想論題，而這種思想論題的創造性轉换乃是通過中古時期中印文明的思想對話實現的。不僅如此，心性問題在宋以後中國思想界受到普遍關注並引發持久的大討論也與佛教特别是禪宗的推動密切相關。禪宗融合了中國傳統文化的有關思想(尤其是孟子、《中庸》一系)，以明心見性爲宗旨，從宗教修煉的角度首次把心性問題凸顯出來，把修煉的全部重心歸結爲心性的明悟。這樣就使心性問題在生命超越的維度得到彰顯，成爲後來儒、佛、道三家共同討論的時代大課題。

對禪宗心性論的挑戰反應最爲迅速的是理學。由於心性問題的討論在儒家孟子、《中庸》一系本有淵源，所以理學不必冒異端危險就可直接討論心性問題。不過理學是在道德的層面上討論心性問題，其心體、性體是道德的實體，討論的也是如何由内聖開出外王，由獨善其身推及兼善天下。這和禪宗主"不思善，不思惡"的超道德的心體與性體有根本區别。幾乎與理學同時，宋以後道教對禪宗著力關注的心性問題也做出具有自身理論特色的回應。活躍於北宋中後期和金朝初年的張伯端(紫陽)、王嚞(重陽)分别創立内丹道教的南北二宗，通過創立道教性命之學以討論生命終極解脱問題，從而將中國傳統的心性論推向一個新的高度。

---

① 宗密使用靈明清净一法界心："謂六道凡夫，三乘賢聖，根本悉是靈明清净一法界心。性覺寶光，各各圓滿，本不名諸佛，亦不名衆生。但以此心靈妙自在，不守自性，故隨迷悟之緣，造業受報，遂名衆生；修道證真，遂名諸佛。"[(唐)宗密述：《禪源諸詮集都序》卷二，《大正藏》第48册，第409頁]

一、道教性命論對傳統心性論的超越

張伯端在《悟真篇序》中天才地以性命學來統括儒釋道三教的核心宗旨:"老、釋以性命學開方便門,教人修種,以逃生死。釋氏以空寂爲宗,若頓悟圓通,則直超彼岸。如有習漏未盡,則尚徇於有生。老氏以鍊養爲真,若得其樞要,則立躋聖位;如其未明本性,則猶滯於幻形。其次《周易》有窮理盡性至命之辭,《魯語》有毋意必固我之説,此又仲尼極臻乎性命之奧也。然其言之常略而不至於詳者,何也? 蓋欲序正人倫,施仁義禮樂有爲之教,故於無爲之道,未嘗顯言。"①張伯端認爲儒釋道三教的性命之學各有偏重,相比之下衹有内丹道教的性命雙修雙融的性命之學纔是生命的終極歸依。而王重陽創立全真教也是立基於性命之學,全真教之所以能後來居上,一躍成爲道教最大的道派,關鍵在於其創立了性命雙修的立教原則,圍繞性命之學來構建其道派的各項教制、教規。《重陽立教十五論》第十一論就專門討論混性命的問題,並對性、命予以界定:"性者,神也。命者,氣也。"②將抽象的性命落實到與身體緊密關聯的神、氣,乃是一個思維的突破,這爲道教性命之學的身體轉向奠定了獨特的理論基礎。道教性命之學之所以在宋以後能够後來者居上,獲得社會各界的普遍認可,關鍵就在於抓住身體這一落足點,以構成身體的三要素精、氣、神爲基點,打通一條由精、氣、神、虛、道等環節構成的生命終極超越之路。與中國傳統氣化宇宙論衹討論創生過程有所不同,道教丹道性命之學奠基於一種獨特的順逆雙向統合的宇宙論、修煉論。對此五代譚峭《化書》做了最爲經典的論述,其云:"道之委也,虛化神,神化氣,氣化形,形生而萬物所以塞也;道之用也,形化氣,氣化神,神化虛,虛明而萬物所以通也。是以古聖人窮通塞之端,得造化之源,忘形以養氣,忘氣以養神,忘神以養虛。虛實相通,是謂大同。"③值得注意的是,譚峭在此既論述了由道至萬物的委化過程,又論述了相反的由萬物返歸於道的復歸之途。差不多與此同時,陳摶用無極圖、太極圖將此順逆創生、復歸過程予以圖示。這種順、逆二途雙開雙合的宇宙論、修煉論是極具思想獨創性的,它爲丹道的性命之學奠定宇宙論、物質論

① 《道藏》第 2 册,北京:文物出版社、上海:上海書店、天津:天津古籍出版社,1988 年,第 914 頁。

② 《道藏》第 32 册,第 154 頁。按:以神釋性,以氣釋命,並非王重陽的首創,中晚唐内丹道鍾吕一派已有此認識,其中五代《無能子》已對此做出經典論斷,提出"夫性者神也,命者氣也"的理論命題。參見王明:《無能子校注》,北京:中華書局,1981 年,第 7 頁。

③ 《道藏》第 23 册,第 589 頁。

理論基礎。這一理論的源頭當可溯至老子《道德經》第四十二章“道生一,一生二,二生三,三生萬物。萬物負陰而抱陽,冲氣以爲和”,及第四十章“反者道之動”等相關論述。事實上,内丹家正是通過對《道德經》上述思想的創造性解釋以闡發内丹道的修煉理論,元代陳致虚《金丹大要》對此的解釋具有典型意義:“是皆不外神、氣、精三物,是以三物相感,順則成人,逆則成丹。何謂順?一生二,二生三,三生萬物。故虚化神,神化炁,炁化精,精化形,形乃成人。何謂逆?萬物含三,三歸二,二歸一。知此道者,怡神守形,養形煉精,積精化炁,煉炁合神,煉神還虚,金丹乃成。”[①]陳致虚顯然融通了老子《道德經》與譚峭《化書》的相關論述。

内丹道教開創這條由身至道的生命超越之途,打通了形上與形下、靈與肉、天與人之間的窒礙,與中華傳統文化在世界觀、物質觀、生命觀方面追求整體性、連續性、貫通性及有機性具有内在的一致性。

宋以後性命之學受到儒釋道三教的普遍關注,雖然三教都提出以自身爲本位的三教合一論,但都不約而同地承認性命之學是三教合一的歸宗點。道教性命之學以心性範疇解釋、會通傳統道教的神、道諸範疇;以身心、性命雙修雙合來對應、反駁禪宗的單純明心見性。經過艱苦的理論努力,道教也在宗教修煉的深層上接納心性問題,建立了具有道教内容和形式的心體、性體、神體、虚體,從而參與時代大討論,一躍而與禪宗、理學比肩相列。

雖然道教(主要以全真道、内修南宗爲代表)開出的心體與性體和禪宗一樣,同在修煉的層次上建立起來,但由於道教建立心體與性體時,繼承中華精神傳統中的重生精神,重視性命、心身兩者間的融合、雙修,所以道教心性論討論的視野與禪宗相比更爲開闊,與理學相比則更爲飄逸。它使用的概念範疇都屬於兩兩對應、環環緊扣的圓通系統,例如性命、心身、精神、虚空等等。其在終極了證境界、工夫論、宇宙論方面都有自身的思想特色。因此宋以後道教的心性論是通過討論性命問題來展現的。從心性論發展的歷史看,由儒家、佛教的心性論轉入道教的性命論標誌著心性理論的深化與成熟,對此,我們衹有植根於中華精神傳統的重生精神纔能透徹領悟這一轉變的理論意義。道教性命論的創立大大豐富了整個中國心性論的内容,爲思想文化寶庫注入了新血液。

---

① 《藏外道書》第9册,成都:巴蜀書社,1992年,第21頁。

二、趙宜真以性命之道會通道教的道與法

明初爲了更有效地在政治上管理道教,朱元璋將道教區分爲正一與全真兩大道派。在洪武七年(1374)撰作的《御製玄教齋醮儀文序》中,明太祖説:"朕觀釋、道之教,各有二徒:僧有禪、有教,道有正一、有全真。禪與全真,務以修身養性,獨爲自己而矣;教與正一,專以超脱,特爲孝子慈親之設,益人倫,厚風俗,其功大矣哉!"①這是從宗教社會教化功能的角度分判佛、道兩教的不同教派,因此明統治者在頒發標明道士身份的度牒時,全真道士與正一道士是有所分别的。誠然明統治者推行的宗教管理制度的確推動了明代道教教派的互相融合,但明代道教區分爲正一、全真兩大道派絶非單純出於政治原因,而是源於元以來道教自身宗派、教義教理融合的大趨勢,而明統治者區分正一、全真兩大道派的道教管理政策實際上是順應道教内部的這種道派融合趨勢。而道教性命之道正是明代道教各派融合的共同思想基礎。元末明初高道趙宜真及其開創的教派兼得全真教南北二宗之傳,同時又兼傳清微、净明派道法,堪稱元末明初道教各派融合的代表。

趙宜真(? ~1382),道號原陽子,江西安福人,宋宗室之後。他曾少習舉業,博通經史百家言,後因病棄儒習道,兼得全真、清微、净明三派之傳,可算是元末明初道教各大道派大融合的典型。單從内丹道的傳承看,《逍遥山萬壽宫志》稱他先師張廣濟得北宗之傳,後又師李玄一,從之學南派之學:

> (趙宜真)復師張廣濟得長春邱真人北派之傳,師李玄一得紫清白真人南派之學。②

這裏提到的趙宜真師李玄一,證之於他的著作《原陽子法語》,應當是事實。但將趙宜真師李玄一放在師張廣濟之後,值得商榷。考《原陽子法語》屢屢提到其師李先生,例如,"宜真亦嘗師太清道士李先生,得之已三十年,鮮有談及者"③,又有題爲"記疇昔李尊師授玄一之道"的詩云:"滕王高閣仲秋間,重拜仙翁受大還。"④可見這位李先生就是李玄一。又此書還提到他是在早年師從李玄一,並從之修

① 《道藏》第 9 册,第 1 頁。

② (清)金桂馨、漆逢源纂輯:《逍遥山萬壽宫志》卷五,《藏外道書》第 20 册,第 730 頁。

③ (元)趙宜真:《原陽子法語》卷上,《道藏》第 24 册,第 83 頁。

④ (元)趙宜真:《原陽子法語》卷上,《道藏》第 24 册,第 85 頁。

習一種類似功過格的修行功夫。[①] 這與上引《逍遥山萬壽宫志》記載不同。又張宇初《峴泉集》卷四《趙原陽傳》,記其師承次序也有問題:"初師郡之有道者曰曾塵外,嗣諸法要。間有缺文,必考述盡詳。復師吉之泰宇觀張天全,别號鐵玄。張師龍虎山金野庵,得金液内外丹訣。後復師南昌李玄一,玄一薦之師蒲衣馮先生,馮亦師野庵云。"[②]在此張宇初把李玄一置於最後,這與上引趙宜真自記有别。不過他得内丹道南北宗之傳,當可靠。

此外趙宜真又兼傳净明、清微道法,並被尊爲二派之祖。關於他傳净明法、清微法,《逍遥山萬壽宫志》稱:"從真君(許遜)受净明忠孝道法、清微諸階雷教,間有闕文,悉加参考訂正。"[③]《净明宗教録》卷七則載他從曾真人受净明道法,據上引張宇初《峴泉集》卷四《趙原陽傳》之語,當係曾塵外。趙宜真著有《原陽子法語》《靈寶歸空訣》《仙傳外科集驗方》等。又《道法會元》卷八收其《祈禱説》及清微雷法序跋數篇。他被尊爲净明道第五代祖師。趙宜真又兼傳清微雷法。[④] 這裏有一個問題:趙宜真既然身兼三傳,那麽他究竟歸屬全真派、净明派還是清微派?對此學術界分歧頗大,我認爲這其實是個假問題。因爲各道派之間的互相融攝乃是元中後期以後道教發展的新特點,像元中後期武當山張道貴、張守清,原本是全真道士,但其後也都傳承清微道法,而明初龍虎山以天師爲首的正一派高道,也不乏修習内丹道者。因此,趙宜真大可身兼三任。不過,從這一系在明代的傳承看,其歷經劉淵然、邵以正、喻道純、李得晟等。他們都自覺將本系與全真教傳教譜系相接,並在明武宗時白雲觀處順堂的重建中得以體現。據此,我認爲這一系對全真教歸屬較爲强勢。其實在《原陽子法語》之《題授受圖》一詩中,趙宜真對自己的傳承已有交代:"至道匪言傳,因言資妙悟。所以函谷篇,直指真元路。鍾吕相承啓後賢,派分南北垂千年。"[⑤]趙宜真在這裏勾勒的授受源流由老子—尹喜—鍾吕内丹派—南北宗,全然是以内丹道的傳承爲主線,絲毫没有考慮清微派、净明派的傳承譜系。

性命之道是趙宜真統合道教各派的基礎性思想,在《勉進道偈》一詩中,他以

---

① 趙宜真《原陽子法語》卷下"日記題辭":"予少從李尊師問道,首蒙授以日記一帙,令每日但有舉意發言,接人應事,皆書於帙中。其不可書者即不可爲,既爲之,不問得失,必當書之。"(《道藏》第 24 册,第 87 頁)

② 《道藏》第 33 册,第 232 頁。

③ (清)金桂馨、漆逢源纂輯:《逍遥山萬壽宫志》卷五,《道藏》第 20 册,第 730 頁。按此記趙宜真傳净明道法,缺乏證據支持,不知《逍遥山萬壽宫志》依據何種材料,待考。

④ 參見《歷世真仙體道通鑑續編》卷五《黄雷淵》,《道藏》第 5 册,第 446 頁。

⑤ (元)趙宜真:《原陽子法語》卷上,《道藏》第 24 册,第 84 頁。

性命雙修、功行雙修作爲修道的核心,他説:"出家所以超塵俗,割斷恩情免牽逐。簞瓢涉遠投明師,服勞盡力期忠告。積精養氣保元和,鍊性降心明智燭。内功微妙貴潛修,外行辛勤須備足。離形絶巧黜聰明,晦迹和光守窮獨。攝邪歸正贊神明,濟物利生廣緣福。"[①]性命雙修、功行雙修正是全真教北宗的兩大立教原則。趙宜真十分重視内丹心性修煉,其内丹修持大體上還是沿襲北宗以性統命的基調,《真道歸一偈》云:"攝情還性歸一元,元一並忘忘亦去。囊括三界入虚空,粉碎虚空絶倫伍。"[②]可見他還是將性命修煉的重點放在心性了證。又其《還丹金液歌並敘》也説:

> 所謂内者,自性法身,本來具足,不假於外,自然之真。其進修之功,則攝情歸性,攝性還元。有爲之爲,出於無爲,無證之證,所以實證。胎圓神化,脱體登真。[③]

這也是秉承全真教祖王重陽"本來真性唤金丹"的思路,將内丹修煉落實在心性修煉基礎之上。這表明趙宜真雖兼南北二宗之傳,但更偏好北宗以性統命的原則。不過與明初北方全真教相較,趙宜真的内丹修煉思想還是有自身特色的。此即他贊成内外丹兼修,不像傳統北宗那樣排斥外丹合煉:

> 治鍊外丹,雖屬有作,得而服之,全無所爲,不須修習,即形返太無,神歸大定,復還太極混然之初,而與道合真矣。[④]

對外丹神效這麽頌揚,這種思想在元明北方全真教中實屬少見,但在明初南方却很盛行。總的來説,明代社會中,内外丹合煉之風有擡頭趨勢。如前所論,趙宜真也傳承清微法脈,被明代清微派推尊爲宗師,其嗣法弟子劉淵然也都是道法雙修,融合道教各派。因此趙宜真、劉淵然、邵以正一系法脈在明代道教中是以融合會通道教各派爲其開宗立派的特色。對此,我們應抓住該派的這一特點,將其置於明代三教融通思潮的大背景下予以把握。從道教思想角度看,趙宜真融通道教各派是以性命之道爲根基的,絶非雜糅道教各派思想。例如在《道法會元》卷八《祈禱説》中,他將清微祈禱之法與性命之道予以關聯,認爲祈禱之法之所以靈驗,全在於法師的心性修持功夫:"清微祈禱本無登壇,何也?夫天地不和,人事乖戾,致陽愆陰伏,晴雨不時。法師行持當哀憐民庶,爲懺罪尤,齋肅身

① (元)趙宜真:《原陽子法語》卷上,《道藏》第 24 册,第 84 頁。
② (元)趙宜真:《原陽子法語》卷上,《道藏》第 24 册,第 83 頁。
③ (元)趙宜真:《原陽子法語》卷上,《道藏》第 24 册,第 80 頁。
④ (元)趙宜真:《原陽子法語》卷上,《道藏》第 24 册,第 81 頁。

心,升降水火。蓋以斡旋造化,調燮陰陽,則天機可回,自然應感。所謂天地大天地,人身小天地。我之心正則天地之心亦正,我之氣順則天地之氣亦順矣。故清微祈禱之妙,造化在吾身中,而不在乎登壇作用之繁瑣也。”①從《道法會元》收録的趙宜真所撰序文看,他確實傳承了清微法派,並精於玉宸煉度之法。但他對清微道法的最大貢獻却是通過融攝内丹性命之學,翻新傳統清微道法之理論。他通過討論道、法關係,將清微道法區分爲内道與外法兩大層次,以内道爲體,外法爲用,通過大、小宇宙的關聯,最終將清微道法完全落實到法師對身心性命之道的修持。例如他在《玉宸經法鍊度内旨》中闡述清微法師修習玉宸煉度法時説:“矧鬼神之於人,非可以聲色相通,惟可以心誠相感,若我悟他亦悟,我迷他亦迷。其幽冥境界,亦隨心念化現。我心昏昧猥小,則幽冥之境亦成夜府窮鄉。我心廣大光明,則幽冥亦成天宫净界。……鍊度之法,蓋取諸此而推以及人,則運吾身純陽之道炁而點化純陰之鬼魂,則是以我之陽而鍊彼之陰,陰陽交感,幽顯潛通,其超度可必矣。”②由此可見,趙宜真的道派會合並非雜學多端,而是建立在内道外法融通的基礎之上。總之,他的清微法不再是傳統符籙派的科教之學,而是統合了性命之道的新清微道法。正是在這一意義上,我們説趙宜真融通全真、清微、净明等道派建立一新道派。考慮到這一系新道派是以性命之道爲體、爲根基的,我們認爲其全真的色調更爲濃厚。近年來不少學者探討過趙宜真、劉淵然新道派的歸屬,雖然挖出了一些新材料,但都没有從道教思想的角度對其統合性命之道、科教之學予以深入探討,因而就無法正確評估這一道派的創新性。

三、劉淵然以性命之道會通道教諸道派

趙宜真一系南方傳承對於明初全真内丹修煉的傳播做出重大貢獻,並且由於其弟子劉淵然在明初的傳道活動,趙宜真顯然在明代全真教傳承中已經另立門户,屬於一具有濃厚創新性的新道派。趙宜真的嫡傳弟子劉淵然,繼承了這一新道派的宗風。劉淵然(1351～1432)號體玄子,江西贛縣人。師承元末明初全真派高道趙宜真,同時兼傳净明、清微等法,被尊爲净明道第六代嗣師。關於他師事趙宜真之事,《原陽子法語》之《題授受圖》一詩有載録:“種桃道士淵然者,行潔神清志閑雅。供薪煮石服勤勞,立雪忘軀輕幻假。受我登真贊化書,有時入海

---

① 《道藏》第28册,第715頁。
② 《道法會元》卷一七,《道藏》第28册,第772～773頁。

探驪珠。鞭霆馭氣凌紫極,按節回杓歸太無。崆峒十載重逢日,已見圖形記疇昔。何如體取身外身,微妙冲虚本無跡。”[①]至於他傳承趙宜真内丹道法之事,陳循《龍泉觀長春真人祠記》載云:“既而又受金火返還大丹之訣,棲神煉氣,玄悟超然。”[②]今觀其所著《冲虚至道長春劉真人語録》,他對内丹性命之學可謂深造入微。

劉淵然這種貫通全真、净明、清微等三宗道法的做法,顯係繼承其師的傳統,此後這一系傳承一直維持這一傳統。劉淵然於洪武二十六年(1393)奉詔入京,館於朝天宫。據稱深得太祖寵信,“旋蒙賜號高道,命建西山道院於朝天宫居之,日被顧問”[③]。劉淵然在洪武後期曾多次奉命祭祀名山洞府,並主持金籙大醮。不僅如此,他在成祖、仁宗、宣宗等統治時期一直得到重用,甚至在宣宗宣德間先於天師晋封大真人,領天下道教事,是當時道門的實際領袖。此外,他傳承的這一系高道如邵以正、喻道純、李得晟等,在明代以北京白雲觀爲基地,長期活躍於明代宫廷中,且一律擁有真人封號,對明代政治産生不小的影響。關於劉淵然的道教思想過去因爲没有找到他的著述,一直未見有人討論。近年學界發現了他所著的《冲虚至道長春劉真人語録》,此書收藏於上海圖書館,係清順治十八年彭定求鈔本[④],原書題門弟子道録司右演法、朝天宫住持兼掌靈濟宫事邵以正編集,由明胡文焕收入《玄宗博覽》予以刊刻。該書前有序文一篇,撰於明英宗正統九年(1444),題制授正一嗣教崇修至道葆素演法真人、領道教事、嗣漢四十五代九陽子澹然序。考明第五十代天師張國祥編纂《漢天師世家張懋丞傳》,第四十五代天師爲張懋丞(1387～1444),字文開,別號九陽,又號澹然,他是在明宣宗四年嗣教,誥封爲“正一嗣教崇修至道葆素演法真人”,仙逝於明英宗正統九年,可見序文正撰於他仙逝的當年。據張懋丞序文,此書原題爲《傳道或問法語》,可能是刊刻時做了改動。又該書還收録一篇邵以正撰於正統八年的《後序》,其署名結銜爲道録司右演法、朝天宫住持兼掌靈濟宫事。查《明英宗實録》正統九年十月條,有“命道録司右演法邵以正點校《道藏》經於禁中”[⑤],由此可見,他在《後序》的結銜是符合史實的,這也説明現今所見《冲虚至道長春劉真人語録》就是出於邵以正所傳。此外,書中也有幾處提到作者師從趙宜真及有關趙宜真的道法主張。

---

① 《原陽子法語》卷上,《道藏》第 24 册,第 84 頁。

② 陳垣編纂:《道家金石略》,北京:文物出版社,1988 年,第 1261 頁。

③ 《龍泉觀長春真人祠記》,陳垣編纂:《道家金石略》,第 1261 頁。

④ 承蒙蕭霽虹教授惠贈《冲虚至道長春劉真人語録》影印電子版,特此致謝!

⑤ 《明英宗實録》卷一二二,臺北:“中研院”歷史語言研究所校印,1962 年,第 2444 頁。

例如作者提及趙宜真授天心帙爲日用修持工夫："吾自幼學道，荷先師原陽真人授以日記一帙，令每日凡有舉念動心，出言下筆，接人應事，皆書之帙。其不書者即不可爲，既已爲之，必當書之。所謂人心即天心，欺心即欺天。故以天心標其帙。"[①]這種日用修持法在我們注文前引《原陽子法語》卷下中也有記載，係趙宜真之師李玄一傳授的修行方法，趙宜真也傳給劉淵然，用來訓練他日用修道。又書中還提及趙宜真編撰祭煉施食之法一事："先師原陽真人體二祖慈憫之心，編述祭煉施食之法，俾後學體而行之。可以利濟幽冥，以立其功也。"[②]此事應該與趙宜真編纂《道法會元》有關。

《冲虛至道長春劉真人語録》主要是圍繞金丹大道這一主題，通過問答的形式對當時道門討論的各種問題進行闡述，集中討論了通常屬密傳的金丹大道修煉過程中的一系列問題。例如金丹大藥、性命之理、凝神守一、守中、先天後天、鼎器火候、玄牝、五氣朝元、沐浴温養、脱胎等。這些在明初内丹道的授受中還屬秘傳，丹家通常采用隱語取象形式進行表達，劉淵然在書中能够直白陳露，可能與此書係記録其日常訓練門徒之語而非公開著述有關。該書的許多觀點與趙宜真的《原陽子法語》是一致的。其中以性命之道統合道教各道派的思想，對趙宜真的觀點做了進一步闡發。例如在解釋何謂正一之教時，劉淵然並没有從傳統科教的角度去闡發，而是注重挖掘正一教的性命之道："真人(劉淵然)曰：正一之教，昔漢祖天師正一真君，垂慈濟世而設，陰翼皇家，濟顯度幽，禱雨祈晴，除邪輔正，教人積功以爲進道之階。學道者要在平日工夫，静存動察，外去事物之誘，内體道心之微，正以存之，一以守之，潛神於心，聚炁於身，泯然歸一，變化通靈。故曰收爲胎息用爲竅，道法之中真要妙。"[③]這裏對正、一兩概念的解釋使用"正以存之，一以守之，潛神於心，聚炁於身，泯然歸一，變化通靈"，顯然是從内丹性命修行的角度起解，他將正一之法統於性命之道，恰與趙宜真對道法關係的論述是一脈相承的。又如在論述全真教時，劉淵然同樣將之統歸於性命之道："全真者，先當識破塵緣，知身是幻，脱愛欲網，入希夷門，悟性明心，皈真捨妄。寶精氣以爲宗，守真寔以爲本，積功累行，漸次進修。欲求金丹大乘之道，須要參禮明師。"[④]同樣是把全真教歸結爲金丹性命大乘之道。這種理解可以視爲以金丹性命大乘之道爲根本統合道教正一、全真兩大道派，這就將其師趙宜真會通道教各派的思

① 《冲虛至道長春真人語録》，上海圖書館藏本。
② 《冲虛至道長春真人語録》，上海圖書館藏本。
③ 《冲虛至道長春真人語録》，上海圖書館藏本。
④ 《冲虛至道長春真人語録》，上海圖書館藏本。

想予以進一步發展。

據《明史》本傳記載,劉淵然善行道法,頗受明太祖器重。然而,他對飛神奏章、煉度施食等道法的解釋也同趙宜真一樣,一律本之於金丹大乘之道的性命修持:"或問飛神奏章之妙。真人曰:要在平日静工,屏息萬緣,煉神養氣,時時不忘,刻刻常存。久則自然心與天通,神與氣合,可以造清虚之境。或者不務内工,只憑步罡、念咒、掐訣、存思,某將服色,某竅出,縱法師飛空步虚,次第進奏,以期感格,亦難矣。……蓋飛神之妙,一神出,萬神俱出;一竅開,百竅齊開。天人合德,此感彼應,自然之妙。"①這裏在解釋道教傳統的飛神奏章法術時,並没有强調法師的步罡、念咒、掐訣等外在動作、節奏、次序,而是看重其日常内在心性修持。由此可以看出,劉淵然依然秉承趙宜真以性命之道統科教之法的思想,意圖以金丹大乘之道爲中心會融道教各不同教派。因此,他也像趙宜真一樣身兼全真、净明、清微等三派宗師。

在此,我們順便討論一下劉淵然與净明道的關係。《冲虚至道長春劉真人語録》除大量討論金丹大乘之道外,還明確提及净明忠孝之道,並給予很高的評價,將其視爲入道之本:"真人曰:學道者先當務忠孝,以報君親之恩。蓋忠孝乃大道之本。故先儒之論,君子務本,本立而道生。吾教亦然,如不本之忠孝而能成道,吾未聞也。……夫仙經萬卷,忠孝爲先。天上人間,那有不忠不孝的神仙也。"②書中還引《净明經》,引净明道先師洞真胡君(胡慧超)之語。又引元代净明祖師劉玉三十字戒,稱自己畢生奉持遵守:"又書玉真祖師三十字戒云:'懲忿窒欲,明理不昧,心有纖毫失度,即招黑暗之愆;要頃邪言,必犯禁空之醜。'吾遵守奉持,不敢頃刻遺忘,則一生受用不盡。法子當體而行之。"③可見他的修道思想中也融通了净明道的忠孝思想,與净明道的淵源頗深。

邵以正(1368? ~1463),號承康子,又號止止道。祖籍江蘇蘇州,明太祖洪武年間遷居滇南。邵以正在雲南師從劉淵然修道,是劉淵然一系的傳人,劉淵然退休後,"即薦以正代領祝釐之事於朝。詔召以正擢道録司至靈。真人既没,以正歷遷演法、正一,賜號守玄冲靖高士,誥命領道教事。"④他是繼周思得、吴大節

① 《冲虚至道長春真人語録》,上海圖書館藏本。
② 《冲虚至道長春真人語録》,上海圖書館藏本。
③ 《冲虚至道長春真人語録》,上海圖書館藏本。
④ 《龍泉觀長春真人祠記》,陳垣編纂:《道家金石略》,第 1261 頁。

之後擔任道録司正一的道門領袖。[①] 代宗景泰年間被封爲守玄冲靖秉誠專確志道衍教妙悟静虚弘濟真人。[②] 他博覽道經，是明初少數幾位精通道典的高道，四十五代天師張懋丞稱讚他説："且觀其天姿穎敏，器識超邁，然琅函蘂笈，金科玉訣之文，靡不該貫，而極其玄微。"[③]邵以正曾參與《正統道藏》的編輯，是《正統道藏》定稿刊刻階段的主持人。我們前文已提及邵以正於英宗正統八年(1443)編集《冲虚至道長春劉真人語録》，實際上該書並非劉淵然親著，而是邵以正將平日記録的劉淵然訓教之語整理結集而成。在書中《後序》中，邵以正提及他早年師從劉淵然習道的經過："以正自幼獲侍先師長春真人於滇南龍泉山，服勤歷十四載，朝夕無移。荷師憐憫，砭愚訂頑，耳提面命，開發道心。教之忠君孝親以立本，濟顯度幽以立功。慎言語，節飲食以養身；閑情念，葆神氣以養德。以真覺妄爲施食法，以陽煉陰爲煉度功。靈明覺性以爲不昧，通玄究微以爲持經，靈光一點以爲符，自己元神以爲將。正己以治邪，存誠以章醮。破采陰術，以辨其真僞；論導引法，以安樂延年。"[④]可見其所學内容涵蓋道與法兩部分，涉及净明、清微、全真等道派，其融通道教道法，統合净明、清微、全真等道派的特點極爲明顯。這顯然沿襲了趙宜真開創的宗風，同時也表明趙宜真開創的這一道教宗派具有自身融通、會通各道派的思想特點，很難再簡單歸於或清微或净明或全真等單一教派。

值得注意的是，邵以正還特别提到金丹大道是其師劉淵然傳授的真乘密旨："至於金丹大道，上天所寳，不傳下土，乃真乘之密旨，至道之秘言。……其要有三，采先天氣爲藥物，守中黄爲爐鼎，以神用爲火候。返本還元，歸根復命，神炁混一，結而成丹，入聖超凡，形神俱妙。"[⑤]他還認爲金丹大道不但可以修之於内，而且可以顯之於外法，是不折不扣的内外貫道之學："可以禱雨祈晴，除邪輔正；可以濟顯度幽，奏章設醮；可以救災治病，可以煉丹修仙。如入寳藏之中，惟人所求，隨力所及，各有所獲。"[⑥]可見趙宜真、劉淵然這一系雖然以融通道教各教派爲

---

① 周思得(1359～1451)，字養真，號素庵野人，神霄派高道。深受成祖寵信，宣德十年(1435)獲賜"履和養素崇教弘道高士"，管道録司事，兼朝天宫、大德觀住持，二品。他於英宗正統十年(1445)退職，其徒周道寧、周道玉任道録司至靈，梅道基、王道弘任玄義。據周思得《和道録正一吴大節韻一首》，吴大節早於思得任正一之職。

② 《龍泉觀長春真人祠記》，陳垣編纂：《道家金石略》，第1261頁。

③ 《冲虚至道長春真人語録序》，上海圖書館藏本。

④ 《冲虚至道長春真人語録後序》，上海圖書館藏本。

⑤ 《冲虚至道長春真人語録後序》，上海圖書館藏本。

⑥ 《冲虚至道長春真人語録後序》，上海圖書館藏本。

宗風,但絶非雜取,而是有其最終歸依之處,這就是被稱爲真乘密旨的金丹大道,也就是宋以後盛行於整個中國思想界的三教歸宗的性命之道。

邵以正還圍繞金丹之道,專門編有《玄宗内典諸經注》,其末有其撰於天順四年(1460)的後序,其云:

> 予自受道於先師長春真人以來,每取諸經及先正注釋之言印證之,言殊理同,若合符節,而今之學者務此者鮮。有慕高虛以爲别有至道,而可以駕空凌虚。有不究至道,泥於丹書,以意猜度,燒煉丹砂。或惑於旁蹊曲徑、採取等術,自謂可以登直(按:應爲真)出世。千門萬户,迷誑後來。殊不知陰陽須採自家真,豈可外吾身而求之他人也。
>
> 特取歷代聖師之經,諸老注釋之書凡十二卷,總而名曰《玄宗内典諸經注》,敬壽梓以廣其傳。於乎!斯經實道德之筌蹄,乃金丹之槖籥。[①]

可見此書編輯乃出於糾正當時内丹修煉風尚中的偏頗現象,意在以道來禦術。觀其所選諸經傳如《陰符》《清静》《洞古》《大通》《消災》《定觀》《胎息》《心印》《五廚》等九經,及《入藥鏡》《青天歌》等注釋,顯係内丹家崇重的經傳。可見此書編輯的目的很明確。這表明邵以正仍秉承師授,重視傳承内丹之學。此外,必須指出的是,此書編輯對後世影響甚大。明代中期之後,道教頗爲熱衷編輯内丹經傳,如嘉靖年間涵蟾子編、清虚子續輯《金丹正理大全》,萬曆年間彭好古編大型道書《道言内外秘訣全書》都與邵以正開啓風尚有關。此外,邵以正還編有《道德經集解》,今已佚失。據王直《重修三清殿記》,邵以正還曾於英宗天順末資助茅山崇禧萬壽宫重修三清殿[②];又於宣宗宣德、英宗正統年間,幫助其同門蔣日和興造雲南真慶觀[③]。邵以正仙逝後,其弟子喻道純接掌其在朝中的職位。據成化十二年(1476)立石的商輅《龍泉觀通妙真人祠堂記》,喻道純其時已擔任掌道教事,並被加封十八字真人號。他出資托雲南沐氏爲邵以正在龍泉觀建祠宇。不過,關於他的其他事蹟,我們所知甚少。該宗在朝中的傳承一直延至世宗嘉靖朝的李得晟。他在武宗正德年間重修白雲觀處順堂時,仍然繼承先輩傳統,對這一宗系傳承進一步予以確認。他在撰於正德十一年(1516)的《長春殿增塑七真仙範

---

① 《題玄宗内典諸經注後》,《藏外道書》第 7 册,第 50 頁。

② 陳垣編纂:《道家金石略》,第 1260 頁。按據明楊一清《大茅峰聖祐觀記》,邵以正在茅山也有傳承,茅山聖祐萬壽宫住持湯知愚就曾師事邵以正,從他受清微秘法。可見邵以正仍然秉承劉淵然傳教風格,内丹與清微雷法雙修。參見陳垣編纂:《道家金石略》,第 1271 頁。

③ (明)周敘:《重建真慶觀記》,(明)金問:《真慶觀興造記》,陳垣編纂:《道家金石略》,第 1253、1257 頁。

紀略》中説:"得晟於正德己巳拜謁祠下,睹簷牖脱落,日就傾圮,思繼先志,召匠鳩材,以堅易朽,補缺爲完,比昔加壯麗焉。復命匠氏埏埴仙像六軀,通原像爲北派七真也。"[①]這又進一步爲全真七子增塑聖像,顯然意在强化其接續全真教傳承的認同。此外我們注意到這次修繕時,他還將包括自己在内的本宗五位宗師的圖像直接繪於十八大師之後。[②] 這充分説明他對全真教有所認同,祇不過這一系的全真教並非傳統的全真教,而具有融通諸宗、兼攝道法的特點。綜上所述,我們認爲趙宜真、劉淵然實際上通過以性命之學爲中心融通諸宗,兼攝道法,創立了一個新的道派。

(責任編輯:秦國帥)

---

① [日]小柳司氣太:《白雲觀志》卷一,《藏外道書》第 20 册,第 555 頁。

② 李得晟《長春殿增塑七真仙範紀略》:"若夫原陽趙真人,學北派金丹之傳者,及門弟子受業也。長春劉真人,封號相類,異世同符也。至如通妙邵真人、普毅杜真人,下及得晟,濫廁妙應真人,特嗣派雲孫,蒙其餘澤者也,繪形於群師之後。"([日]小柳司氣太:《白雲觀志》卷一,《藏外道書》第 20 册,第 555 頁)應注意這位普毅杜真人當係他的老師,與喻道純同屬一輩,而喻道純則被取代。

明初全真高道孫碧雲修道弘教行跡初探

□聶　新

摘要：明初全真高道孫碧雲在太祖、成祖兩朝備受寵遇，聲名顯著。他幼年即入西嶽華山隱修，受道於張三丰，洪武年間應詔入闕爲太祖論道，並進入"朝天宫高道集團"，成爲當時最有影響力的高道之一。之後孫碧雲應肅莊王朱楧的邀請赴西北弘道。擔任蘭州金天觀住持期間，他招收弟子，傳播全真教義，對西北道教的發展亦産生了深遠的影響。明成祖即位後，爲鞏固統治，尊奉真武，在武當山進行了規模空前的宫觀營造。成祖從全國各地遴選高道到武當山辦道，孫碧雲即是其中之一。在武當山，他既要負責武當主要宫觀的規劃設計，還要擔負尋訪張三丰的使命。宫觀建成之後，孫碧雲住持南岩宫，創立全真支派武當榔梅派，爲全真道的傳衍做出了積極的貢獻。

關鍵詞：孫碧雲　全真道　華山　武當山　蘭州金天觀

作者簡介：聶新，男，漢江師範學院歷史文化與旅遊學院講師，研究方向爲全真道歷史。

孫碧雲（1345～1417），明初全真高道，太祖、成祖兩朝備受寵遇，聲名顯著。孫碧雲早年在華山隱修，洪武年間應詔入闕爲太祖論道，並進入"朝天宫高道集團"，成爲當時最有影響的高道之一。之後，孫碧雲前往西北弘道，擔任蘭州金天觀住持，在西北地方頗有影響。永樂年間，成祖任命孫碧雲爲道録司右正一，總領全國道教事。成祖興修武當期間，孫碧雲負責武當山主要宫觀的規劃設計，並創立了全真支派武當榔梅派。孫碧雲有《修身正印》一書傳世，闡發修道體悟，對道教理論的發展亦有一定的貢獻。本文擬在前人研究①的基礎上作進一步的探究，力求更全面地呈現孫碧雲修道弘教的經歷，希望有助於加深對明初全真道發展的認識。

一、華山隱修

孫碧雲幼年即入西嶽華山隱修。明成祖給孫碧雲的賜詩中曾提到“太華山高九千仞，幽人學道巢其巔”②，西北方志中也多有記載。例如，乾隆《甘肅通志》中提道：“孫碧雲，馮翊人，幼即慕道，年十三入華山。”③馮翊即今陝西大荔縣。雍正《陝西通志》記載：“（書堂）山爲邑之主峰，迥出獨尊，俯視境内，山巔奇石峨峨，與太華相望。山之陽爲萬壽宫，明真人孫碧雲藏修處，又縣北三十里有麻坪。”④書堂山，又稱雲蒙山，在今陝西商洛市洛南縣境内。《直隸商州總志》記載：“明孫碧雲結茅書堂山，明成祖召見之，賜之袍笏，敕聽歸山，臨别贈之贊詩。”⑤今人編纂的《洛南縣志》亦記載：“孫碧雲真人墓碑（清），碑存白洛鄉鹿溝。碑上刻有‘孫碧雲真人之墓’7 個字。高 0.98 米，寬 0.47 米。同治年間立。”⑥根據任自垣《大嶽太和山志》的記載，孫碧雲仙逝後葬於武當山檜林庵。因此，此處可能是衣冠塚。綜合上述記載，孫碧雲曾在華山之書堂山修道是没有問題的。

關於孫碧雲在華山修道的情況，任自垣《大嶽太和山志》記載：

> 孫碧雲，關西人，幼年穎悟，頗欲學仙，遂入西嶽華山，尋鏤刀之蹤，追希夷之跡。岩棲屋樹，服氣養神，探《黄》《老》經旨、《周易參同》，夫儒、釋、諸子、史書，罔不熟誦，研精覃思，固有年矣。繼後，道價日溢，玄風大振。洪武

① 清代全真高道劉一明的《棲雲筆記》中有孫碧雲的傳記《金天觀碧雲孫真人像傳》，當代則有張廣保的《全真教的創立與歷史傳承》（北京：中華書局，2015 年）、樊光春的《西北道教史》（北京：商務印書館，2010 年）及劉永明、吴華鋒的《磨煉千般，火中生蓮：劉一明著作中的西北修道者》（《東方哲學與文化》第三輯，北京：中國社會科學出版社，2020 年）等論著關注孫碧雲的修道經歷；蓋建民、石娜娜的《明初武當山道士孫碧雲道派歸屬考辨》（《世界宗教文化》2022 年第 6 期）考證了孫碧雲的道派歸屬問題；孫希國的《蘭州金天觀第一任住持孫碧雲的哲學思想》（《蘭州學刊》1987 年第 1 期）探討了孫碧雲的修道思想。

② （明）任自垣：《大嶽太和山志》卷二，《藏外道書》第 32 册，成都：巴蜀書社，1994 年，第 827 頁。

③ （清）許容等監修，李迪等編纂：《甘肅通志》卷四一，《景印文淵閣四庫全書》第 588 册，臺北：臺灣商務印書館，1986 年，第 486 頁。

④ （清）劉於義等監修，沈青崖等編纂：《陝西通志》卷一二，《景印文淵閣四庫全書》第 551 册，第 642～643 頁。

⑤ （清）王如玖纂修：《直隸商州總志》卷一一，清乾隆九年（1744）刻本。

⑥ 洛南縣地方志編纂委員會編：《洛南縣志》，北京：作家出版社，1999 年，第 541 頁。

年間,太祖皇帝徵至京師。上見其仙風道骨,真玉清客也,故譽之,賜衲衣齋供,館於朝天宫圜堵。明年,賜還華山。[①]

任自垣(1368～1431)與孫碧雲同時代,二人都曾在武當修道,其記載應該是比較可靠的。也就是説,孫碧雲在洪武年間被召見之前,主要在關中地區活動。文中説他"追希夷之跡,岩棲屋樹,服氣養神,探《黄》《老》經旨、《周易參同》,夫儒、釋、諸子、史書,罔不熟誦,研精覃思",説明他繼承了全真創教之初的清修之風,注重内丹修煉,會通三教。元代至明代,關中一帶一直是全真道最活躍的區域之一,孫碧雲自然深受全真一脈的影響。

清代著名道教内丹家劉一明在爲孫碧雲《修身正印》所作的序中指出:"明初有孫真人號碧雲者,馮翊人。少年慕道,得其真傳,來往於天柱、太華、少華之間,穴居岩處,飧松咽柏,潛修大道。"[②]劉一明《金天觀碧雲孫真人像傳》中也有相關記載:

孫真人,號碧雲,不知原籍何地,係明初之人。形像魁偉,面方色赤,目大准隆,燕領虎鬚,貌類正陽子。早得金丹火符之秘,精通陰陽造化之理。常遊馮翊,入太華棲居,後遊京都。[③]

劉一明曾在西北地方修道多年,對西北道教發展有較深入的瞭解。因此,其著作具有較高的參考價值。"早得金丹火符之秘,精通陰陽造化之理",説明此時的孫碧雲已經修道有成,影響日盛,所以到洪武年間纔會被太祖召見,並在永樂年間再度入關,成爲明初最有影響的高道之一。

關於孫碧雲的師承,學界一般認爲他是張三丰的嫡傳弟子。但是孫碧雲究竟何時何地受道於張三丰,還没有一個確切的説法。劉一明《金天觀碧雲孫真人像傳》記載:

永樂皇帝重建武當山,重真人道德,旨詔金階,欽命爲武當山住持,總管道教事。時張三丰真人在武當混俗和光,人莫能識,惟真人深知,朝夕親近,多得利益。[④]

---

① (明)任自垣:《大嶽太和山志》卷七,《藏外道書》第 32 册,第 929～930 頁。

② (清)劉一明:《棲雲筆記》卷二《碧雲孫真人〈修身正印〉序》,(清)劉一明原著,滕樹軍、張勝珍點校:《悟元匯宗》下册,北京:宗教文化出版社,2015 年,第 870 頁。

③ (清)劉一明:《棲雲筆記》卷二《金天觀碧雲孫真人像傳》,(清)劉一明原著,滕樹軍、張勝珍點校:《悟元匯宗》下册,第 853 頁。

④ (清)劉一明:《棲雲筆記》卷二《金天觀碧雲孫真人像傳》,(清)劉一明原著,滕樹軍、張勝珍點校:《悟元匯宗》下册,第 853 頁。

在劉一明看來，孫碧雲是在任武當山（南岩宫）住持期間受道於張三丰的。但是，任自垣《大嶽太和山志》却説張三丰洪武二十三年（1390）就已離開武當雲遊訪道：

洪武初來入武當，拜玄帝於天柱峰，遍歷諸山，搜奇覽勝。嘗與耆舊語云："吾山異日與今日大有不同矣。我且將五龍、南岩、紫霄去荆榛、拾瓦礫，但粗創焉。"……洪武二十三年，拂袖長往，不知所止。二十四年，太祖皇帝遣三山高道使於四方，清理道教，有張玄玄可請來。永樂初，太宗文皇帝慕其至道，致香書，累遣使臣請之，不獲。①

傅維鱗《明書》、焦竑《國朝獻徵録》均有類似的記載：

洪武庚午（洪武二十三年，1390），拂袖長往，竟不知所之。明年，太祖遣三山道士請玄玄造朝，了不可見。②

洪武庚午，拂袖而去，形跡杳然。辛未（洪武二十四年，1391），朝廷遣三山高道使於四方，清理道教。高祖皇帝曰："有張玄玄者，可請來。"竟不之遇。③

根據這些記載，張三丰入武當山應在洪武年間，洪武二十三年離開武當山之後再没有返回。這些記載與劉一明的説法明顯相悖。相比較而言，任自垣《大嶽太和山志》的記載似更可信。首先，《大嶽太和山志》成書於明代，作者任自垣也是武當道士，距離人物年代更近。其次，孫碧雲入武當山奉詔尋訪張三丰，若二人在武當"朝夕親近"，就不會出現"致香書，累遣使臣請之，不獲"的情況了。

但是，有關孫碧雲隱修華山期間受道於張三丰的記載却很多。例如，顧炎武《肇域志》記載：

華州州東南一十里爲少華山。東連太華山，峰稍低，故曰少華山。張衡《西京賦》云：綴以二華，謂太華、少華也。少華山中峰一名少華峰，東爲獨秀峰，或曰玉女峰，東爲小敷峪。元祐中，鄭縣小敷峪内山摧，頗傷民社。蓋入峪三里爲車轍崖。又二十里有玉女廟，廟之東有金壺峽，其神異，古今莫能采取之。又十里爲蒼坪。又十里曰千崖，崖東有仙人洞，乃張三丰與華陽真

① （明）任自垣：《大嶽太和山志》卷六，《藏外道書》第32册，第923～924頁。

② （明）傅維鱗：《明書》卷二〇，上海：商務印書館，1938年，第3162頁。

③ （明）焦竑：《獻徵録》，上海：上海書店，1987年，第5227～5228頁。

人等所居。洞下有小泉,足汲以爲數人之用。東爲寧山,山下建浮屠。又東爲猛虎峪,南入十五里爲蟠龍山,或云潛龍山。兩山環列,甲於諸山。迤北近峪口之峰,古云阜頭峰。天禧五年崩裂,有石子坡,今曰石灘,東西五里,南北十里,史稱民居六社,壓覆無存。鄰山之民言,數年峰上有雲氣,遇風雨即隱隱有聲,是夜初昏,略無風雨,山上忽霧起,有聲漸大,地遂震,山裂其下,水出,其深無際,名曰移,或作夷山潭,其崩山遺址名半截山,又曰復成山。張潛記曰:天禧五年九月,少華前峰崩覆,壓居民,禧寧五年九月再崩。其潭水匯爲數區,今曰蓮花池。石阜上有孫碧雲道庵,庵下山谷中有巨石虎窩,世傳孫碧雲受張三丰仙人道術。①

雍正《陝西通志·華州》記載:"孫碧雲庵,在復城山,孫碧雲受張三丰仙術處。"②雍正《陝西通志·華志》中也稱:"孫碧雲,馮翊人,入華州半截山,受張三丰之教。"③嘉靖《陝西通志》的記載更爲詳盡:

孫碧雲,其先馮翊人,世本儒業,年十三,入華山修道。洪武初,遇張真仙,授以道術。至洪武甲戌,太祖皇帝因夢有徵,賜以衲衣、御膳、珍果之物。永樂壬辰,成祖文皇帝屢賜敕賚,授以道録司道録,號玄虚子(引者注:玄虚子應爲虚玄子之誤)。④

嘉靖《陝西通志》明確了孫碧雲受道於張三丰的地點是華山,時間是洪武甲戌年(1394)孫碧雲應詔入闕之前。這一説法與武當山志中"洪武二十三年,拂袖長往,不知所止"的記載也不矛盾。據此來看,張三丰離開武當山之後,曾北上華山,在那裏遇孫碧雲並授以道術。明初武當山的兩大全真高道在武當山之外的全真祖地結下師徒之緣並完成傳承。此後,張三丰繼續雲遊四方,孫碧雲則南下武當,參與大興武當的建設並創立武當榔梅派。

綜上所述,孫碧雲在洪武年間被太祖召見之前,曾在華山清修三十餘年,深受全真一脈的影響,注重内丹修煉,熟稔三教經典。在華山隱修期間,孫碧雲受道於張三丰,成爲其嫡傳弟子。至明朝初年,孫碧雲已經成爲道法精深、頗有影響的高道了。

---

① (清)顧炎武:《肇域志》卷三七,清鈔本。

② (清)劉於義等監修,沈青崖等編纂:《陝西通志》卷二九,《景印文淵閣四庫全書》第552册,第560頁。

③ (清)劉於義等監修,沈青崖等編纂:《陝西通志》卷六五,《景印文淵閣四庫全書》第554册,第987頁。

④ (明)趙廷瑞修:《陝西通志》卷三六,明嘉靖二十一年(1542)刻本。

二、西北弘道

在洪武年間應召入闕之後，孫碧雲還曾赴西北雲遊訪道，其間曾短暫住持蘭州金天觀。劉一明《金天觀碧雲孫真人像傳》記載：

> （孫碧雲）後辭職西遊，至蘭州。肅藩王素聞其名，遂迎請之，以師禮相待；復於西郊外金天觀九陽山之西，爲真人築圜室以養静。時有承奉阮、黎二人，少好道學，因而皈依，奉侍左右，卒得實惠。真人於圜室造風火榻，冬暖夏凉，本朝尚存。……真人因觀近市井，不樂久居，辭王離蘭，復遊少華，旋歸武當。自武當去後，不知所終。有所著《修身正印》丹書行世。[①]

劉一明認爲孫碧雲訪道西北是在住持南岩宫之後，有研究指出孫碧雲訪道西北是在永樂四年至六年（1406～1408）[②]，筆者比較認同這一觀點。孫碧雲應召赴武當山是在永樂十年（1412），至永樂十五年去世，這段時間正是武當山主要宫觀營建的關鍵時期，孫碧雲離開武當的可能性不大。

孫碧雲住持金天觀是應肅莊王朱楧的邀請。據道光《蘭州府志》記載：

> 明肅莊王楧，太祖庶十四子，初封漢王。洪武二十五年改封肅，次年就藩甘州。建文元年請内徙，乃移蘭州。永樂十七年薨。[③]

明太祖登基後，爲鞏固統治，分封諸子爲藩王，拱衛王室。肅王即爲北方九塞王之一，“西渡河，領張掖、酒泉諸郡，西肩嘉峪關，護西域諸國”[④]。朱楧是第一代肅王。從朱楧開始，肅王共傳九世十二王（追封三王）。

朱楧之所以邀請孫碧雲住持金天觀，除了孫碧雲的聲望之外，還緣於他本人也篤信道教。朱楧移藩蘭州後即大興宫觀，其中首要的就是金天觀。

建文元年，朱楧就藩蘭州並開始營建肅王府及蘭州城，金天觀就是在此時修建的。金天觀建成後，朱楧專門撰寫了《修建金天觀記銘》記其事：

> 大道相傳，始由黄帝，歷代繼承，爰及於兹。洪惟皇考，奉天受命，以定

---

① （清）劉一明：《棲雲筆記》卷二《金天觀碧雲孫真人像傳》，（清）劉一明原著，滕樹軍、張勝珍點校：《悟元匯宗》下册，第853頁。

② 參見王光德、楊立志：《武當道教史略》，北京：中國地圖出版社，2006年，第122頁；蓋建民、石娜娜：《明初武當山道士孫碧雲道派歸屬考辨》，《世界宗教文化》2022年第6期。

③ （清）陳士禎修，徐鴻義纂：《蘭州府志》卷七《官師志上》，清道光十三年（1833）刻本。

④ （明）何喬遠：《名山藏》卷三六《分藩記》，明崇禎刻本。

海宇肆類。上帝宜於冢土，禋於六宗，望於山川，享於宗社。遂命羽士主司百神，欽崇大典，可謂聖治宏遠也。歲己卯仲夏，余自甘州以及於蘭邑。仰觀俯察於城之西南，山環三面，有仙人舞袖之形，河距北流，如九曲之勢。玉案之峰在前，左右交加於劍水，龍翔虎伏，掩映其墟。欲作仙林，僉以爲可。至庚辰，遂得其地，既來相卜，經之營之。壬午孟春，肇舉其事。仲夏乃興，爰作神像。癸未季夏，親督厥工梓人，告成於秋。

其觀之制，東有望仙之橋，西上乃外之垣，周三里。東有大門，左右列戟，曰"皋蘭福地"。正南鑿一碧沼，曰"五龍之潭"。外南門曰"金天之觀"。龍虎在焉，左有玄壇之祠，右有真武之祠。正門曰"九天之門"。雷公電母風伯雨師居其下，中有檄雷之壇。左曰法主堂，右曰天師堂。正殿曰"雷祖寶殿"，殿北南向雷祖神位。其雷師皓翁，卿使師相，十大雷神，列班左右。後有玄極殿，中有三清。左右設南北二派，五祖七真。周匝廟廡，左出右入。雷門一府二院，三司神祇。後有神御殿，在九陽峰上。東有道院，西有環室，其金碧之美，丹雘之飾，翠楶畫棟，何如其制之盛。而董正其事者，鐫之碑陰。吁！自浮黎演教，靈寶傳科，雷有多門，清微混沌，太極先天後天，五雷殺伐，顯諸仁而藏諸用，一念潛通於上下，幽明弗違於兩間。故神無方而易無體。於全真啓教理性，立命乃歸於道，吾莫知其幾人乎？自昔諸侯王溺教未明，流於淪胥，深可歎也。余長自深宫，周遊演武，開國建封，歷事多艱。具知道典用彰，混元祖教。於戲，爲民祈福，使雨暘時若而五穀登，家給豐而人用足。體天地之好生，布雷霆之法律。庸作銘曰：於昭雷宫，琳琅鬱蔥，右拱白虎，左抱蒼龍。朱雀在前，玄武後從。予昔爰卜，允釐百工。大闡洪猷，用開元宗。曰若羽士，適合厥中。丕懋厥德，乃奉乃崇。勿私於己，弗念於躬。動必由禮，敕法嚴恭。天有顯律，用守厥衷。爾無私欺，慎始慎終。訓於蒙士，以來會同。高高在上，覆載無窮。寂然不動，感而遂通。雷霆將吏，寅亮天聰。稽首金天，永保國封。[1]

根據上述記載，金天觀位於蘭州城西南，由朱楧親自選址建造，其地"山環三面，有仙人舞袖之形，河距北流，如九曲之勢。玉案之峰在前，左右交加於劍水，龍翔虎伏，掩映其墟"，唐代建有雲峰寺，宋代建有九陽觀，可謂風水寶地。金天觀建成於癸未年(永樂元年，1403)。在金天觀建造的過程中，朱楧全程參與，包括選址、準備、督造，整個工程前後達四年之久。

---

① (清)劉斗修，(清)陳如稷纂:《蘭州志》卷四《藝文志》，清鈔本。

除金天觀之外，朱楧還修建了酒仙祠、武侯祠、凝熙觀(雷祖廟)、斗母宫、天齊廟、太乙延慶宫、魁星閣等，並延請道士住持。[①] 相關文獻中還提到朱楧重修了蘭州另外一座重要宫觀玄妙觀。[②] 但在諸宫觀中，金天觀無疑是最特殊、最重要的。

首先，從建築規模上看，明代的金天觀，又稱雷壇，是蘭州規模最大的宫觀。整座宫觀占地五十多畝，周垣三里，且布局工整，殿宇齊備。宫觀坐北朝南，主要殿宇雷祖殿、玄極殿、神御殿布局在中軸綫上，自南至北，依次排列。從正門(南門)到玄極殿之間，有東西長廊相連。除此之外，還有龍潭、玄壇、真武祠、雷壇、法主堂、天師堂、道院、圜室等輔助建築。

其次，從作用和功能上看，朱楧修建金天觀的主要目的有四個。一是作爲藩王行宫。金天觀内不僅殿宇林立，而且環境清幽，漢柏唐槐，古木參天，疊石爲山，是絶佳的休養憩息之地。其地近肅王府，交通便利。據傳，肅王府内有地道直通金天觀。金天觀的修建一定程度上彌補了朱楧未能内遷的遺憾。二是爲民祈福。"使雨暘時若而五穀登，家給豐而人用足。"三是伸張禮法。"動必由禮，敕法嚴恭。"四是祈求藩國的長治久安。"稽首金天，永保國封"，就是要藉助神聖的力量來維護藩國的統治。可以説，金天觀之於朱楧，不僅僅是藩王行宫，也兼有宗祠家廟的功能。因此，朱楧不僅親自督建金天觀，而且勢必延請高道爲住持。孫碧雲從武當山辭職後雲遊西北，可謂恰逢其時。

朱楧本信道，好結交道士，與全真、正一道士皆有往來。據《甘肅道教志》(修訂稿)，朱楧曾延請正一道士住持宫觀，賜三寶印予蘭州正一道八大家之一的田氏，還邀請龍虎山正一道士來蘭州祈雨護壇。[③] 朱楧與武當高道任自垣有私交，對當時已經聲名顯赫的高道孫碧雲自然禮遇有加："肅藩王素聞其名，遂迎請之，以師禮相待；復於西郊外金天觀九陽山之西，爲真人築圜室以養静。"不僅如此，在孫碧雲辭别後，朱楧還命人專門刻石像一座以示思念："王自真人去後，憶想不已，遂於觀前當河建橋一通，名曰'望仙橋'，冀其復至；又刻真人像於石碣，使其

---

① 參見彭清深：《蘭州道教的歷史面貌及現狀概述》，《中國道教》2006年第3期；樊光春：《西北道教史》，北京：商務印書館，2010年，第609頁；周雷傑：《蘭州道教研究——以蘭州四座道觀爲中心》，蘭州大學，碩士學位論文，2017年。

② 參見(清)張國常纂修：光緒《重修皋蘭縣志》(二)，《中國地方志集成·甘肅府縣志輯(4)》，南京：鳳凰出版社，2009年，第543頁。方志引肅世子朱縉炯碑"永樂戊戌莊王鼎建"，而玄妙觀始建於宋朝，所以，此處應爲修繕，而非"鼎建"。

③ 參見樊光春：《西北道教史》，第609頁。

永遠不滅,其意見像如見真人也。"[①]此石像至清代仍然存留,並一度被誤認爲孫思邈像。劉一明曾爲此作詩一首:

何處老叟,跏趺垂手。赤面虬髯,圓目方口。髮總雙鋒,胸羅萬有。正陽丰姿,長真操守。王者尊師,仙人作友。道修明初,神顯清首。出有入無,天長地久。噫!這個形狀却像誰,號稱碧雲是孫某。[②]

孫碧雲住持金天觀期間,招收弟子,傳播全真教義,對西北道教的發展産生了較大的影響。關於孫碧雲在金天觀招收弟子的情况,乾隆《甘肅通志》記載:"肅莊王迎居金天觀環室,接引徒衆,語多奥旨。"[③]可見,孫碧雲當時招收的弟子並不在少數,但在今天見諸文獻的却極其有限。現存文獻中提到的孫碧雲在金天觀招收的弟子有名有姓者僅兩位,即阮無量和黎道人。

相較於黎道人,文獻關於阮無量的記載略詳,劉一明撰有《静庵道人阮公墓志》一文述其生平:

乾隆丁未,金城五泉之陰,土人掘地,得石二塊,乃明肅府承奉正嗣全真派阮公無量墓志。其志阮公出處,本末甚詳。蓋公乃越裳人,因來貢於明,遂留中國,曾爲肅莊王承奉正,得碧雲孫真人無上大道,别號無量,莊王賜曰静庵道人,又稱遂通子。潛心密煉,性命俱了,七十六歲,辭世歸空。[④]

阮無量本爲越南人,明朝時來中國朝貢後定居中國並任職於肅王府。孫碧雲來蘭州後,阮無量拜其爲師,潛心學道,屬全真一脈。關於阮無量的學道情況,劉一明也有所提及:

南越生身,中華出首。燈續碧雲,神明樞紐。地軸由心,天關在手。運轉南辰,推翻北斗。雄裏守雌,無中生有。鉛汞相投,龍虎不走。火煉三三,功完九九。大隱居朝,潛修滌垢。儒教高賢,道門鉅擘。噫!奇異兮,達摩胸襟。圓通兮,曼倩心口。脱凡塵兮,羽化登仙。得正果兮,萬古不朽。[⑤]

---

① (清)劉一明:《棲雲筆記》卷二《金天觀碧雲孫真人像傳》,(清)劉一明原著,滕樹軍、張勝珍點校:《悟元匯宗》下册,第 853 頁。

② (清)劉一明:《會心外集》卷上《碧雲孫真人像贊》,(清)劉一明原著,滕樹軍、張勝珍點校:《悟元匯宗》下册,第 790 頁。

③ (清)許容等監修,李迪等編纂:《甘肅通志》卷四一,《景印文淵閣四庫全書》第 558 册,第486 頁。

④ (清)劉一明:《棲雲筆記》卷三《静庵道人阮公墓志》,(清)劉一明原著,滕樹軍、張勝珍點校:《悟元匯宗》下册,第 892 頁。

⑤ (清)劉一明:《會心外集》卷上《静庵阮真人贊》,(清)劉一明原著,滕樹軍、張勝珍點校:《悟元匯宗》下册,第 789~790 頁。

劉一明對阮無量道行修爲的評價顯然有誇大的成分,但從中也可以看出阮無量對孫碧雲道法及修行方式的繼承:儒道兼修,清修苦煉。關於黎道人的具體情况,文獻中没有提及。孫碧雲辭别後,阮無量和黎道人繼續住持金天觀,保持了全真一脈在金天觀的傳衍。此後,全真龍門派和嵛山派在金天觀也有傳承。

在孫碧雲住持金天觀之前,全真道就已經在甘肅傳播了。樊光春教授指出:"全真道起源於陝西,早期在向東擴展的同時,在西北地方除陝西全省以外,主要是向甘肅東部傳播,後來逐漸推及寧夏、青海和新疆。"[①]王重陽在終南山修道的時候,其影響就已經遍及關隴。與王重陽一起結庵劉蔣村、堪稱全真創教者之一的和玉蟾,就是甘肅天水人。馬鈺曾赴甘肅華亭、平凉等地傳道,其間在華亭住了兩年時間並建有圜堵。馬鈺的弟子李大乘就是華亭人。[②] 丘處機的弟子中也有數人在甘肅境内活動,如元真子李冲虛修道慶陽的靈虚觀[③]、清虚子王志謙修道靈臺的靈臺觀[④]、善濟普慈真人馮志清和達玄子梁志通修道的天水玉泉觀[⑤],都在甘肅境内。另外,元初賀志真在平凉修建朝元觀,其門下弟子衆多,在平凉和慶陽的諸多宫觀中都有活動。[⑥] 這些全真教早期在甘肅的傳教活動主要位於蘭州以東及以南地區,全真道在蘭州的活動没有見諸史料。因此,全真道傳入蘭州應該是從孫碧雲住持金天觀開始的。不僅如此,孫碧雲住持金天觀時"主張道士蓄髮出家,住庵修煉,不娶妻室,不茹葷腥,嚴格道教叢林規矩,啓蘭州道教之新風。於是,全真派在蘭州,以金天觀爲中心,有較大發展"[⑦]。

孫碧雲住持金天觀的時間不長,"因觀近市井,不樂久居,辭王離蘭,復遊少華,旋歸武當"。孫碧雲離開西北後,其影響不減。據《甘肅道教志》,孫碧雲在金天觀,"因其精於三丰内家拳術,故甘肅各地黄冠慕名投師者雲集其門,當地有'飲譽江湖,人莫敢欺'之讚。明代甘肅多次變亂,金天觀得以保全,全賴其所傳内家拳勇護持"[⑧]。另據劉一明《金天觀碧雲孫真人像傳》記載:

> 本朝康熙十三年,中丞巴公,出巡哈密,路經戈背,亢渴至極,求水不得。忽一道人,持二瓜上奉,不通姓名,袖出一函,托帶金天觀。巴公至蘭,付函

① 樊光春:《西北道教史》,第 443 頁。

② 參見樊光春:《西北道教史》,第 379、391、395 頁。

③ 參見王宗昱:《金元全真教石刻新編》,北京:北京大學出版社,2005 年,第 150 頁。

④ 參見王宗昱:《金元全真教石刻新編》,第 244 頁。

⑤ 參見陳垣編纂:《道家金石略》,北京:文物出版社,1988 年,第 595 頁。

⑥ 參見樊光春:《西北道教史》,第 421～422 頁。

⑦ 彭清深:《蘭州道教的歷史面貌及現狀概述》,《中國道教》2006 年第 3 期。

⑧ 轉引自樊光春:《西北道教史》,第 512 頁。

於觀,拆函視之,内書真人道號,别無他説。及見真人像,始知進瓜道人即真人也。因捐資重建其庵焉。[①]

康熙十三年(1674)孫碧雲早已仙逝,因此,送瓜之事應該衹是傳説,但也在一定程度上反映了孫碧雲在當地的影響。樊光春教授在《西北道教史》中指出:"明初興起的真武崇拜和張三丰及其高足孫碧雲等人在陝甘的修道、傳道,帶動了營建新道觀的熱潮,西安八仙庵、留壩張良廟、蘭州金天觀等十方叢林的誕生和天水玉泉觀、蘭州白雲觀、平凉崆峒山、臨夏萬壽觀、寶雞金臺觀、葭縣白雲觀、延安太和山、山陽天竺山等全真道著名宫觀的新建,爲現代西北道教的穩定發展起了奠基作用。"[②]可見孫碧雲西北弘道影響之深遠。

三、武當辦道

明成祖即位後,爲鞏固統治,尊奉真武,作爲真武升舉之地的武當山備受重視。從永樂九年(1411)開始,歷時十四年,成祖在武當山進行了規模空前的宫觀營造。成祖從全國各地遴選高道到武當山辦道,孫碧雲即是其中之一。

永樂十年(1412)二月,孫碧雲應詔進京。明成祖任命其擔任道録司右正一,總領全國道教事:

敕道士孫碧雲:道教以虚無自然爲宗,以杳冥恍惚爲體,高妙超乎萬品,精微入乎無倫。尔資性淳誠,精修妙道,志遊寥廓,心慕清虚。操之彌堅,守之彌固。眷此鍊習,實爲可嘉。朕探賾希夷之蹤,雅愛助人成道。今特授尔爲"道録司右正一",不拘以職,聽從於名山大嶽、洞天福地任便修行。服氣餐霞,凌青霄而遠覽;驂鸞跨鶴,歷洞府以逍遥。踐履至真,永光道德。故敕。永樂十年二月初十日。[③]

成祖還賦予孫碧雲"不拘以職,聽從於名山大嶽、洞天福地任便修行"的特權。不僅如此,成祖還特别詔告,命他負責管理宗教事務的禮部:

禮部爲道教事,永樂十年二月初十日,本部尚書吕震於奉天門欽奉聖旨:道録司右正一孫碧雲,著他去武當山南岩辦道修行,一應人等,不許攪

① (清)劉一明:《棲雲筆記》卷二《金天觀碧雲孫真人像傳》,(清)劉一明原著,滕樹軍、張勝珍點校:《悟元匯宗》下册,第 853 頁。

② 樊光春:《西北道教史》,第 13 頁。

③ (明)任自垣:《大嶽太和山志》卷二,《藏外道書》第 32 册,第 827 頁。

擾。若是他要去天下名山福地修行雲遊,都隨他往來自在,不要阻當。欽此。除欽遵外,本部出給文憑與本官收執爲照者。禮部一號手印。右仰准此。永樂十年二月初十日,令史趙亨承部押。①

詔告明確提到派孫碧雲赴武當山辦道,並再次强調給予孫碧雲的特權,即"一應人等,不許攪擾","隨他往來自在,不要阻當"。表面上看,成祖的做法似乎是自相矛盾的。一方面,他授予孫碧雲要職。據《明史·職官志》記載,明朝京師置"道録司。左、右正一二人(正六品);左、右演法二人(從六品);左、右至靈二人(正八品);左、右玄義二人(從八品)"②。在明朝的道官序列中,道録司右正一是僅次於道録司左正一的重要職位。另一方面,他又允諾孫碧雲"不拘以職","往來自在",相當於賦予他在其位而不用謀其政的特權。關於這一點,成祖在詔告中也進行了説明:"尔資性淳誠,精修妙道,志遊寥廓,心慕清虚。操之彌堅,守之彌固。"可見,在成祖看來,孫碧雲是一位道法精深、德高望重的高道,其道行足以擔當道録司右正一之重任,之所以允許其不拘以職,自由修行,可能是出於兩個方面的考慮。其一是當時孫碧雲已届六十七歲高齡,精力有限。事實上,孫碧雲赴武當山後五年就仙逝了。據任自垣《大嶽太和山志》記載:"永樂十五年,謂門人曰:'教門已與[興]。吾將往矣。'翌日,更衣沐浴,焚香遥空禮謝,端坐而逝。"③其二是孫碧雲崇尚清修,喜好清静,淡泊名利。世稱張三丰一派爲隱仙派,孫碧雲應該是繼承了其師衣鉢,不願過多地涉入俗務。孫碧雲後來在金天觀短暫的修道經歷也可以證明這一點:"真人因觀近市井,不樂久居,辭王離蘭,復遊少華,旋歸武當。"可見,成祖看似矛盾的做法實際上是對孫碧雲特别的寵遇。

然而,據明代瞿佑《和獄中詩》記載:"永樂間,予閉錦衣衛獄。胡子昂亦以詩禍繼至,同處囹圄中。子昂每誦東坡《繫御史臺獄二詩》,索予和焉。予在困舍中,辭之不獲,勉爲用韻,作二首。時孫碧雲、蘭古春二高士亦同在圜室,見之過相賞。"④按照這個記載,孫碧雲不是自願,而是被錦衣衛强行帶到京師接受成祖詔見的。瞿佑(1347～1433)與孫碧雲同時代,其記載應該是比較可靠的。另據《本朝分省人物考》記載:

瞿佑,字宗吉,錢塘縣人。學博才贍,風致俊朗。年十四,鄉人張彦覆命

① (明)任自垣:《大嶽太和山志》卷二,《藏外道書》第32册,第828頁。
② (清)張廷玉等:《明史》卷七四,北京:中華書局,1974年,第1817頁。
③ (明)任自垣:《大嶽太和山志》卷七,《藏外道書》第32册,第930頁。
④ (明)瞿佑:《歸田詩話》下卷,明刻本。

> 賦雞詩,美甚,遂知名。楊廉夫稱其爲千里駒。洪武中,以薦授仁和訓導,轉臨安教諭,升周府右長史。師道振舉,輔弼有法。永樂間以詩禍編管保安,久之釋歸,復原職,内閣辦事,年八十七卒,所著有《春秋貫珠》《詩經正葩》《閲史管見》《鼓吹續音》《存齋詩集》行世,其不及載者尤衆。①

瞿佑先是因“詩禍”入獄,後被貶謫保安。關於其入獄的時間,日本内閣文庫所藏瞿佑的《樂全稿・樂全詩集》中有自注:“永樂六年四月,進周府表至京,拘留錦衣衛。自汴梁起,取家小十二口至此,蒙撥房屋居住,至今二十一年矣。”②李慶據此認定瞿佑入獄的時間是明成祖永樂六年(1408)四月,基本上是可信的。所以,瞿佑與孫碧雲在京師獄中碰面是完全有可能的。這也可以佐證孫碧雲被錦衣衛帶入京師的事實。

儘管孫碧雲由於年歲已高、不想過多地涉入俗務而不願進京,但最終還是進京並奉詔赴武當山辦道。王紱《贈孫碧雲還武當》詩云:

> 才朝金闕便言還,身作地仙逢盛世。重重臺殿空青上,料得塵緣無一點。自是高風動聖顔,面承天語住名山。六六峰巒紫翠間,此心應祇伴雲閑。③

從詩中還可以看出,孫碧雲進京後没有停留多久便赴武當山辦道了。孫碧雲赴武當,擔負著三項使命。

第一項使命是負責武當山主要宫觀的規劃設計。任自垣《大嶽太和山志》記載:

> 敕右正一虚玄子孫碧雲:朕仰惟皇考太祖高皇帝、皇妣孝慈高皇后,劬勞大恩,如天如地。惓惓夙夜,欲報未能。重惟奉天靖難之初,北極真武玄帝顯彰聖靈,始終佑助,感應之妙,難盡形容,懷報之心,孜孜未已。又以天下之大,生齒之繁,欲爲祈福於天,使得咸臻康遂,同樂太平。朕聞武當紫霄宫、五龍宫、南岩宫道場,皆真武顯聖之靈境。今欲重建,以伸報本祈福之誠。尔往審度其地,相其廣狹,定其規制,悉以來聞,朕將卜日營建。其體朕

---

① (明)過庭訓:《本朝分省人物考》卷四二,明天啓刻本。

② 瞿佑《樂全稿》三卷(《樂全詩集》《東遊詩》《樂全續集》各一卷),今藏日本内閣文庫。參見李慶:《瞿佑及其時代——日本内閣文庫所藏瞿佑〈樂全稿〉探析》,錢伯城主編:《中華文史論叢》第五十三輯,上海:上海古籍出版社,1994 年,第 258～287 頁。

③ (明)王紱:《王舍人詩集》卷四,陳潔、程明安、郝文華主編:《武當山詩歌全集》,武漢:華中科技大學出版社,2014 年,第 66 頁。《明史・文苑傳二》記載:“永樂初,(王紱)用薦,以善書供事文淵閣。久之,除中書舍人。”[(清)張廷玉等:《明史》卷二八六,第 7338 頁]

至懷。故敕。永樂十年三月初六日。[1]

> 朕聞武當遇真，實真仙老師。然於真仙老師鶴馭所遊之處，不可以不加敬。今欲創建道場，以伸景仰欽慕之誠。尔往審度其地，相其廣狹，定其規制，悉以來聞，朕將卜日營建。尔宜深體朕懷，致宜盡力，以成協相之功。欽哉！故敕。永樂十年三月初六日。[2]

孫碧雲主要負責的是紫霄、五龍、南岩、遇真四座宫觀的規劃設計。紫霄宫、五龍宫、南岩宫是明代以前武當山最重要的三座宫觀，歷史悠久，規模宏大，香火鼎盛，高道輩出，堪稱武當山九宫八觀建築群中最傑出的代表。元碑中有記載："山多神宫仙館，其大者有三，曰五龍、紫霄、真慶，而五龍居其首。"[3]真慶宫即南岩宫，創建於元代，賜額大天一真慶萬壽宫。遇真宫是因張三丰而敕建的，在武當諸宫中具有十分特殊的地位："洪武年間，三丰張真仙結庵於其上，名爲會仙館。永樂十五年，奉敕創建真仙殿宇、山門、廊廡、東西方丈、齋堂、廚室、道房、倉庫、浴室，共九十七間。"[4]成祖將四座重要宫觀的規劃設計交與孫碧雲，充分體現了對他的信任和重視。孫碧雲對武當宫觀的建設是有突出貢獻的。

第二項使命是尋訪張三丰。張三丰是明代著名的高道，備受明朝皇室尊奉。如前所述，傅維鱗《明書》記載太祖時即開始命人尋訪張三丰，但始終不得。成祖時繼續遣使尋訪張三丰：

> 皇帝敬奉書真仙張三丰先生足下：朕久仰真仙，渴思親承儀範，嘗遣使致香奉書，遍詣名山虔請。真仙道德崇高，超乎萬有，體合自然，神妙莫測。朕才質疏庸，德行菲薄，而至誠願見之心，夙夜不忘。敬再遣使，謹致香奉書虔請，拱俟雲車夙駕惠然降臨，以副朕拳拳仰慕之懷。敬奉書。永樂十年二月初十日。[5]

孫碧雲作爲張三丰的嫡傳弟子，被委以尋訪重任亦在情理之中。武當山是張三丰曾經的隱修之地，自然也會受到特別的關注。據任自垣《大嶽太和山志》記載：

> 敕右正一虚玄子道士孫碧雲：朕敬慕真仙張三丰老師，道德崇高，靈化

---

① （明）任自垣：《大嶽太和山志》卷二，《藏外道書》第 32 册，第 827 頁。

② （明）任自垣：《大嶽太和山志》卷二，《藏外道書》第 32 册，第 827 頁。

③ （元）揭傒斯：《大元敕賜武當山大五龍靈應萬壽宫碑》，陳垣編纂：《道家金石略》，第 946 頁。

④ （明）任自垣：《大嶽太和山志》卷八，《藏外道書》第 32 册，第 937 頁。

⑤ （明）任自垣：《大嶽太和山志》卷二，《藏外道書》第 32 册，第 827 頁。

玄妙,超越萬有,冠絶古今,願見之心,愈久愈切。遣使祗奉香書,求之四方,積有年歲,迨今未至。朕聞武當遇真,實真仙老師。然於真仙老師鶴馭所遊之處,不可以不加敬。今欲創建道場,以伸景仰欽慕之誠。[1]

不過,張三丰在洪武二十三年(1390)離開武當後再也没有返回,孫碧雲在武當山自然没有尋到張三丰。

第三項使命是住持大聖南岩宫。據任自垣《大嶽太和山志》記載:

……賜"大聖南岩宫"爲額,欽選道士五十人,以道録司右正一高道虚玄子孫碧雲、清微法師王一中及龍虎山法師林子良、詹觀壽、荆州府道紀李敬常爲提點,賜六品印,統領宫事。御製《賜虚玄子》詩一章、敕三通,南岩宫常住寶藏於金書玉字之函,將以永鎮大嶽名山,貽於後代之不朽也。若承流襲派者,必知其虚玄孫仙師,高奔上道,玄造希微,際遇天朝,興隆道教,若如是焉,可不欽敬哉![2]

敕隆平侯張信、駙馬都尉沐昕等:今正一嗣教真人張宇清舉保道士,分派各宫。道録司右玄義任自垣、道士邵慶芳爲玄天玉虚宫提點,高道周惟中兼提點,林子良爲副宫;興聖五龍宫以李時中爲住持,道士吴繼祖爲提點;太玄紫霄宫以李幽岩、胡古崖爲提點;大聖南岩宫已命右正一孫碧雲爲住持,以王一中爲提點副之。各處宫名,祗依此敕爲定用,報汝知之。故敕。永樂十一年九月十一日。[3]

成祖在武當大興宫觀,同時從全國各地遴選高道擔任各大宫觀的住持或提點。當時全國各大宫觀的住持提點一般都是先由正一嗣教真人張宇清舉薦,再上報成祖皇帝批准。但孫碧雲任大聖南岩宫住持却没有按照這個程式,而是成祖直接下詔任命的。另外,在孫碧雲赴武當山之前,成祖還專門賜詩一首:

太華山高九千仞,幽人學道巢其巔。雲邊一卧知幾年,懸崖鐵鎖常攀緣。世間萬物無所累,饑食瓊芝渴乳泉。煉就還丹握化權,三關透徹玄中玄。高奔日月呼紫煙,絳宫瑶闕長周旋。五華靈芽植丹田,明珠一點方寸圓。左挹神公右白元,夜開明堂相與言。窈冥恍惚合自然,飄飄直上大羅

---

① (明)任自垣:《大嶽太和山志》卷二,《藏外道書》第 32 册,第 827 頁。
② (明)任自垣:《大嶽太和山志》卷八,《藏外道書》第 32 册,第 937 頁。
③ (明)任自垣:《大嶽太和山志》卷二,《藏外道書》第 32 册,第 829 頁。

> 天。時人欲見不可德，三峰下俯飛鴻翼。丹丘羽人常往還，洪厓赤松舊相識。只今邂逅契心期，青瞳緑髮煙霞姿。福地洞天遊欲遍，逍遥下上驂虬螭。若遇真仙張有道，爲言佇俟長相思。①

成祖寵遇孫碧雲，究其原委，除了道行高深之外，他在太祖朝就備受寵遇也是重要因素之一。據任自垣《大嶽太和山志》記載：

> 洪武二十七年甲戌，太祖高皇帝因夢遣奉御張伍等齎捧敕道士孫碧雲赴闕下。季冬十日，謁帝於奉天門。賜坐與語，甚悦。命居朝天宫，遣官賜衣。……乙亥年正旦，大會奉天殿。初四日，宣至奉天門，帝曰："朕如今宣尔來問道，古者帝王就而問道，朕今坐朝問道，是太上的教。尔東向而道揚，將大道説與朕。"臣碧雲對曰："臣本草芥微臣，荷蒙聖主養育之恩，雖不能造乎至道，今既宣問，臣敢不悉心以對，今不可得而聞焉。"十四日，宣至武英殿，與語論道，自辰至申，帝謂之曰："雖時代不同，朕便是軒轅，尔便是廣成子。"臣碧雲叩首而謝。閏月十三日，宣至右順門，與語，甚悦。十七日，宣至右順門，帝曰："朕想尔久在山中處静，今在朝中誤了辦道，命尔回山。"賜賚甚厚。臣叩首弗敢領受，辭謝而回。十八日，大宴於奉天殿，賜以御膳珍果，遣内臣送行。②

太祖因夢而召見孫碧雲的説法顯然帶有神秘色彩，真實的原因是什麽呢？古代帝王崇道，原因無非兩個方面：爲政和養生。爲政即利用道教爲統治服務，養生則是爲了延年益壽。明初統治者采取三教並用的政策，對道教則是扶持和檢束並舉，以便其更好地服務明王朝的統治。太祖召見孫碧雲的目的主要是問道，尤其是治國之道。"與語，甚悦"説明君臣之間的這次會面很愉快。可見，孫碧雲在進入朝堂之前，雖然一直在野清修，但已經是道法有成，聲名在外了，所以纔能引起太祖的關注。遣使迎送、命居朝天宫、厚賞財物、坐而論道、御宴送行，則體現出太祖對孫碧雲寵遇有加。特别值得一提的是"命居朝天宫"這一細節。關於朝天宫，張廣保教授曾指出："早在洪武初年，明太祖即以朝天宫爲基地，多方網羅四方高道，有意識地爲舉行國家祭祀大典儲備人才。經過數年經營，逐漸以朝天宫爲中心形成一個'朝天宫高道集團'。……朝天宫高道集團在洪武年間表現頗爲活躍，除廣泛參與各種大型國家祭典外，還擔任皇帝處理宗教事務的顧問。"③

---

① (明)任自垣：《大嶽太和山志》卷二，《藏外道書》第32册，第827～828頁。

② (明)任自垣：《大嶽太和山志》卷二，《藏外道書》第32册，第825～826頁。

③ 張廣保：《全真教的創立與歷史傳承》，北京：中華書局，2015年，第334頁。

“朝天宮高道集團”是當朝兼具聲望和影響的一批宗教領袖人物。孫碧雲之所以位列其中,也主要是因爲其在當時的聲望和影響。可能是由於孫碧雲並没有在朝天宫久居,目前尚未見到他參與國家祭祀的相關記録。和太祖會面之後,孫碧雲在朝天宫作短暫停留,即獲准返山。不僅如此,太祖還以帝師相待,聲稱“朕便是軒轅,尔便是廣成子”,足見其寵遇之盛。成祖朝時,孫碧雲所受寵遇更盛,聲望更隆,應該是受到了太祖的影響。

孫碧雲在洪武、永樂年間倍受皇室寵遇,尤其是洪武年間入闕論道和永樂年間武當辦道,使其聲望達到了頂點。這對相對沉寂的明初全真道發展而言具有重要意義。明初統治者采用三教並用的宗教政策,但也有側重,對道教則是重正一而輕全真,孫碧雲的活動擴大了全真道在統治階層的影響。不僅如此,他還創立了全真支派武當榔梅派,爲全真道的傳衍做出了積極的貢獻。

(責任編輯:張琰)

明清時期全真教在陝南地區的傳播

□張　方

摘要:蒙元時期,全真教傳入陝南地區,並創建了少量宫觀。明代,全真教在陝南地區開始發展,傳承主要爲全真華山派。其中,洋縣豐都山崇道觀至遲在明景泰年間就開始傳承華山派,是目前所發現的最早的全真華山派傳承。清乾隆以後,隨著陝南地區移民的農業開發,全真龍門派開始在陝南迅速擴張。除了洞陽宫、午子觀等傳統道教宫觀之外,龍門派還進駐了大量難以爲繼的官祀或民祀廟宇,甚至一些佛教寺院也由他們住持管理。但由於陝南山區的承載能力有限,這些龍門派多爲小規模散發,且更迭頻繁,穩定的道脈傳續並不多見。

關鍵詞:明清時期　全真教　陝南　傳播

作者簡介:張方,1982 年生,哲學博士,陝西省社會科學院宗教研究所研究員,研究方向爲中國道教史、宗教藝術史。

陝南包括漢中、安康和商洛三個地區,境内除了漢中盆地和安康盆地的地形較爲平緩外,其餘皆爲多山地貌,北有秦嶺,南有巴山,大山圍合之中,地理地貌相對封閉。金代,全真教興起於關中地區,陝南地區雖爲臨近,但屬宋金兩軍交鋒的前沿地帶,商洛爲金所控制,漢中、安康則屬南宋範圍,全真教不易傳播。因此,全真教真正進入陝南地區應該是在蒙古軍隊占領陝南以後。

一、蒙元時期全真教進入陝南

宋金對峙之時,陝南爲軍事戰略要地。興元府(治今漢中南鄭縣)是宋軍在陝南及全川的戰區首府,沔州(治今漢中略陽縣)則爲宋軍在陝南四川最高軍政大員四川安撫制置使的行轅所在。1231 年,蒙古軍滅西夏後,便從宋夏交界處進攻陝南,宋軍望風崩潰。蒙古軍穿過陝南出現在金軍背後,與西、北、東三面蒙軍一起聚殲金軍,實現了假道滅金的計劃。蒙古滅金後的第二年,窩闊台次子闊端率大軍又一次攻入陝南,連克沔州、興元府。1236 年,陽平關之戰,陝南最後一支宋軍精鋭被消滅。

陝南納入蒙元版圖之後,蒙古統治者任命管理陝西道教的全真道士兼管興元府道門事務。姚燧所撰《圓明真人高公碑銘》記載,重陽萬壽宫住持高道寬"歲壬子,真常擢爲京兆道録者十年。中統辛酉,誠明薦之朝,制以爲提點陝西興元等路道教兼領重陽萬壽宫事"[①]。至元九年(1272)王盤所撰《誠明真人道行碑》中,高道寬的題名爲"陝西等路兼興元府道門提點兼領重陽萬壽宫事洞觀普濟廣德圓明真人"[②]也印證了這一記載。因此,至遲在蒙古中統二年(1261),全真教便開始管理陝南地區的道教事務。高道寬之後,又有天樂真人李道謙被任命爲"陝西五路西蜀四川道教兼領重陽萬壽宫事"[③],管理陝南四川的道教事務,全真教進入陝南地區。中統五年(1264),蒙古沔州管軍水陸轉運都元帥府同沔州長官元帥府兩司官吏軍民重建了戰争中損毁的略陽東嶽宫,當時開山嗣講道士何應和即可能爲全真道士。[④] 延祐七年(1320)《披雲宋真人道行碑》碑陰載披雲真人宋德方門下宫觀中有"成都府玄都觀、萬里橋洞明庵;興元路褒城縣應都觀"[⑤],褒城縣應都觀即全真道在陝南設立的道教宫觀。

元代,全真道進入陝南、四川等地後,還健全了當地的道官體系。元至大四年(1311)所立的《妙相觀記》有載:妙相觀住持田興道原爲重慶人,善醫卜,曾拜師宣授諸路法籙提領黄真人,簪戴爲道。後來,沔州大安縣軍户將其請到大安縣住持當地的玉皇殿。至元十年(1273),田興道任鞏昌西蜀道録司文字,張真人賜道號淵真子。到至元十八年(1281),田興道被西蜀都道録司任命爲重慶道録。至元三十一年(1294),他又被任命爲廣元道録,時任陝西五路西蜀四川道教提點的天樂真人李道謙賜其號爲崇玄大師。[⑥] 由此可見,當時的陝南道教是與四川、甘肅等地共屬西蜀都道録司管理,並且有了較爲完備的道官體系。但是,從現存史料來看,元代陝南的全真教宫觀還非常少,遠不能與關中地區相比,這可能與陝南封閉的地理環境以及戰後薄弱的全真道基礎有關。

---

① 劉兆鶴、王西平編著:《重陽宫道教碑石》,西安:三秦出版社,1998 年,第 93 頁。

② 劉兆鶴、王西平編著:《重陽宫道教碑石》,第 83 頁。

③ 劉兆鶴、王西平編著:《重陽宫道教碑石》,第 118 頁。

④ 武樹善:《陝西金石志》,《石刻史料新編》第一輯第 22 册,臺北:新文豐出版公司,1982 年,第 16724 頁。

⑤ 劉兆鶴、王西平編著:《重陽宫道教碑石》,第 129 頁。

⑥ 陳垣編纂:《道家金石略》,北京:文物出版社,1988 年,第 734 頁。

二、明代全真道在陝南的傳播

元末明初，陝南陷入軍閥混戰之中，紅巾軍大將明玉珍攻占四川、重慶、甘肅、陝南等地，登基稱帝，定都重慶，國號大夏。洪武三年(1370)，朱元璋派大將徐達領兵入陝，在掃除北元殘部的同時滅亡了明夏政權。但是，秦巴山區一帶人民憑藉著深山老林的複雜地形，自洪武初年就不供征徭，不懼法度，與明政府長期周旋。同時，這一地區秘密宗教結社活動十分活躍。洪武三十年(1397)，沔縣彌勒教徒起義，起義軍攻城掠地，陝川邊界地區民衆群起回應，一時聲勢浩大。起義失敗後，部分義軍退入沔縣西部山區，堅持鬥争達十餘年，直到永樂七年(1409)纔被鎮壓下去。這種局面很不利於全真教在陝南的發展。陝南地區目前所發現最早的明代全真道傳承——漢中洋縣豐都山，大約也是在明永樂年間纔開始傳承的。

(一)漢中洋縣豐都山

豐都山，又名大爺山，位於洋縣西北部的溢水河西側，西走向，綿延十里。山巔有崇道觀，始建於宋元豐年間，元代曾有嵩山雲遊道士重葺。明洪武至永樂間，道士劉清溪、楊守通重建道觀，“建三清之殿居乎中，豐都之神與天王四聖列於右，玉皇及天地水三官之神在乎左焉”[①]。劉清溪、楊守通的道派不詳，但此時重修崇道觀可能與尋找張三丰有關。雍正《陝西通志》卷二九記載：“崇道觀：在縣西北二十五里豐都山，宋元豐間建，元、明迄今，累代修葺不廢。相傳張三丰嘗居焉，明永樂間命給事中胡濙訪三丰，至豐都山觀中，三丰正趺坐古柏下，咫尺不見云。至今柏樹下螻蟻不生。”[②]到了景泰元年，豐都山住持李道岩重修了左廊的玉皇三官殿。景泰二年(1451)《豐都山重修玉皇三官殿記》中有載：“去歲，道士李道岩者，乃本山之住持也，目睹其殿宇摧毁，神像剥落，慨然欲重修之；值鄉之耆民李景先以董其工，道士李道安、白洞雲募其緣。既而鳩工集匠，協力經營，甫一載而殿宇落成，方□舊式，侈而不靡，吻合乎古人之制矣。”[③]此後，本山道士李道安、姚道真與徒文崇惠、崇瑄等又認爲玉帝身份尊貴，不宜偏安左殿。於是，他們又在三清殿後起了一座玉皇閣，以奉玉帝。弘治五年(1492)《崇道觀新建玉皇

① 陳顯遠編著：《漢中碑石》，西安：三秦出版社，1996年，第145頁。

② (清)劉於義等監修，沈青崖等編纂：《陝西通志》，《景印文淵閣四庫全書》第552册，臺北：臺灣商務印書館，1986年，第525頁。

③ 陳顯遠編著：《漢中碑石》，第145頁。

閣記》中云:"故崇瑄、崇惠等夜寐夙興,謁官士之門募化,資才售木,命匠以爲閣,則閣之成也。閣上刊帝尊像,飾以尊容,閣下塑繪救苦慈母,左右列五祖七真。"①從他們列五祖七真像的行爲來看,景泰年間重修豐都山的道士爲全真派無疑。另外,豐都山當時道士的派字爲"道""崇",這與全真華山派的字輩相合。同時,豐都山還存有明末到清代的碑刻七通②,題名中道士的字輩也爲全真華山派。(見表1)

表1 豐都山派系歸屬不明的全真道士情況

碑刻	道士字輩
萬曆三十一年(1603)《重修碑記》	全、真、冲、和
崇禎三年(1630)《捐資題名碑》	全、真、冲、和、得
崇禎七年(1634)《金飾豐都山閻君殿神像碑》	真、冲
康熙五十二年(1713)《酆都山重修地名、姓名碑》	得、正
嘉慶十年(1805)《重修三清三層樓上下兩廊雷神、八仙殿魁樓及創建菩薩堂鐘鼓樓各殿序》	仁、義、禮、智、信、嘉
咸豐九年(1859)《創修三清獻殿碑記》	禮、智

從以上道士的派字來看,明清時期,豐都山道士屬全真華山派無疑。雖然從弘治到萬曆時期的史料缺失,豐都山未見華山派"教、演"兩輩道士,但以年代推算,這支華山派應該是明景泰年間重修豐都山李道安、李道岩等人徒裔。他們在明景泰之前就入主了豐都山崇道觀,可以説是目前所發現的最早的全真華山派傳承。而且,這支華山派在豐都山的法脈極爲繁盛,明崇禎三年(1630)《捐資題名碑》中有本山題名道士一百多位,嘉慶十年(1805)《重修三清三層樓上下兩廊雷神、八仙殿魁樓及創建菩薩堂鐘鼓樓各殿序》中的本山道士題名也有五十餘位。另外,從清初開始,豐都山還一直是洋縣道會司的所在地,可見它在當時陝南道教中的重要地位。

(二)洛南天慶觀

天慶觀爲洛南縣古道場,始創於宋大中祥符五年(1012),宋真宗曾有敕封,元末毁於戰亂。明天順四年(1460),華陰道士張道芳雲遊至此,在當地官員的支持下,重修天慶觀。明成化十四年(1478)《重修天慶觀碑記》記載天慶觀重修的

① 碑石現存漢中洋縣豐都山,未見前人著録。

② 碑石現存漢中洋縣豐都山,未見前人著録。

盛况。"若三清殿,若玉皇殿,若真武、雷神、靈官、土地殿,若鐘樓,若左、右碑樓,東、西雲堂洎廚舍,隆隆其棟,鱗鱗其瓦,焕然維新。肇工於天順辛丑之春,畢工於成化甲午之秋。芳欲樹碑列紀,碑將成而羽化矣,其徒楊崇霄繼成之。"[①]由此看來,張道芳與其徒楊崇霄應屬全真華山派第五、六代"道""崇"兩輩。而且,華陰正是華山所在地。關於全真華山派的起源以及早期傳承問題,現在仍然懸而未決。此前,華山地區最早出現的華山派資料,則是李榕《華山志》記載,明成化八年(1472),有道士何志清、陳尚玉及徒任道元。[②] 洛南天慶觀道士張道芳及徒楊崇霄顯然還要更早一些。

(三)鎮安城隍廟

商洛鎮安縣地處秦嶺腹地,元時設乾佑縣。明洪武年間,撤縣爲乾佑巡檢司,明景泰三年(1452),在乾佑巡檢司北置縣,取名鎮安。由於縣治遷徙,鎮安城隍廟也經歷遷徙的過程。乾隆《鎮安縣志》所收録明弘治十七年(1504)《重修鎮安縣城隍廟碑記》中記載:弘治十一年(1498),道士李玄機入秦嶺采藥時,借宿鎮安城隍廟,慨然動念,重修廟宇。李玄機出身官宦之家,其祖父爲湖廣布政使,幼因嬰疾出家。[③] 同時,鎮安縣繡屏公園現存有弘治年間羅鍫撰《鎮安縣城隍廟碑記》,碑中記載:"黄冠爲□□湖藩李朝賓之孫,太學生從□之子,□□以疾捨爲蒲全陽觀道會□□雲弟子云,是爲記。本廟住持李玄機,弟子楊静一。"[④]可見,李玄機來自蒲之全陽觀,爲道會□□雲弟子,他的弟子名爲楊静一。"玄""静"是全真龍門派第四、五代派字。另外,繡屏公園還存有嘉靖三十年(1551)《鎮安縣城隍廟記》。據碑記記載,鎮安城隍廟在嘉靖三十年由住持李静明加以重修,並增置二門三楹,東廊七楹,元君殿三楹。碑文後題名有"徒□真愈、□真懲,徒孫李常欽"[⑤]。由此可見,鎮安城隍廟在明弘治到嘉靖年間共傳承全真龍門派"玄""静""真""常"四代。

(四)鎮安朝陽觀

朝陽觀位於鎮安縣城西南的龍首山上,坐北向南,三重正殿,其中真武殿始建於明嘉靖十九年(1540),是鎮安現今保存較爲完好的明代建築。朝陽觀現存

---

① (清)范啓源纂修:《雒南縣志》,《中國地方志集成·陝西府縣志輯(30)》,南京:鳳凰出版社,2011年,第584頁。

② 樊光春:《明清時期西北地區全真道主要宗派梳理》,趙衛東主編:《全真道研究》第一輯,濟南:齊魯書社,2011年,第227頁。

③ (清)聶燾纂修:《鎮安縣志》,《中國地方志集成·陝西府縣志輯(30)》,第584頁。

④ 碑刻現存鎮安縣繡屏公園,未見前人著録。

⑤ 碑刻現存鎮安縣繡屏公園,未見前人著録。

有嘉靖三十六年(1557)南京户部尚書盧坤所撰《建真武朝陽觀記》,碑中詳述了建立朝陽觀的經過:正德年間,龍首山上本無寺觀,因居民多夢真武大帝降臨,便欲在此修建真武祠。當地鄉紳聽説郡南清陽宫道士王尚會素有賢名,於是不遠數百里去請王尚會主持修建事宜。王尚會從衆弟子中選出黨道綜,命其前去創建真武朝陽觀。① 王尚會與其徒黨道綜應屬全真華山派第四、五代道士。關於郡南清陽宫,因當時鎮安爲西安府所轄,郡南清陽宫當指西安府南的户縣清陽宫。户縣清陽宫是全真祖庭重陽宫之下院,由全真道士孫志久創於蒙元時期。清陽宫在明代的情況,缺乏史料記載,現存清順治十二年(1655)《重修清陽宫記》記載清陽宫住持冲然子王和潤修性養真,著功有年。② 王和潤應該爲全真華山派第十二代弟子。

三、清代全真龍門派在陝南的快速發展

明清易代之際,陝南地區屢遭兵戈。明末,農民起義軍和明朝統治者在此地展開對抗。清初,反清武裝又據此地抗擊清軍。隨後,吴三桂又將戰火引至陝南,漢、沔之間幾無寧日,人口鋭減,土地荒蕪。到了乾隆年間,川楚以及河南等地大量流民經不同路徑進入秦巴山區,認地開荒。當地官府也大力招徠貧民開山墾荒,充實本區。陝南山區的農業得以開發,人口迅速增長,這爲全真教在陝南地區的快速傳播奠定了基礎。清代,全真龍門派在陝南地區發展了大量的廟宇,勢力得到了迅速擴張。清代全真教在陝南擴展的廟宇大概分爲以下三種類型。

(一)傳統的道教宫觀

城固洞陽宫始建於明代,清康熙五十三年(1714),全真龍門派道士于陽松重修後,他的弟子法裔便在此地傳衍,並發展了下院扁鵲觀。③ 道光九年(1829),洞陽宫住持不守清規,偷當山場,被革逐遠離。城固縣令俞公命洞陽宫下院扁鵲觀住持楊教遠赴洞陽宫住持,看守香火。楊教遠去世前遺條規數款爲後戒,飭弟與徒等。④ 但到了咸豐四年(1854),洞陽宫住持丁永貴與其師孫教存不和,訶訟成

① 碑刻現存鎮安縣木王山朝陽觀,未見前人著録。

② 《重陽宫志》編委會:《重陽宫志》,西安:三秦出版社,2012 年,第 671 頁。

③ 陳顯遠編著:《漢中碑石》,第 211 頁。

④ 陳顯遠編著:《漢中碑石》,第 57、274 頁。

仇,擅將響水岩山場典賣。幸得道士魯明經、史元發募化布施,不數月又將山場贖回。[①] 此後,這支全真道在洞陽宫一直傳承到了民國年間,傳至龍門派第二十四代"誠"字輩,共延續了十三代香火。[②] 城固除洞陽宫外,還有一座野鶴觀,也是全真龍門派宫觀。野鶴觀創建於清乾隆年間,是一座依附道士墓塔而建的道觀。道士田氏,諱宏善,號野鶴。嘉慶二十五年(1820)《祖師田真人傳碑》記載:田宏善自幼多疾,出塵於邑之集靈觀,拜師静機道人,世派曰真。静機,山東萊州人,爲龍門派第五代法裔。静機羽化後,適逢"闖叛",田宏善投邑之康將軍麾下,七年事平,復還里爲道士。清康熙四十六年(1707),田宏善羽化於西鄉午子觀,壽七十有八。[③] 田宏善羽化後,葬於故里,弟子建塔刻石,以表其墓。乾隆年間,田宏善的法裔來業,羽化後附葬墓側。來業之弟子陳復緒廬墓旁,結茅居之,繼欲構祠、肖像,以祀野鶴。陳復緒善岐黄術,田氏後人便捨讓墓旁地於他,建成了道觀,殿中供關帝、文昌、藥王,殿后一祠,爲野鶴像。[④] 陳復緒後,其弟子湯本會與徒孫余合振謹守先業。嘉慶二十年(1815),湯本會羽化,其長徒宋合遇歸觀葬師。宋合遇曾在外雲遊十餘年,以岐黄術爲生,葬師畢,傾囊中所藏,捐資二百餘金重修道觀。[⑤] 到了咸豐十年(1860),野鶴觀住持樊永壽與徒王元禎邀約會首,量力捐輸,再次翻修道觀。翻修碑載有題名:"住持:樊永壽,徒王元禎、張元春,孫周明喜、張明珠,曾孫任志德。"[⑥]因此,從清初第五代静機道人算起,到咸豐年間第二十一代任志德,這支全真龍門派在城固縣傳承有十七代。

野鶴觀祖師田宏善羽化的西鄉午子觀是漢中一座歷史悠久的道觀。其始建於南宋,奉祀翊聖保德真君。午子觀清代以前的史料十分缺乏,僅萬曆四十一年(1613)《午子山修理紫金城記》後題名"真祥、真林"[⑦],但不知是僧是道。清初,午子山有熊道士者,煉丹頂觀,應該爲全真道士。關於午子觀確爲全真龍門派住持的史料則是道光九年(1829)《王信法道人墓碑》。王信法自幼出家於城隍廟,曾住水東蓮花寺,河東祖師殿、普陀庵,水東慈雲宫、關龍寺諸地,晚年居午子觀。他重修山頂藥王樓、娘娘殿,建修腰觀客庭所,遷修淤沿之底觀。墓碑附有"信、

---

① 陳顯遠編著:《漢中碑石》,第 288 頁。

② 王宗昱:《清代漢中地區的全真道》,劉鳳鳴主編:《丘處機與全真道——丘處機與全真道國際學術研討會論文集》,北京:中國文史出版社,2009 年,第 450 頁。

③ 陳顯遠編著:《漢中碑石》,第 251~252 頁。

④ 城固縣文化廣電局:《城固藝文志》,西安:西安出版社,2017 年,第 235 頁。

⑤ 城固縣文化廣電局:《城固藝文志》,第 237 頁。

⑥ 陳顯遠編著:《漢中碑石》,第 297 頁。

⑦ 現存於西鄉縣午子山頂觀,未見前人著録。

嘉、祥、宗”等龍門派字輩道士的題名。[①] 到了同治年間,午子觀住持傳至劉祥綜。此時,陝南頻遭兵亂,清兵駐紮午子腰觀,道觀生存頗爲艱難。大亂平後,劉祥綜募化重修午子觀,並擔任縣道會司道會。《劉祥綜真人墓碑》附有“宗、泰、宇”等龍門派字輩的道士題名。[②] 後來,光緒十二年(1886)及民國十四年(1925),午子觀道人又先後兩次募集資金,重修道觀。[③] 因此,午子觀從道光年間開始,直到民國時期,共傳承有全真龍門派六代。

清代,漢中天臺山作爲陝南地區規模較大的道教宫觀也有全真道傳承。天臺山道觀始建於明代,初建有混元玉虚宫、三官殿、雷祖石殿等。萬曆二十三年(1595),住持道士有史全江、陳洪奉、田道宗,但無法確定其宗派。[④] 清初,吴三桂屬官王得明等人捐資修繕天臺山宫觀,順治十五年(1658)《平西王屬官捐資碑》列有“住持道人劉永泰,徒孫張明長、王復桂、范既林、王既清、張既鶴、李復正、陳復惠”。據田茂泉考證,他們可能爲閻祖派和龍門派徒裔。[⑤] 康熙十年(1671),有寧邑李氏道人名一清者雲遊至此,見僞逆盤踞後的天臺山廟貌傾圮,聖像損毁,即施願募化,建理廟宇,補裝聖像,新建西院三教並玉皇寢宫、黑虎諸殿。修建碑所記道士題名有“陽”“來”兩輩。[⑥] 此後,天臺山廟宇的修繕,多由當地官員及鄉紳、會首組織,道士在其中作用漸小。據現存碑刻記載,天臺山在咸豐七年(1857)有住持王禮蒼,同治十年(1871)有住持芮來星,光緒二十五年(1899)有住持嚴明真。[⑦] 道派上没連續性,可見住廟道士更迭比較頻繁。

(二)官方與民間祠廟

全真道講求三教圓融,對儒、釋二教的神靈持包容態度,對於官祀或民祀的祖先、聖人以及英雄人物均崇敬有加。清代,陝南全真道接手了大量難以爲繼的官祀或民祀廟宇,這其中最著名的當屬漢中的留侯廟與武侯祠。留侯廟位於漢中紫柏山,該山相傳爲張良辟穀之地。乾隆年間,龍門派第十一代弟子潘一良雲遊至此,助修留侯廟。潘一良生於河南,學道峨眉山,後由四川入陝西,住持留侯

① 陳顯遠編著:《漢中碑石》,第56頁。

② 陳顯遠編著:《漢中碑石》,第380頁。

③ 陳顯遠編著:《漢中碑石》,第342、418頁。

④ 陳顯遠編著:《漢中碑石》,第179頁。

⑤ 田茂泉:《清代陝西全真道發展概説》,趙衛東主編:《全真道研究》第六輯,濟南:齊魯書社,2017年,第227頁。

⑥ 陳顯遠編著:《漢中碑石》,第204頁。

⑦ 陳顯遠編著:《漢中碑石》,第290、314～315、359頁。

廟。[①] 嘉慶初年,留侯廟的香火地爲僑寓流民侵占,道士訴訟到官府,在陝南兵備道嚴如熤的幫助下,留侯廟纔有了佃租收入。到了道光年間,留侯廟住持陳永寧、易元棉復爲本地佃客所欺,抗租不納,還將廟内古碑盡行損毀以滅其跡。易元棉到西安八仙庵,願將廟交付以作八仙庵下院。時任八仙庵知客任永真則挺身而出,接管廟事。任永真呈請於當道,辯數處,訟數載,終將廟産全部争回。此後,留侯廟年收租三百餘石,道衆雲集,開爲十方叢林。[②] 同治、光緒年間,任永真又先後兩次開壇傳戒。光緒末年,留侯廟又從四川二仙庵碧洞堂請來閻理和開壇傳戒。[③] 留侯廟的全真龍門派還傳到了勉縣武侯祠。早在乾隆年間,留侯廟道士王一奎便開始住持武侯祠。隨後,又有路來□、李復心繼任住持。李復心,號虚白道人,曾多次修繕殿宇,並纂有《忠武侯祠墓志》。[④] 李復心羽化後,其徒陳本禄繼任住持。陳本禄晚年雙目失明,徒弟柏合新不守清規,專守肥己之謀。於是,知縣丁毓藻飭令任永真選派留侯廟道士接管武侯祠。任永真派道士李永雲前往武侯祠整肅清規,李永雲到武侯祠後,將其立爲全真十方叢林。[⑤] 到光緒十二年(1886),知縣施邵又决定將武侯祠重新改爲子孫廟,並與留侯廟脱離關係,不再作爲留侯廟下院。武侯祠住持也不再由留侯廟選派,而由現任住持李明珠遞傳其徒。[⑥]

明清時期,各地城隍廟也成了全真道士棲身的選擇。安康寧陝縣原爲五郎關,乾隆四十八年(1783)設寧陝廳後,當地官紳開始謀建城隍廟。在始建廟碑[⑦]中我們發現有住持道士王一來、王一值的題名,城隍廟現存道光十六年(1836)《龍門十六代宏戒妙道汪合真靈正位碑》[⑧],其中有“合、教、永”字輩的道士題名,現存光緒十八年(1892)《二安橋碑》[⑨]中載有城隍廟住持道士龔明才,這些道士題名都符合全真龍門派字譜。安康紫陽的城隍廟,同治二年(1863),道士莊教禮雲遊來紫,始棲文昌宫,既因公舉而住持城隍廟。維時廟事廢弛,自道長接管,不飲

① 陳顯遠編著:《漢中碑石》,第 243 頁。

② 尹志華:《清末陝西沔縣武侯祠的管理糾紛》,馬敏主編:《近代史學刊》第 18 輯,北京:社會科學文獻出版社,2017 年,第 65 頁。

③ 尹志華:《清代全真道傳戒初探》,趙衛東主編:《全真道研究》第一輯,第 271 頁;樊光春:《陝西留壩張良廟十方叢林志》,趙衛東主編:《全真道研究》第二輯,濟南:齊魯書社,2011 年,第 261～262 頁。

④ 《羽化李真人諱復心字虚白先師之墓》,碑現存勉縣武侯祠,未見前人著録。

⑤ 陳顯遠編著:《漢中碑石》,第 297、307 頁。

⑥ 陳顯遠編著:《漢中碑石》,第 341 頁。

⑦ 乾隆五十七年(1791)《寧陝城隍廟捨地碑記》,現存寧陝城隍廟,未見前人著録。

⑧ 碑石現嵌於寧陝城隍廟牆壁之中,未見前人著録。

⑨ 碑石現存寧陝城隍廟,未見前人著録。

酒,不茹葷,以治家之法治廟,親收課租,撙節費用,不數年而廟有餘積。[①] 這一時期,民間百姓普遍崇奉的藥王祠廟也多由全真道士打理。道光六年(1826),安康東藥王殿年久失修,衆會首認爲此皆是住持之養膳不足所致,因此願將金堂寺西城里七甲神福地十畝撥入東藥王殿經理,以作住持養膳之資,所有撥入地畝,錢糧應歸東藥王殿住持完納。當時藥王殿住持爲王義倫、傳義成,徒孫庹志有、王志貴。[②] 道光二十九年(1849),東藥王殿重修時,其住持爲郭智洞。[③] 咸豐年間,商南油房嶺藥王廟將從華山修道歸來的趙信慈請爲住持。趙信慈學道於武當山皇經堂,後入華山修煉,其徒奉之歸鄉,請居於油房嶺之藥王廟,得弟子葛嘉誠、李嘉齊數人。[④] 他們可能爲全真華山派傳承。還有紫陽縣漢王鎮的藥王洞,現存同治九年(1870)《羽化恩師王大真人本寬墓碑》附有門徒吴合旭、鄭合忠、葉合明等題名,應爲全真龍門派道士。[⑤]

清代陝南地區民間幫會與行業神的祠堂也開始由全真道士住持管理,這是一種很有意思的現象。安康丹鳳縣爲秦楚要道,據荆襄上游,水運陸載,道所必經。丹鳳三聖宮創自清嘉慶年間,是咸寧、長安、臨潼、渭南、涇陽、藍田六縣騾夫捐資所設的六縣會館,以爲報賽之所。每年幫會從每一頭騾抽出燈油錢壹拾文,以作神會香火之資,錢歸廟内收用,不得擅入私囊。其住持道士彭永祥,徒劉元能,徒孫李明善,顯然爲全真龍門派道士。[⑥] 丹鳳縣還有一座大王廟,爲青器幫會衆商報賽之所。光緒年間,青器幫衆商人共同商酌,定於每擔青器制錢五十文,用於重修殿宇,以壯觀瞻。光緒二十年(1894)《重修青器幫大王神殿碑》中除記載青器衆商各字號經首外,還記載有"住持道人孔至愷,門徒張理平、劉理松、張理柏,門孫屈宗源"[⑦]。可見,青器幫會館住持也爲全真龍門派。還有漢中洋縣的二聖宮,其爲洋縣染房與木泥工匠共同創建,專門祭祀他們的行業神葛梅與魯班。同治年間,藍大順起義軍攻入洋縣,拆毁了廟宇。光緒九年,住持張信元、段祥榮請衆會首議修樂樓,染房助資肆百三拾緡,木泥工匠助資若干,功乃始成。二聖宮門窗門扇皆由染房暨木泥工匠會同補修;染房每逢重陽日,照舊辦理聖

① 楊家駒修,陳振紀纂:《重修紫陽縣志》,《中國地方志集成 · 陝西府縣志輯(56)》,第 243 頁。

② 道光六年(1826)《東藥王殿重修碑》,碑石現存於安康市漢濱區東藥王殿,未見前人著録。

③ 道光二十九年(1849)《重修東藥王殿碑記》,碑石現存於安康市漢濱區東藥王殿,未見前人著録。

④ 羅傳銘修,路炳文纂:《商南縣志》,《中國方志叢書 · 華北地方 · 第五三四號》,臺北:成文出版社,1976 年,第 623 頁。

⑤ 樊光春:《鳳凰山擂鼓臺》,西安:三秦出版社,1991 年,第 141 頁。

⑥ 道光二十九年(1849)《三聖宮碑記》,現存丹鳳縣船幫會館,未見前人著録。

⑦ 丹鳳縣志編纂委員會:《丹鳳縣志》,西安:陝西人民出版社,1994 年,第 349 頁。

會。光緒二十年(1894)《二聖宮培補殿宇碑》後題名有"住持道紀張信元,道會段祥榮、楊嘉士"[①]。二聖宮應屬全真華山派,而且其住持被任命爲道紀司道紀。

(三)佛教寺院

明清時期,全真龍門派道士開始住持管理一些佛教寺院,這種情況在陝南地區尤爲突出。前文所述午子觀住持王信法曾住水東蓮花寺,河東祖師殿、普陀庵,水東慈雲宫、關龍寺諸地,這些多爲佛教寺院,目前雖不可考,但從現存碑刻中檢索,仍能發現很多道士住持陝南佛教寺院。比如著名的千年古刹略陽靈岩寺,據乾隆四十八年《靈岩寺安置住持碑》記載:靈岩寺屢經兵燹,常住地被人隱占。乾隆元年(1736),道士杜清禄攜其徒戴一秀來此住持,修繕寺廟。忽有緇衣以僧宜住寺、道宜住廟構訟,波及鄉人,幾成大獄。新任縣令高理俯從輿情,判令無論釋道,確屬地方士庶公議所可者,方許住持,因復置戴一秀於寺。[②] 戴一秀住持靈岩寺後,主持塑修了大佛、白衣菩薩、接引佛、羅漢諸佛像,並收回了靈岩寺常住地。嘉慶五年(1800),戴一秀羽化後,先後有石陽喜、傅來榮、余復心接任住持。余復心多有勞績,主持修建了奈何橋、魚池及補修遠門。[③] 道光十年(1830),余復心見靈岩寺前輩道士墓園破敗荒廢,還組織修建了墓園的圍牆與水道。[④] 目前,靈岩寺留存有清代道士墓碑四通:《例授道會司余公復心正性之墓志》《羽化恩師戴一秀真人墓志碑》《羽化仙師石陽喜真人墓碑》《葉合清墓志碑》。[⑤] 以墓志所附的道士題名來看,從清乾隆年間到民國時期,靈岩寺全真龍門派共傳承"清、一、陽、來、復、本、合、教、永、元"十代道士。從靈岩寺的情況來看,明清時期,一些廟宇實際上已經成爲地方公産,廟宇的住持多由地方官員以及鄉紳會首商議决定,是僧是道並不重要。與略陽靈岩寺情況類似的還有安康紫陽縣顯月寺。顯月寺在嘉慶三年時,因道人陽法不守清規,干犯法戒,常輪地畝大半華落,並欠旁人借貸銀貳百餘兩。當地鄉民不忍寺廟荒廢,於四方道朋中細心選取,敦請湖省趙氏本鏡,川省蔣氏來雲、汪氏合典來寺照管香火。[⑥] 道光二十五年《顯月寺前殿新造妝繪碑記》[⑦]載有"住持李教友、李教遠,徒汪永照、饒永珍"題名。另外,顯月寺還保存一塊嘉慶十六年"道範堪師"牌匾,其題款爲"恭賀容大禪師、趙老仙

① 陳顯遠編著:《漢中碑石》,第 354 頁。

② 陳顯遠編著:《漢中碑石》,第 217 頁。

③ 石志剛、詹紹文編:《略陽靈岩寺碑石》,西安:三秦出版社,2020 年,第 174、230 頁。

④ 陳顯遠編著:《漢中碑石》,第 262～263 頁。

⑤ 石志剛、詹紹文編:《略陽靈岩寺碑石》,第 74、76、100、317 頁。

⑥ 嘉慶十四年(1809)《顯月寺補修功德碑》,現嵌於安康市紫陽縣顯月寺内,未見前人著録。

⑦ 碑石現存於安康市紫陽縣顯月寺,未見前人著録。

長叨蒙受法律戒鴻禧。陝西興安府安康縣顯月寺主持,今於己巳秋在樓觀臺全真師門下三堂大戒,贈號智恭子真人敬題"①。可見,顯月寺道士不僅屬全真龍門派,而且還參與了龍門律宗的傳戒活動。

當然,清代陝南的全真道之所以能够住持如此多的佛教寺院,大部分情況還是因爲當時的佛教寺院已然荒廢,是全真道士組織重修的。如安康石泉縣的雲霧山天臺寺,原爲西晋高僧法祚所創,是著名的千年古刹。清初戰亂後,廟貌傾頽,道士高本務將其更名爲天臺觀,修建無量殿,未成羽化。其徒劉合禮與師兄弟徒侄輩竭力同心,始克告竣。② 咸豐年間,天臺山廟宇衰朽,香火稀疏,住持道士李明富勉强支持。同治八年(1869),寧陝分府龔諭及軍民樂輸共舉,接連漢陰紳士周琮裕及子世官大發善緣,修繕神像,十方善士聞風樂助,共湊千金,永遠作爲常輸之資,天臺觀得以度過難關。③ 晚清民國時期,天臺觀還將龍門法脈傳至安康紫陽縣的擂鼓臺。擂鼓臺現存民國三十年(1941)《龍門羽化霞齡真人鄭公信誠墓碑》記載,鄭信誠於光緒三十年(1904)拜雲霧仙山天臺觀恩師劉臣(誠)洪名下爲徒,民國十八年分知擂鼓臺玄天觀上香。墓碑附道士題名"徒楊崇義,徒孫羅高連,徒曾孫吴嗣亮、黄嗣孝"等。1956年《羽化恩師大真人蔣誠雲墓碑》記載,蔣誠雲三十歲入雲霧山奉祀香火,民國三十一年由彼遷移紫、漢所轄之擂鼓臺。碑後附道士題名"門徒陳信忠,制徒孫信坤、羅高連、楊法祥,徒孫吴崇嚴、張崇富、李崇興"④。還如商洛鎮安縣著名的塔雲山道觀,原名塔兒山寺,乾隆以來寺中舊有所有山地久已當賣,宫觀傾頽,神像朽壞,一無所有。全真道士成明達攜帶私財在塔兒山寺爲住持,燒香禮佛,謹守清規。其在寺二十餘年,償還寺中舊債一千數百緡,贖回當地,添買山場,費錢一千餘緡;燒磚琢石,重修山上山下廟宇七所,用錢五六千緡;又施藥費錢二三百緡。⑤ 安康市旬陽縣石佛寺,寺之荒圮久矣,柯、管二道長,一燕京人也,一西蜀人也,於同治初年並住石佛寺。道長囊有微資,效市廛權子母,十餘年間,南船北車,獲利益多,乃於光緒元年集首士議改作,而庀材鳩工,則道長獨任其勞,未幾而寺成。⑥ 以上情況在陝南地區還有很多,這也從側面勾勒出清代全真道在陝南地區傳播的興盛景象。

---

① 牌匾現存於紫陽縣顯月寺。

② 乾隆四十五年(1780)《重修雲霧山天臺寺序》,碑石現存於石泉縣天臺寺,未見前人著録。

③ 同治八年(1869)《雲霧仙山常輸碑》,碑石現存於石泉縣天臺寺,未見前人著録。

④ 樊光春:《鳳凰山擂鼓臺》,第144、145頁。

⑤ 光緒十七年(1891)《念功塔合同碑》,碑石先存於鎮安縣塔雲山,未見前人著録。

⑥ 張沛編著:《安康碑石》,西安:三秦出版社,1991年,第268頁。

縱觀全真道在陝南地區的傳播歷史,我們發現有以下幾個特點:首先,由於特殊的地理位置以及相對封閉的地貌特徵,陝南具有重要的軍事戰略地位,因此在朝代更迭的過程中,戰爭因素使得陝南全真道傳承的斷代現象嚴重。比如明清易代之際,陝南除了洋縣豐都山之外,未見其他道派傳承延續下來。其次,陝南地區多爲山地,雖然經歷了清代的大開發,但承載能力始終有限。因此,全真道在此難以形成大型的區域傳播中心,其道派傳承多爲小規模散發,這也使得陝南很多的道教廟宇,住持道派更替頻繁,少有穩定的道派傳承。最後,秦巴山區作爲五斗米道的發源地之一,有著"信巫鬼,重淫祀"的習俗,民間社會道教信仰氛圍濃厚,爲全真教在陝南快速傳播提供了土壤。陝南全真教在傳播過程中與民間信仰習俗相結合、與佛教信仰相結合,形成自己獨特的風格。

[本文爲國家社科基金項目"鄉村振興視野下的關中民間信仰調查與研究"(項目編號:19XZJ017)階段性成果]

(責任編輯:魏淑賢)

明清南京的全真道觀與道士

——兼談“全真”的意涵

□賀晏然

摘要:受到明代以來道教政策、城市性質和宗教傳統等影響,南京全真宫觀的發展呈現出城市道派發展的多重可能。以南京官方道觀朝天宫全真堂爲起點,這一敍寫著南京明清“全真”傳統的建築,在龍虎山、道録司、禮部、教團等不同力量的影響下,幾經興廢。與全真堂相關的道士群體也隨之不斷調適道法的表達,從雲遊道士到静修高士,再到文人道士,展現了道教實踐中靈活而多變的“全真”傳統。這種傳統到了清代,進一步與城市文士社群的精神需求相結合,形成與城市應付道士截然不同的道士群體,對城市文人社群、道教文學等發展産生了深遠的影響。以城市文化的棱鏡考察明代“全真”概念和地方教派構建過程,可以展現明清道教發展過程中複雜的政治影響和頑强的地方性特點,並有助於理解全真道教在明清江南多元孕生的狀況。

關鍵詞:全真堂　朝天宫　南京　全真道

作者簡介:賀晏然,女,東南大學歷史學系副教授。主要從事道教史、道教文學研究。

道教内部的分派一直是學界關心的話題。明代的道教流派雖然錯綜紛雜,但是從政府管理的層面上看,可以大致歸結爲正一與全真兩派。洪武二十四年(1391),太祖命禮部清理釋、道二教,明確規定,“學道者曰正一、曰全真”,並同時將各府州縣僧道不分派别歸併於一處,强調僧俗之間的區隔,而刻意融合各派:“自今天下僧道,凡各府州縣寺觀雖多,但存其寬大可容衆者一所,併而居之,毋雜處於外,與民相混。”[①]道教是否基於此而産生了實際的教派變動,明清宗教政策之下的宗教實態究竟爲何,目前依然是學界關心的話題。

---

① 《太祖高皇帝實録》卷二〇九,臺北:“中研院”歷史語言研究所,1967年,第3109頁。

相較於北方全真道發展的連續性[①],南方全真道到了明清區域間的差異巨大,以緩慢復興來概述明清南方全真道的發展,或有籠統之嫌[②]。在江南一帶,明代最重要的政治城市南京,似乎長期受到道教史研究的忽視。事實上,作爲明朝開國之都,南京的道派發展的情況具有標杆性作用,南京最重要的官方道觀朝天宫是當時東南一帶最重要的官方道觀。[③] 本文從朝天宫内名爲全真堂的建築出發,追索了以全真堂爲代表的全真宫觀自晚明以來的發展歷程,爲透視明清江南全真道教發展的複雜性提供了機遇。在龍虎山、道録司、禮部、教團等不同力量的影響下,南京的全真宫觀幾經興廢。與全真堂相關的道士群體也隨之不斷調適道法的表達,從雲遊道士到静修高士再到文人道士,展現了道教實踐中靈活而多變的"全真"傳統。這種傳統到了清代,進一步與城市文士社群的精神需求相結合,形成與城市應付道士截然不同的"文化"道士群體,對城市文人社群、道教文學發展等産生了深遠的影響。

以城市文化的棱鏡考察明代"全真"概念和地方教派構建過程,可以展現明清南京道教發展過程中深遠的皇城文化背景和頑强的地方性特徵,並有助於理解全真道教在明清江南政治型城市中多元孕生的狀況,與蘇杭爲代表的文化型城市形成比較。

一、元末南京的全真道觀

要探討明清時期南京的全真宫觀,有必要追溯一下元末的情况。已知的研究顯示南京元代的道教主要處於龍虎山及其支派玄教的管轄之下[④],但是具有全真認同的道士或文士活動在江南地區亦已出現[⑤],並普遍融合了不同的道教支

---

① [日]小柳司氣太:《白雲觀志:附東嶽廟志》,北京:北京聯合出版有限公司,2020 年;張方:《明代全真道的衰而復興——以華北地區爲中心的考察》,北京:中國社會科學出版社,2018 年。

② 關於明清江南全真道的研究,參見吴亞魁:《江南全真道教》,上海:上海古籍出版社,2012 年;尹志華:《清代全真道歷史新探》,香港:香港中文大學出版社,2014 年;Monica Esposito, *Facets of Qing Daoism*, Wil/Paris: University Media, 2016;關於明代南京道教相關研究,另參見賀晏然:《明代南京的道觀與道士》,南京大學歷史系,博士後出站報告,2019 年。

③ 莊嚴:《南京朝天宫古跡考》,《故宫季刊》,1966 年,第 51～59 頁;李顯光:《南京朝天宫的探索》,《宗教哲學》第 43 期,2008 年;吴闐:《朝天宫的歷史沿革與建築特色》,南京市博物館編:《朝天宫古建築群修繕報告》,北京:文物出版社,2014 年,第 10～29 頁;賀晏然:《明代南京朝天宫建築格局的變遷及其意蘊》,黎志添主編:《道教研究學報:宗教、歷史與社會》第 11 期,香港:香港中文大學出版社,2019 年,第 107～133 頁。

④ [日]酒井規史:《南京朝天宫前史——宋元明江蘇道教的變遷與龍虎山道士》,未刊論文。

⑤ 鄭素春:《金元全真道中原地區以外的傳教活動》,(臺南)《成大歷史學報》第 39 號,2010 年 12 月。關於江南地區全真管理問題此文亦有所及。

派。從嚴格的教派意義上來説,這些全真道士在道法和傳承上與北方的全真道有所差異,體現了南方興起時間不一而界定更爲多元的全真認同。對這些被稱爲全真的宫觀内涵的理解,可以有效地反映南京元末“全真道觀”發展的真實情況。①

《至正金陵新志》曾詳細記録了元代南京名爲全真庵的道觀:“全真庵,在府城立德坊玄妙觀街忠烈廟西,古城隍廟東。宋咸淳中,張志樸字希陽者,漣水人,號木觳老,有道行,衆爲創庵,在西山道院南,後其弟子移建是庵。”②張志樸的道法已不可追溯,但其所創庵堂曾被賦予全真之名,或許暗示了該觀對全真的某種理解。南京南城的洞真觀也與全真庵有關,洞真觀始建於至元二十七年(1290),由郡人侯洞佐創建,延全真道士陸智静自冶城全真西庵來居。③ 陸智静被稱爲“全真道士”,修飾道士的“全真”顯然已經帶有教派的意涵,冶城的全真西庵作爲陸智静原居之觀,所分享的全真認同應也相似。但這一全真道脈由宋代張志樸而來,説明在元代北方全真道傳統建立之前在地的全真認同已經出現,並在元代發展出跨越宫觀的力量。

除了冶城全真西庵,《至正金陵新志》中還稱元末明初著名文人李道純爲“全真”:“中和庵,由全真李清庵、曹實庵建。”④李道純,湖南都梁人,字元素,號清庵,别號瑩蟾子,其師王金蟾追道教丹功南宗白玉蟾爲師。李道純的道法兼收當時南北流行的内丹思想,其論著中明確出現對全真之道的闡釋⑤,提出了以“中和”爲本的内丹學説,此亦是南方多地中和庵得名的由來。李道純及其弟子在東南影響較大,但是其所代表的全真傳統折射的是南方士人和道士精英内丹修煉風氣的蔓延,這種融合了更廣泛的南北道派思想,在組織上獨立於北方全真道的全真認同很可能在元末的江南地區陸續浮現,並成爲此後以全真標榜的不同教團發展的思想資源。李道純在元末明初的宗教地位較高,全真西庵在元代南京城中具有一定的影響力。

① 本節的寫作參考了拙文《易代之際的城市道教:元明南京道觀的合併與發展》(未刊論文)兩位匿名審稿人的審查意見,謹此致謝。

② (元)張鉉纂修:《至正金陵新志》卷一一上,李勇先、王會豪、周斌點校:《宋元珍稀地方志叢刊乙編》6《至正金陵新志》3,成都:四川大學出版社,2009 年,第 1288 頁。有少數研究認爲全真西庵,即明初朝天宫復興全真堂之所,恐有不確。

③ (元)張鉉纂修:《至正金陵新志》卷一一上,第 1285 頁。

④ (元)張鉉纂修:《至正金陵新志》卷一一上,第 1290 頁。

⑤ [日]横手裕:《宋元道教的内丹養生法》,黎志添編著:《道教圖像、考古與儀式——宋代道教的演變與特色》,香港:香港中文大學出版社,2016 年,第 331～335 頁。

不過，本文將要集中探討的冶山朝天宮在元代並没有全真道脈的流傳。元末的朝天宮稱“大元興永壽宫”，永壽宫的發展與陳寶琳、趙嗣祺(1276～1340)早年住觀的活動有關[①]，趙嗣祺的道教勢力的崛起與龍虎山教團關係密切，他與上層道官包括玄教宗師張留孫(1248～1321)、吴全節(1269～1346)和三十九代天師張嗣成(？～1344)等來往密切[②]。整個元代，朝天宫作爲龍虎山正一教影響下的宫觀是比較確定的，有關全真道士活動的記録尚未出現。但前文提及的全真(西)庵，地處永壽宫(朝天宫)西側卞壼祠和古城隍廟之間，與朝天宫距離不遠。這也是有些研究者認爲它是明代朝天宫全真堂前身的原因。[③]

綜上，元代南京並没有道派意義上的北方全真宫觀的傳承，其“全真”認同還是建立在南方内丹修煉群體的道教興趣和本地宫觀網絡的基礎之上。事實上，這種趨勢在元明時期的南方地區普遍存在[④]，雖然融合南北全真思想的道士在江南地區曾展開零散的活動，但真正藉助北方全真傳統構築道脈的道士可能遲至清初纔形成規模。那麽，作爲明代南都最核心的官方道觀，南京朝天宫内的全真堂究竟從何而來，代表了何種全真認同，便成了本文探討的出發點。

二、明初的朝天宫

朝天宫是對冶山地區以道教宫觀爲主的建築群的統稱。隨著明初定都南京，在元代地位便不斷提升的永壽宫一舉成爲全國道教管理中心，享有尊崇的地位。朝天宫之名應該真正出現在洪武十七年(1384)，“至是重建，賜名朝天宫。設道録司於内”[⑤]。朝天宫重修之前，已有皇家齋醮功能，至此增設了國家道教管理機構，但是爲了服務於百官習儀，朝天宫重修活動一直持續到洪武二十八年底，而朝天宫内爲高道劉淵然(1351～1432)修建的西山道院則要晚到洪武三十

① (元)陳旅：《崑山州崇福觀記》，《安雅堂集》卷八，《四庫全書》第1213册，上海：上海古籍出版社，1987年，第104～105頁。

② (元)黄溍：《玄明宏道虚一先生趙君碑》，李修生主編：《全元文》卷九六四，南京：鳳凰出版社，2004年，第30册，第90～91頁。

③ 劉康樂：《沉寂中的潛流：明代江南地區全真教的傳播》，熊鐵基等編：《第二屆全真道與老莊學國際學術研討會論文集》上册，武漢：華中師範大學出版社，2013年，第440～454頁。

④ 李大華：《香港全真教研究》，北京：人民出版社，2018年。

⑤ 《明太祖實録》卷一六三，臺北：“中研院”歷史語言研究所，1967年，第2523頁。朝天宫正式得名應始於此年，此前所記朝天宫之名應爲追述。

年方建立。[1] 洪武年間對朝天宫的重修,奠定了南京朝天宫的建築格局和功能。四十二代天師張正常(1335～1377)敏鋭的政治嗅覺很早就幫助他與明王朝建立了聯繫,元代即已影響南方道觀管理的龍虎山勢力,在明初繼續通過官方道觀朝天宫滲透到更爲廣泛的宗教政治事務中。

在重修朝天宫的同時,明代朝廷對教派管理的思路也越發清晰。洪武二十四年(1391),太祖命禮部清理釋道二教,再度重申此前對道派的官方劃分,"學道者曰正一、曰全真"[2],同時將各府州縣僧道不分派别歸併於一處,强調僧俗之間的區隔,而兼及各派融合[3]。南京的僧、道因此分别被歸入天界寺和朝天宫:"當是時,朕將諸寺院、庵觀一概屏除之。僧不分禪、講、瑜伽,盡入天界寺;道不分正一、全真,俱入朝天宫。"[4]雖然對道派兼併的程度有不同的解讀,但朝天宫作爲南京落實教派融合責任的機構應是無疑的。

值得追問的是,歸併後的朝天宫内是否立即建立了獨立的全真道士修煉場所?或者更具體地問,此後在朝天宫官方記録中時常閃現的全真堂在洪武年間的重修過程中是否即已存在?如前所述,有學者以地近爲由以元代全真西庵爲朝天宫全真堂的前身,認爲全真堂明初已存。[5] 這一判斷並非全無佐證,有個别資料似乎暗示成化以前朝天宫全真堂已存。如成化年間重修朝天宫時,商輅(1414～1486)的記文稱這次重修"規制悉遵於舊"[6],其中即包括冶山後山的全真堂;萬曆年間徐如珂(1562～1626)的《朝天宫復全真堂碑》中也有"肇於國初"[7]的提法。但細究下,商輅所謂"悉遵於舊"並非絶無新創建築,衹是對重修思路的籠統説明。而徐如珂的説法出現較晚,"國初"的指稱也過於寬泛。另一些資料則顯示朝天宫全真傳統的出現最早在成化前後。成化十五年(1479),商輅的《奉敕重建朝天宫碑》中第一次出現了對這一全真建築的記録。又如萬曆年間葛寅亮(1570～1646)《朝天宫重建全真堂記》中即以成化爲全真堂創建之始,而葛文中

---

① 關於朝天宫建築在明代的發展,參見賀晏然:《明代南京朝天宫建築格局的變遷及其意蘊》,黎志添主編:《道教研究學報:宗教、歷史與社會》第 11 期,第 107～133 頁。

② 陳兵:《明代全真道》,《道教之道》,北京:今日中國出版社,1995 年,第 98～118 頁。

③ 《太祖高皇帝實録》卷二〇九,第 3109 頁。

④ (明)葛寅亮撰:《金陵梵刹志》卷二,南京:南京出版社,2011 年,第 68 頁。

⑤ 劉康樂:《沉寂中的潛流:明代江南地區全真教的傳播》,《第二届全真道與老莊學國際學術研討會論文集》上册,第 440～454 頁。

⑥ (明)商輅撰,何孝榮點校:《奉敕重建朝天宫碑》,《金陵玄觀志》卷一,南京:南京出版社,2011 年,第 15 頁。

⑦ (明)徐如珂:《徐念陽公集》卷四,清道光二十八年(1848)袁江節署之求是齋刻《乾坤正氣集》本,第 12～13 頁。

所舉的代表朝天宫全真傳統的國初高道也絶不可能在洪武年間的後山居住。事實上,成化之前的官方記録也從未提及朝天宫全真堂。加之徐如珂的碑文是應萬曆間全真堂道士求請所作,而商文對朝天宫成化重修後建築格局的記述與其"悉遵於舊"的表述本就多有齟齬,再結合明代南京全真力量艱難復興的總體境況,本文傾向於認爲朝天宫内全真建築的出現會大大晚於洪武年間。

綜上所述,無論洪武年間朝天宫内是否有以全真命名的建築,朝天宫内的全真認同不大可能興起於國初。甚至,整個明朝前中期與正一相對的全真道士的活動在南京朝天宫都是較爲隱蔽的,這從包括北京白雲觀在内的北方全真宫觀的復興特點也可以窺知。[①] 洪武年間的朝天宫,實際上並没有全真道士活動的痕跡,此前研究者認爲的孫碧雲等全真高道,也已被證明與北方全真傳統有所區隔。[②] 或許可以説,在洪武年間以龍虎山爲主導的朝天宫正一道教環境中,出現純然以全真標榜的教團的可能性是較小的。

三、雲遊的"全真"道士

那麽,朝天宫内的全真傳統是何時由何人開始帶動的呢?答案可能隱藏在朝天宫官道系統之外。其中一個不可不提的關鍵人物是成化至正德年間活躍在南都的道士尹蓬頭。顧起元《客座贅語》曾評價尹蓬頭在南都的深重影響力:"入我明,僅傳張邋遢、冷子敬、尹蓬頭三數公,一何寥寂也!張、冷跡無可稽,而南都人能歷歷道尹遺事,故論著焉。"[③]顧起元將尹蓬頭納入張三丰、冷謙等國初高道的序列,但是他活躍的時間其實大大晚於張三丰和冷謙等,在民間的影響力也更大。

對尹蓬頭事蹟的敘述介於信實和奇幻之間。筆者曾撰文詳細考察過尹蓬頭的生平和道法特徵。[④] 關於尹蓬頭姓名,有繼先、從龍兩種不同的記載,體現了其

---

① 張方:《明代全真道的衰而復興——以華北地區爲中心的考察》,北京:中國社會科學出版社,2018 年。

② 關於孫碧雲的教派,有全真南宗和正一兩説,參見卿希泰主編:《中國道教史(修訂本)》第三卷,成都:四川人民出版社,1996 年,第 448 頁;南炳文:《佛道秘密宗教與明代社會》,天津:天津古籍出版社,2002 年,第 141～142 頁;蓋建民、石娜娜:《明初武當山道士孫碧雲道派歸屬考辨》,《世界宗教文化》2022 年第 6 期。

③ (明)顧起元:《客座贅語》卷八,北京:中華書局,1984 年,第 259～260 頁。

④ 賀晏然:《明代南京全真道士尹蓬頭考》,趙衛東主編:《全真道研究》第十輯,濟南:山東大學出版社,2021 年,第 75～87 頁。

事蹟流傳的多重版本。其出身地有北地、秦關、臨洮、華州、燕等記録,較早的記録均集中在關陝一帶,尹出生於關陝的説法較爲可信。[①] 尹蓬頭在南都的成長與其極强的社會活動能力有關,他與王守仁、魏國公徐俌父子、成國公朱儀、彭傑、張復(1403～1490)等均有交誼,他的事蹟也通過文士間的傳頌和記録而傳播開來。[②] 朝天宫是他在南都活動期間的住所。張復曾與尹蓬頭長住南京朝天宫,坐而論道。[③]

尹蓬頭並無明代的合法度牒,但他會通三教,遊歷廣泛,精於内外丹道。彭輅曾作《尹山人傳》描寫尹蓬頭的宗教修養:"尹張目朗音,爲抽廣成、壺丘延曆度紀樞奥,稍論敘柱下五千文,暨内典《華嚴》、《楞伽》,姬《易》艮卦彖爻,三教渾合之旨,翩翻千百言,衆驚異悚聽,皆俗耳所未聞。於是始知山人之辯慧不群,邃於玄學也。"[④]該文被收入葛寅亮《金陵玄觀志》"冶城山朝天宫"部分,與周玄真、張友霖、鄧仲修、劉淵然、喻道純等並列,是官修志書對朝天宫道士形象的肯定。從尹蓬頭的道法來看,並無明確的全真色彩,但是他的宗教興趣和生活方式代表了朝天宫官道體系外的另一類散在的道士群體。這類道士更重視個人的養生和修煉,生活也較爲清苦孤僻,而他們蓬頭的打扮,遊走於公卿間的謀食方式,均與朝天宫官道形成鮮明的對比。[⑤] 王同軌(1535～1615?)[⑥]《耳談類增》中曾補敘尹蓬頭住朝天宫時逸事,"道衆方作醮事,忘進齋啖尹,尹怒"[⑦]。由此也可以明顯看出尹雖居住於朝天宫内,但他與朝天宫承擔齋醮任務的正一道士之間有所區隔。

正是在尹蓬頭活躍的成化年間,南京朝天宫經歷了明代最重要的一次重修,也是天順五年(1461)朝天宫大火後的第一次全面修繕。成化七年到十二年間,"禮部尚書鄒干等奏舉道録司右玄義李靖觀領劄住持,圖惟興建。靖觀等奉行惟

① (明)杭淮:《雙溪集》卷五,《四庫全書》第 1266 册,第 272 頁;(明)孫繼芳:《磯園稗史》卷三,《續修四庫全書》第 1170 册,上海:上海古籍出版社,1995 年,第566 頁;(明)屠隆:《尹蓬頭傳》,《明文海》卷四二〇,《四庫全書》第 1458 册,第 75 頁;(明)周暉:《尹蓬頭》,《金陵瑣事》卷四,南京:南京出版社,2007 年,第 139～140 頁。

② (明)楊儀:《尹蓬頭》,《高坡異纂》,香港中文大學藏清刻本,標頁不清;(明)錢希言:《尹蓬頭》,《獪園》,《稀見筆記叢刊》,北京:文物出版社,2017 年,第 19～20 頁;(明)王同軌:《尹蓬頭》,《耳談類增》卷二四《玄旨篇》中,《續修四庫全書》第 1268 册,第 146 頁。

③ (明)李日華:《六研齋筆記》卷二,《四庫全書》第 867 册,第 509～510 頁。

④ (明)彭輅撰:《尹山人傳》,《金陵玄觀志》卷一,第 24～25 頁。

⑤ 任繼愈:《中國道教史》,上海:上海人民出版社,1992 年;張方:《明代全真道的衰而復興——以華北地區爲中心的考察》,2018 年。

⑥ 陳剛:《王同軌生平著述考》,《中國文學研究》(輯刊)第 29 輯,上海:復旦大學出版社,2016 年,第 88～99 頁。

⑦ (明)王同軌:《尹蓬頭》,《耳談類增》卷二四《玄旨篇》中,《續修四庫全書》第 1268 册,第 146 頁。

謹,因以本宫所積齋糧,並歲收蘆場諸物,變易錢貨,市材鳩工。擇明年辛卯閏九月吉日,告神蒇事,而具以實聞"①。在這次重修中,第一次提及了名爲全真堂的"後山"建築,而《耳談類增》也曾提及尹在朝天宫的住所在"後園",似乎與前山的道觀群界綫甚明。這種山前山後的界綫既體現了朝天宫内分派意識的强化,也暗示了全真堂道士在朝天宫中較爲邊緣的身份。

與此同時,居住於朝天宫後園的尹蓬頭的事蹟通過南都文士的不斷追述,越發呈現奇幻的色彩,宗教地位隨之得到提升,與洪武年間的傳奇高道群體産生了關聯。南禮部官員葛寅亮在萬曆年間重修全真堂時,將朝天宫散在的全真道士視爲以尹蓬頭爲代表的國初高道的繼承者,"然考之國初,聖祖膺圖,一時周顛仙、冷協律、張三丰、尹蓬頭皆以霞綃雲珮之姿,從駕臨陣,浮波立浪,測角占風,徵奇刻應"②,可見尹蓬頭在建構朝天宫全真傳統中起到承上啓下的作用。因此,尹蓬頭的事蹟雖然並未呈現具體的"全真"認同,但是爲明代南都的全真傳統貢獻了重要的思想資源,成爲萬曆年間朝天宫全真堂再興的遠緒。③

四、葛寅亮與全真堂的短暫再興

尹蓬頭大約在正德初年過世,而成化年間修建的全真堂衰落的時間大約也在此時。④ 此一時段關於全真堂的歷史資料不豐,徐如珂所言"後人於煨燼之餘,起建鉢堂"⑤,很可能説明成化重修的全真堂已有鉢堂,有明確全真色彩的修煉方式曾出現在南都的官方道觀中。⑥ 此後直到萬曆年間,有"宗教改革家"之稱的葛寅亮恢復朝天宫全真堂傳統時,成化修堂的事蹟纔再次被提及。葛寅亮,字水鑑,號屺瞻。浙江錢塘人,萬曆二十九年(1601)進士。授南京禮部主事,升郎

---

① (明)商輅撰:《奉敕重建朝天宫碑》,《金陵玄觀志》卷一,第 15 頁。

② (明)葛寅亮撰:《朝天宫重修全真堂記》,《金陵玄觀志》卷一,第 17 頁。

③ 尹蓬頭作爲江南地方道教資源對清代金蓋山一派也有影響,參見[意]莫妮卡(Monica Esposito):《清代中國的龍門派:教義理想與地方實踐》,張廣保編:《多重視野下的西方全真教研究》,宋學立譯,濟南:齊魯書社,2013 年,第 458～520 頁。

④ 葛寅亮曾言全真堂復興之時"今堂廢不知何年,其耆宿猶能傳述,謂當時之盛",本文衹是就此做一大致的推測。參見(明)葛寅亮撰:《朝天宫重修全真堂記》,《金陵玄觀志》卷一,第 17 頁。

⑤ (明)徐如珂:《朝天宫復全真堂碑》,《徐念陽公集》卷四,第 12～13 頁。

⑥ 張廣保:《明代初期(1368～1434)全真教南北宗風研究》,香港:青松出版社,2010 年;[日]森由利亞:《明代全真道與坐鉢》,盧國龍編:《全真弘道集:全真道——傳承與創新國際學術研討會論文集》,香港:青松出版社,2004 年,第 126～142 頁。

中。[①] 萬曆三十二至三十六年間，葛寅亮在南禮部任上主持了震動一時的佛道二教寺觀改革[②]，對南京佛道二教宫觀和祠廟的殿堂分布、田地公産、山水古跡、田租税賦、管理制度等均加以釐清。葛寅亮的改革遭遇了多方阻力，葛甚至因此而去職。在對南都道觀的改革中，極具代表性的事件就是重建朝天宫全真堂。

在葛寅亮修復全真堂之前，朝天宫的隙地已散見全真道士的活動。在葛寅亮的記述中，趙教常等全真道士呈現出與朝天宫官道迥異的清苦特色。[③] "乃全真之學，近有趙教常其人，實先斯堂三年，結茆閑地，四面甃壁，止開隙牖通飲食，客至，稍稍問答無多語，藉非心無所持，即飲食亦且爲四體病。"這些道士的修煉特點更符合葛寅亮對道士"草衣木食不爲苦，餐風飲露不爲槁"[④]的艱苦生活的想象。爲了鼓勵道士清修並反撥朝天宫官道日益腐化的生活方式[⑤]，葛寅亮主持重建了山後的全真堂，包括"大門三楹，一楹作門，左右作住房。正殿三楹。左右静室六楹。廚庫等房四楹"，"每日贍全真一十四名(每全真一日算銀一分或米二升)"。[⑥] 另據《金陵玄觀志》前"朝天宫左右景圖"[⑦]，則鉢堂之外，尚有圜堂，規模較大，體制完備。

葛寅亮在描述朝天宫全真堂傳統時，明確提出一條起自國初高道的傳承脈絡，即自周顛仙、冷協律、張三丰等國初高道，至成化間尹蓬頭南都傳奇人物，再到全真堂趙教常等散居全真道士。[⑧] 如前文所述，他寄望於全真堂道士對尹蓬頭、趙教常等清净之業的延續，"姑無論教常能尹也，謂教常而非清净之業也"[⑨]。葛寅亮的這一提法影響了此後全真堂的宗教敘事。在葛寅亮的支持下，全真堂道士在萬曆晚期曾短暫活躍於朝天宫，甚至有經濟能力支持朝天宫内道録司的

---

① 何孝榮:《葛寅亮生平、著述考述》,《明代杭州研究》下册，杭州：杭州出版社，2007年，第174～212頁。

② 何孝榮:《論萬曆年間葛寅亮的南京佛教改革》,(臺南)《成大歷史學報》第40號，2011年。

③ 趙教常後曾有道士靳演静，朝天宫的全真道脈或許曾受到華山派的影響，有待更多資料的發現。

④ (明)葛寅亮撰:《朝天宫重修全真堂記》,《金陵玄觀志》卷一，第18頁。

⑤ 關於明代文士對正一與全真道士之間區隔的論述，參見[日]石田憲司:《明代道教史上の全真と正一》,[日]酒井忠夫編:《臺灣の宗教と中國文化》，東京：風響社，1992年，第145～185頁；王崗:《明代江南士紳精英與茅山全真道的興起》，王崗點校:《茅山志》下册，上海：上海古籍出版社，2016年，第698～752頁。

⑥ (明)葛寅亮撰:《金陵玄觀志》卷一，第2、23頁。

⑦ 朝天宫左右景圖的繪製可能涉及商業因素，但圖像提供的信息與志文記載多相符，姑且從之。

⑧ 葛寅亮雖然也提到了白雲觀，但是没有將白雲觀作爲南都全真傳統的來源，全真堂在葛寅亮的敘述中是以十方道院的姿態而存續。參見(明)葛寅亮撰:《金陵玄觀志》卷一，第18頁。

⑨ (明)葛寅亮撰:《金陵玄觀志》卷一，第18頁。

重修[①],體現了在南禮部官員支持下全真道士地位的迅速變遷。葛寅亮專爲全真堂的修復撰寫了《朝天宫重建全真堂記》,收録在他對南京道觀改革的總結性文本《金陵玄觀志》中。[②]

但葛寅亮對全真堂的改革也留下了隱患。他曾通過制定堂規、調撥朝天宫公産等賦予了全真堂道士更大的獨立性,將原屬朝天宫的公産"七總莊"全部撥給全真堂,作爲專贍十四名全真道士之資。萬曆年間朝天宫公産包括東、中、西三洲和溧陽莊、太倉莊、七總莊三莊。七總莊與遠離南京的溧陽莊、太倉莊不同,是朝天宫附近土地的總稱,地近財豐,是朝天宫最便於管理的公産。全真堂道士通過經營七總莊實際上可以獲得超越朝天宫普通道士的待遇。葛寅亮的安排無疑會觸及朝天宫官道的利益。實際上,葛寅亮本人也已經意識到這種公産重組可能帶來的問題,他除了在《金陵玄觀志》中對七總莊的所屬進行了明確的記録,在類似的佛教禪堂資産的管理條例中,他也承認"禪堂多係行僧,參學持齋,僧規不失。國初撥田贍僧,原爲此輩。奈房僧好醜相形,每懷忌嫉"[③]。南京佛寺寺産更豐,禪堂傳統更久,尚且在行僧與房僧(類比於道教的全真道士與正一道士)之間造成如此巨大的矛盾,在全真堂已傾頽多年的朝天宫,貿然以朝天宫公産贍新起的全真堂全真道士,所引起的忌嫉怕是不會比佛寺更輕。葛寅亮對朝天宫全真堂的設計由此逐漸引起了全真堂道衆與朝天宫官道之間的矛盾,爲明末全真堂的迅速衰敗埋下伏筆。

五、驅逐全真堂道士

萬曆三十六年(1608),葛寅亮引疾歸里,其著力復興的全真堂在數年間迅速衰落,甚至被迫遷出了朝天宫。究其原因,一方面是上述經濟糾葛而衍生的朝天宫新舊道房之間的利益衝突。萬曆四十年間任職南禮部的徐如珂在《朝天宫復全真堂碑》中曾記録道録司與全真堂道衆之間的競合:"[道録司]最後托處鉢堂,庶幾即安。而全真人相持未已,遂有撤而移之之議。"[④]雖然在徐的主持下全真堂(鉢堂)與道録司共存了一段時間,但徐如珂也在碑記中强調"分定則不争"的目的,可以想見全真堂道士與朝天宫官道之間基於多重經濟利益的競争。

---

① (明)徐如珂:《朝天宫復全真堂碑》《朝天宫重建道録司碑》,《徐念陽公集》卷四,第12～13頁。

② 賀晏然:《〈金陵玄觀志〉補輯與研究》,博士後面上基金結題報告,南京大學歷史系,2019年。

③ (明)葛寅亮撰:《金陵梵刹志》卷二,第827頁。

④ (明)徐如珂:《朝天宫復全真堂碑》,《徐念陽公集》卷四,第12～13頁。

另一方面,朝天宫全真堂十方道院的性質使其成爲地方管理的焦點,引起朝天宫道衆和禮部官員對宫觀秩序的焦慮。全真堂本身便是遊方道衆匯聚之所,葛寅亮曾追述全真堂萬曆重建前朝天宫全真道士活動的盛况:“黄冠白羽,群至如歸,棲以丹室,課以金書,或閉關面壁,吐故納新,各習其業。”[①]可見匯聚於此的雲遊道衆道法來源各不相同,所謂“各習其業”。但正是這一性質,引起繼任的南禮部官員的不滿,視之爲擾亂社會秩序的源頭。比葛寅亮稍後的南禮部官員朱之蕃(1558～1624)[②]對萬曆末年驅逐全真堂道士的原因有詳盡的解釋:“朝天宫置道録司,統諸道士,他方外羽流亡敢闌入者。近年黄冠請於祠部,置鉢堂於宫之隙地,自是遊食者出入亡禁,蹤跡詭秘不可詰。諸道官以爲憂,公諗知其狀,至是立下議撤之,逐其人,道衆乃安。”[③]將遊方羽士視爲氓流的地方管理思路,朱之蕃並非孤例,如袁中道(1570～1626)在萬曆末年主持齊雲山十方庵的建設時,便記述了十方道院的修造對收斂包括道士在内的地方流民的作用。[④] 雖是一收一逐,但是遊方道衆在地方官員的眼中無疑是需要被加意管理的,而以官道爲核心的朝天宫前山建築纔是除葛寅亮以外的南禮部官員心目中道教宫觀的典範。

總體而言,全真堂的興而復衰主要是朝天宫内房派争競的結果,繼而牽涉到明代基層道教管理思路的博弈,對進一步理解葛寅亮宗教改革失敗的複雜原因有所啓發。[⑤] 學界此前對葛寅亮萬曆間宗教改革研究成果頗豐,但多停留在政策的層面,深入全真堂的個案不難看出,縱使道院内部一個支房的改革,也牽涉了新舊道衆、禮部、地方社會的多重利益,實難哉!《皇明續紀三朝法傳全録》描寫葛寅亮去職的匆忙:“南祠部所領近畿諸刹,有賜田者稽藉,藉在則問租,租在則問數,清查勾剔,與所在有司往復甚苦。既有緒,興補墜廢,約束僧寮,秩然可觀。而時諸生嗔其盡翻所爲,因辱之,寅亮遂投牒歸。”[⑥]以生員之辱而去職,狼狽而匆忙。葛寅亮在禮部任上編訂的、記録了全真堂資産規制的《金陵玄觀志》尚不及印行,衹能將底板寄放在朝天宫,因此縱使明刊《金陵玄觀志》也並無著者和官方

---

① (明)葛寅亮撰:《金陵玄觀志》卷一,第 17 頁。

② 侯榮川:《明朝朱之蕃、朱孟震、潘之恒生卒年考》,《玉林師範學院學報》2012 年第 1 期。

③ (明)顧起元:《通議大夫吏部右侍郎兼翰林院侍讀學士協理詹事府事贈禮部尚書蘭嵎朱公墓志銘》,《雪堂隨筆》卷三,《四庫禁毁書叢刊・集部》第 80 册,北京:北京出版社,2000 年,第 275 頁。

④ (明)袁中道:《珂雪齋集》,上海:上海古籍出版社,2007 年,第 968 頁。

⑤ 歐陽楠:《晚明南京地區的寺院等級與寺院經濟——以〈金陵梵刹志〉爲中心的考察》,《世界宗教研究》2012 年第 3 期。

⑥ (明)陳建等:《皇明續紀三朝法傳全録》卷六,《續修四庫全書》第 357 册,第 726 頁。

刊印的信息。[1]

六、全真堂的遷建

全真堂道衆雖被逐出朝天宫，但朝天宫全真堂的傳統並未就此在南都斷絶。大約天啓末年崇禎初年，全真堂利用城西隱仙庵重新“借殻上市”。寄居清凉山畔的文人卓發之[2]應一牆之隔的全真鉢堂道士之請，撰文記録了朝天宫全真堂重建的過程：“（全真鉢堂）向在冶城，今移創虎踞關畔，雖尚在都城，而彷佛洲島，平巒曲阜，綿亘十餘里。”離開了朝天宫的全真堂，與朝天宫的經濟聯繫徹底割斷，經濟上嚴重受挫，且地處偏遠，甚至無路可通。卓發之撰寫的《鉢堂修街募疏》記云：“過而問道者，或遇風霾晦冥，則踏雪冲泥，躑躅不前。”全真堂道衆不得不募資修路、買田。但其十方道院的性質未變，依然是南北遊方道士雲集之所，“四方雲水之望紫氣而來棲托者，洎宰官居士之接駟連騎”。[3]

值得注意的是，葛寅亮在復興全真堂時構建的全真道脈在隱仙庵（全真鉢堂）中再次浮現。卓發之在爲全真堂所作的《全真道院募田疏》中，特意提到了其中的祠堂建築，“白煉師募田以供玄侣，而祠周顛仙以下五仙以爲主盟”，所謂五仙即文中所舉“高帝定鼎建業，便有周顛仙來告太平。嗣後乃有張玄玄、冷協律、尹臨洮、張鐵冠諸真，皆十方雲水流寓冶城者”[4]，與葛寅亮所言“然考之國初，聖祖膺圖，一時周顛仙、冷協律、張三丰、尹蓬頭皆以霞綃雲珮之姿，從駕臨陣”幾無二致。隱仙庵祠堂的安排再次驗證了國初高道對南京全真道脈發展的重要影響，作爲明代迅速崛起的政治型城市，南京洪武年間的政治記憶顯然也深刻滲透到了宗教的層面。[5]

在全真堂搬遷至隱仙庵之前，隱仙庵已有道士活動的歷史。隱仙庵之名在

---

① 賀晏然：《〈金陵玄觀志〉現存版本述略》，《道學研究》2020 年第 1 期。

② 卓發之（1587～1638），一名能儒，字左車，號蓮旬、無量，本浙江瑞安人，寄籍仁和。著有《水一方詩草》《經藝五種》《漉籬集》《漉籬遺集》《卓氏遺書》等。參見王德娟、周生傑：《卓發之生平補考》，《淮北職業技術學院學報》2013 年第 4 期。

③ （明）卓發之：《鉢堂修街募疏》，《漉籬集》卷一四，《四庫禁毁書叢刊・集部》第 107 册，北京：北京出版社，2000 年，第 542 頁。本節引用同文不再注。

④ （明）卓發之：《全真道院募田疏》，《漉籬集》卷一四，《四庫禁毁書叢刊・集部》第 107 册，第 545～546 頁。

⑤ 關於明代南京城市性質的分析，參見羅曉翔：《陪京首善：晚明南京的城市生活與都市性研究》，南京：鳳凰出版社，2018 年。

天啓三年(1623)刻本《南京都察院志》中就曾出現,並記爲“嘉靖元年建”①。清朱緒曾(1805～1860)《國朝金陵詩徵》對隱仙庵晚明發展過程的記載更爲充分:“隱仙庵在虎踞關,李皋正殿碑云:嘉靖五年,嶗山道人高元[玄]禮結草,名竹林道院。後内監宋晋號宋神仙者新之。崇禎三年易名隱仙庵。”②内監宋晋活躍於天啓、崇禎年間,曾任南京守備太監,對南京祠廟負有管理責任。以隱仙庵易名時間和宋晋號“宋神仙”參之,隱仙庵所隱之仙或許就是這位“宋神仙”。當然,二者的具體關聯還有待相關資料的進一步發現。全真堂遷建後,是作爲隱仙庵相對獨立的一部分而存在的,這在明末清初隱仙庵事蹟和建築記録等方面均有所体現。兩者關係類似於此前全真堂與朝天宫,屬大觀中的一個支房。隱仙庵在清初還曾有全真龍門的王常月一派入住,其全真傳統體現出極强的包容性和多元性。

由於全真堂的入住,明末的隱仙庵進一步凸顯了其全真道觀的性質,並保留著明初政治記憶影響下南都獨特的全真傳統。隱仙庵全真堂由白雲煉師住持,藏有藏經,與左近的文士有研經論道的活動,卓發之即曾“於此簡閱玄藏,且就高真之至止者而問津焉”③,論道活動依託於往來住訪的高道。全真堂藉助對國初高道傳統的接續,在隱仙庵求得相對獨立的地位。也很可能是因爲隱仙庵既有的全真認同,所以吸引了朝天宫的全真道士集聚於此。清初全真龍門高道王常月南下傳道之時,會將隱仙庵選作最重要的落脚點,授徒説戒,應也與隱仙庵濃厚的全真傳統有關。

七、全真龍門與清初隱仙庵

隱仙庵由於地處偏僻,在明清鼎革的過程中躲過了戰火的侵擾。全真堂的道脈不僅被妥善地保存下來,且在清初已有能力拓展新觀。乾隆《江寧新志》引

---

① (明)施沛:《南京都察院志》卷二二,《四庫全書存目叢書補編》第 73 册,濟南:齊魯書社,2001 年,第 630 頁。

② (清)朱緒曾:《國朝金陵詩徵》卷四八,應慶義塾大學藏清光緒十三年(1887)刊本,第 2 頁。亦見於陳銘珪《長春道教源流》卷七轉引。莫尼卡(Monica)曾撰文以王常月爲嶗山高玄禮一脈,這種推測可能簡化了隱仙庵從明嘉靖到清康熙之間複雜的全真道士來源。Monica Esposito,“The Longmen School and Its Controversial History during the Qing Dynasty”, *Religion and Chinese Society, Volume II: Taoism and Local Religion in Modern China*, ed. by John Lagerwey, Hong Kong: Hong Kong Chinese University Press & Paris: EFEO, 2004.

③ (明)卓發之:《全真道院募田疏》,《漉籬集》卷一四,第 545～546 頁。

康熙年間龔翰的記録稱:“金陵虎踞關山中有全真鉢堂,全真陳六虛棲焉。錢先生與六虛居數月而去,人不知也,以《龍沙志》授六虛,命於錦衣倉中建叢霄道院,指示地形,而道士萬餐雲募建,遂成道場。”[①]可知距離隱仙庵不遠的清代著名全真道觀叢霄道院是全真堂道士陳六虛與萬餐雲所建。[②] 全真堂在隱仙庵獨大的局面直到康熙年間王常月南下方被改寫。

王常月毫無疑問是清初最重要的高道之一。[③] 王常月(1522～1680),俗名平,法名常月,號崑陽,山西潞安府長治縣人。被奉爲全真道龍門支派律宗的第七代律師,有全真龍門派“中興”之祖之譽。在龍門派此後的歷史建構中,隱仙庵儼然成爲王常月一脈的南方基站。陳銘珪(1824～1881)《長春道教源流》載:“(王常月)嘗恢復江寧虎踞關之隱仙庵……後化於庵中,李皋爲之銘。”李皋除了爲王常月作銘,也曾在隱仙庵中殿立碑記述王常月恢復隱仙庵之事。碑文立於中殿,或許暗示了龍門派在隱仙庵的地位。[④] 隨著全真龍門在清代道教史中地位的上升,作爲龍門“南方祖庭”的隱仙庵成爲清代道教史上不可忽視的重要宫觀。[⑤] 但是事實上,王常月一派在隱仙庵的記録止於其弟子譚守成(? ～1689),隱仙庵清代的發展並非全由全真龍門貢獻,全真堂道士在地網絡的展開同樣扮演著重要角色。

清代隱仙庵全真堂的發展與其所處清涼山一帶微觀文化環境密切相關。晚明以來,隱仙庵所在的盋山地區經歷了城市山地空間的開發。圍繞烏龍潭的丘陵上興建了大片私人别墅、祠宇、書院和園林等。南京城西北,特别是虎踞關一帶的文人文化氛圍逐漸變得活躍起來,與世俗氛圍濃厚的城南和城東政治空間出現了文化氛圍上的差異。與明末全真堂道士和文人卓發之的交往類似,清代全真堂道士進一步發展了琴棋書畫的文人化技藝,以此争取宗教和經濟資源。隱仙庵道士卓道人、周鳴(明)仙、王樸山(1757～1828)、張燮(雪)堂等都是著名

① (清)袁枚:《江寧新志》卷二四,《稀見中國地方志彙刊》第11册,北京:中國書店,1992年,第368頁。

② 關於全真堂清初的歷史,參見賀晏然:《重塑“全真”:明代南京朝天宫全真堂的興衰》,《宗教學研究》2022年第4期。

③ 關於王常月的研究,參見[意]莫尼卡(Monica Esposito):《清代中國的龍門派:教義理想與地方實踐》,張廣保編:《多重視野下的西方全真教研究》,第458～520頁。

④ 關於王常月與王崑陽身份,其在北京白雲觀的活動實況,以及王常月在清初道教界的真實地位,森由利亞教授多有討論,本文不再贅述。相關較新的討論參見[日]森由利亞:《王常月清初北京白雲觀傳戒的再審視:回答莫尼卡(Monica Esposito)博士的疑問》,華中師範大學道家道教研究中心演講,2018年3月16日。

⑤ 尹志華:《清代全真道歷史新探》,第46頁。

的琴師或書畫家。[1] 正如郁長裕(1733～?)所言,隱仙庵的全真道士與忙於世俗法事的南京城南應付道士氣質迥異——"彼隱仙家數,原高出於城南應付之流"[2]。

有趣的是,明初的政治記憶依然保留在清代對隱仙庵的記録中,甚至部分掩蓋了王常月帶來的全真龍門派傳統。王友亮(1742～1797)的《隱仙庵古桂》曾吟道:"華陽舊隱名尚留,明初繼軌張與周。亦有冷鐵脚,兼之尹蓬頭。"[3]將明初高道張三丰、周顛、冷謙、尹蓬頭等作爲陶弘景(456～536)的後來者,正與前述葛寅亮建構的全真堂道脈有相似之處。陳文述(1771～1843)的《隱仙庵》詩也提及"又不見冷鐵脚、尹蓬頭,天上亦是神仙流"[4]。陳文述家族與全真龍門派所涉甚深,其家庭女眷即以龍門字輩確立師徒關係[5],但陳文述追溯隱仙庵道教傳統的長詩《隱仙庵》却隻字未提他理應更爲熟悉和重視的龍門派傳統,全真龍門派在清中後期隱仙庵真實的存續狀態,可見一斑。

那麼值得追問的是,爲什麼聲名一時的王常月一派未在其南方基站隱仙庵持續立定脚跟? 其間當然有此派背後政治勢力退場的原因,但更重要的是隱仙庵孕生的人文環境與王常月等教義之間的衝突。王常月所授教義充分體現了此一道派極强的宗教"持戒"追求,他的代表作《初真戒律》和《碧苑壇經》闡揚的均是修持的矩矱。而從隱仙庵道士(包括全真堂道士)和清代文人互動的詩文中不難看出,隱仙庵的主要功能是打造一個適合文人休閒、交遊的情感空間,這個空間更多地建構在琴棋書畫、詩詞等文人化技藝而非宗教義理上。如隱仙庵琴師對"聲"的追求,正與王常月所提倡的"耳不聽聲,目不視色"的修煉要求相抵觸。[6] 同時,王常月注重傳道的宗教師形象,也常爲尋求私人化修煉方式的文士所不喜。明末清初好道文士趙士春(1599～1675)就曾感歎,"不學王崑陽,領徒説戒相征逐"[7],批評王常月傳道過程的張揚。近來學界對清初全真龍門中興之説多有質疑,王常月一脈在南方祖庭隱仙庵中的隱而不彰或可爲南方全真龍門道脈

---

① 尹志華:《清代文人與南京隱仙庵》,趙衛東主編:《全真道研究》第六輯,濟南:齊魯書社,2017 年,第 69～82 頁。

② (清)郁長裕:《羽士王樸山》詩前小序,《雨堂詩鈔·社雨吟》,《清代詩文集彙編》第 380 册,上海:上海古籍出版社,2010 年,第 545 頁。

③ (清)王友亮:《雙佩齋詩集》卷六,《清代詩文集彙編》第 401 册,第 709 頁。

④ (清)陳文述:《頤道堂詩選》卷一六,《清代詩文集彙編》第 504 册,第 291 頁。

⑤ 尹志華:《清代全真道歷史新探》,第 254～255 頁。

⑥ (清)王常月演,施守平纂,施守平訂:《碧苑壇經》卷首,哈佛燕京圖書館藏光緒三十年(1904)刊本,第 4 頁。

⑦ (清)趙士春:《保閑堂集》,《清代詩文集彙編》第 13 册,第 677 頁。

发展的複雜面向提供一種更加細節化的解釋。

八、清代南京全真宫觀的發展

除了承襲明代南京最重要全真道脈的隱仙庵，清代南京的全真宫觀在朝天宫範圍之外也得到了恢復。前述叢霄道院便是一例。不僅叢霄道院的道士來自全真鉢堂，叢霄道院的位置也與全真鉢堂臨近。道光《上元縣志》載："叢霄道院在大錦衣倉西，俗謂之古東嶽廟。"[①]叢霄道院所在的錦衣倉，正處清凉山與烏龍潭之間，與同處於清凉山畔的全真鉢堂相距不遠，而南接烏龍潭邊最爲重要的道院靈應觀北側。[②] 叢霄道院依傍作爲其源頭的全真堂，在清初一度成爲南京地區最重要的全真道場之一。可惜創建叢霄道院的陳六虚與萬餐雲均聲名不顯，無法追溯其具體道教活動的情況。但其發展的模式應與隱仙庵全真堂類似，以文人化的道教活動爲主，在康熙、雍正年間吸引了諸多文人過訪，如石濤（1642～1707）[③]、周京（1626～1703）[④]、吴世傑和吴敬梓（1701～1754）父子、先著、楊大郁等。雖然清末有叢霄道院衰敗的記録[⑤]，但到了民國時期，叢霄道院依然有道士活動並保持了優美的人文環境。成書於民國六年（1917）前後的陳詒紱（1873～1937）《石城山志》描述了叢霄道院經營的情況："内有閣，奉吕祖，道士設壇扶鸞於此。門外修竹萬竿，緑陰成海。"[⑥]文中提及的吕祖乩壇很像清代文人鸞堂的景象，叢霄道院在清末民初是否通過吕祖乩壇的末法運動得以復興，這段記載可供參考。

除了與隱仙庵關係密切的叢霄道院，清代南京城中最重要的全真道觀還有洞神宫。由於對此一道觀清代歷史的記載絶少，其全真身份的取得一直較爲模糊。但可以肯定的是，洞神宫的全真傳統與前述元代和明初興起的本地全真傳

---

① （清）武念祖、陳道恒修，陳栻、伍光瑜等纂：《上元縣志》卷一二，《中國地方志集成·江蘇府縣志輯(3)》，南京：江蘇古籍出版社，1991年，第237頁。

② （明）葛寅亮撰：《金陵玄觀志》，第42頁。

③ 關於石濤與周京（後爲道士）在叢霄道院（有榆方丈）的交往，參見朱良志：《〈江山攬勝圖〉及相關圖卷的真僞問題——存世石濤款作品真僞考系列之六》，《榮寶齋》2015年第10期。

④ 王兵：《明清文士周京生平及其入清後遊幕考》，（臺南）《成大歷史學報》總第50號，2016年。

⑤ （清）顧雲：《盋山志》卷二，沈雲龍主編：《中國名山勝跡志叢刊》第四輯（總第33册），臺北：文海出版社，1975年，第40頁。

⑥ 陳詒紱撰：《石城山志》，《金陵瑣志九種》下册，南京：南京出版社，2008年，第402頁。

統均不同,是清代北方全真南移的代表。[①] 洞神宫的歷史可以追溯到宋代,由於明初承擔皇家齋醮之責,逐漸發展爲南京中城最爲重要的道觀之一。該宫主祀蜀三神[②],其中清源君(二郎神)與梓潼君(文昌)也是晚明以來流行的道教神靈。洞神宫明代道士的活動可知的僅有成化年間顧一松及其徒唐紹倫、李真祚對玄帝崇祀的發揚。[③] 但以南京明代的道教環境觀之,洞神宫在明代發展出全真道派的可能性幾乎没有。

對洞神宫全真道脈的記載首次出現在清代本地文人汪士鐸(1802～1889)[④]所作《洞神宫道士全真教也》詩中,詩題中明確指出當時洞神宫道士屬全真教。[⑤]汪士鐸對清代南京的城市道教記述頗多,他的記録應較爲可信,但他並未説明洞神宫全真道士的來源。根據汪士鐸的詩文,洞神宫道士的道教修煉極爲駁雜,雖然在教義上秉持《道德經》的正義,但是也因奇異神通的道教修煉而遭受質疑。從汪世鐸《贈至真全真》詩中描寫的修煉景象來看,他對全真的理解更多還是建立在道行和修煉方式上,是對純正的品性和道法的推崇。另,甘熙(1798～1853)《白下瑣言》中曾記録了洞神宫道士安合璧的事蹟:“洞神宫道士安合璧主持以來,開堂接衆,儼有叢林規模。此羽士中之僅見者。合璧字普月,河南人,善琴並善針灸,年逾周甲,精明健爽,於修煉中大有功力。”[⑥]安合璧和隱仙庵道士王至淳、卓道人、周鳴仙、張雪堂等一樣,是典型的符合文士道德和審美要求的方外之士。

有趣的是,清代洞神宫中也有扶乩的傳統。姚元之(1783～1852)《竹葉亭雜記》中曾記録了本地文人在洞神宫請乩的場景:

> 吾鄉左上舍兆薇,忠毅公裔孫也,寓金陵。一日遊洞神宫,見數輩請乩,皆金陵人,因觀之。乩忽書一絶云:“先輩風規舊識荆,講堂猶記勒鐘銘。東林君子攻西廠,明德於今有後昆。”又書:“明禮部主事陳禮。”衆不知所謂,詩蓋爲左君而書也,以生平欽識之人,忽見其孫,不覺欣喜而發耳,人神同一性情哉。[⑦]

---

① (清)莫祥芝等修,汪士鐸等纂:《上江兩縣志》卷二六,《中國方志叢書・華中地方・第四一號》,臺北:成文出版社,1970 年,第 638 頁。

② (明)葛寅亮撰:《金陵玄觀志》卷二,第 63 頁。

③ (明)祝允明:《南京洞玄宫崇玄閣碑》,《懷星堂集》卷三〇,《四庫全書》第 1260 册,第 779～780 頁。

④ 關於汪士鐸生平和思想的研究,參見王汎森:《中國近代思想與學術的系譜》,臺北:聯經出版公司,2003 年,第 61～94 頁。

⑤ (清)汪士鐸:《悔翁詩鈔》卷一三,《續修四庫全書》第 1532 册,第 84 頁。

⑥ (清)甘熙:《白下瑣言》卷五,南京:南京出版社,2007 年,第 87 頁。

⑦ (清)姚元之撰:《竹葉亭雜記》卷六,北京:中華書局,1982 年,第 132 頁。

左兆薇經歷的這次扶乩,顯然是以儒家文人的喜好爲依託。晚明以來其他地區發現的文人乩壇傳統,特別是明萬曆至清嘉慶間開始的吕祖扶乩信仰熱潮在南京城中是否也有所表現[①],或可由此爲線索作進一步的追溯。雖然没有證據表明叢霄道院和洞神宫的乩壇催生了道教經典,但是清代由文人主導的扶乩道壇的出現,及其伴隨的寺廟文化經營方式的轉變,體現出全真宫觀與南京城南主要承擔世俗法事的宫觀文化氛圍的差異。對這類高度文人化的全真宫觀洞神宫的評價,同治《上江兩縣志》中曾有一段值得留意的話:

> 洞神宫(全真堂、叢霄道院同,今此二院已毁),道教曰全真,其始創於金咸陽王嚞,嚞傳邱長春,長春傳十八弟子,以淵静爲學,無禳禬巫祝之習。督教嚴,揮斥正,省身克己,禪宗之臨濟也。元遺山、辛敬之亟稱之。[②]

與之形成鮮明對比的,是《上江兩縣志》對南京正一宫觀朝天宫清代遺存建築劍池山房的記録:"劍池山房(今朝天宫),道家曰正一教宗張道陵、寇謙之、吕用之、林靈素、陶仲文,妄誕之尤者也。"[③]這一文士對全真隱逸清修傳統的偏愛,與晚明全真在江南地區的復興力量之間形成了共鳴。葛寅亮萬曆年間重興南京朝天宫全真堂[④]、王世貞等支持茅山全真道觀[⑤]的經歷在清代縣志作者筆下似乎又一次重演了。

九、清代文人化道士的湧現

與隱仙庵、洞神宫體現出的文人化傾向一致,全真宫觀在清代南京始終是服務城市文士精神需求的據點,直到清末南京城中的全真道士依然與文人社群保持著密切的聯繫。這一方面與文士社群的文化需求有關,另一方面文士群體也

---

① 黎志添:《降乩度世——明清道教吕祖降乩信仰的發展及相關文人乩壇的研究》,《中國文化研究所學報》2017 年第 65 期;Lai Chi-Tim,"The Cult of Spirit-Writing in the Qing: The Daoist Dimension", *Journal of Daoist Studies*, vol.8 (2015), pp.112-133;關於特定道經與文人扶乩的研究,參見森由利亞:《『道藏輯要』と蔣予蒲の吕祖扶乩信仰》,《東方宗教》第 98 號(2001 年 11 月);Monica Esposito, *Creative Daoism*, Wil / Paris: University Media, 2013,"Part Three: Creation of Canon", pp.177-260.

② (清)莫祥芝等修,汪士鐸等纂:《上江兩縣志》卷二六,《中國方志叢書·華中地方·第四一號》,第 638 頁。

③ (清)莫祥芝等修,汪士鐸等纂:《上江兩縣志》卷二六,《中國方志叢書·華中地方·第四一號》,第 638 頁。

④ 賀晏然:《重塑"全真":明代南京朝天宫全真堂的興衰》,《宗教學研究》2022 年第 4 期。

⑤ 王崗:《明代江南士紳精英與茅山全真道的興起》,劉大彬著,王崗點校:《茅山志》,第 698～700 頁。

是城市全真道士謀生的重要依託。

以圍繞清末南京知名文士張士珩的道士群體爲例。張士珩(1857～1917),字楚寶,安徽合肥人。幼自號青山白雲人,稍長號竹居主人,晚築韜樓號弢廔主人,又自名因覺,號曰活死人,以稱謂之繁也,更曰冶山居士。[①] 他是江寧知名文人汪士鐸(1802～1889)的學生、晚清重臣李鴻章(1823～1901)的外甥,曾多次出任軍方職務。這位一度專注新學和夷務的軍政官員,同時也是傾心於宗教修煉,對近代道教學術發展頗具影響的人物。[②] 他在修煉過程中先後結識了南京道士楊理寬、劉一谷、劉永松、陳永壽(1829～1907)等,並對他們帶有强烈全真背景的修煉和生活方式頗具好感。楊理寬(1828～1900)是岩山二臺洞道士,浙江泉唐人,早年從軍,四十餘歲轉而學道。善導引之術,光緒二十五年(1899)入圜,次年卒於圜中。秦際唐在爲楊尊師小像所寫贊語中有"不結精廬不著書,圜中枯坐悟真如"[③]的描寫,儼然一副苦行僧形象,是對其苦修精神的總結。

陳永壽(見下圖)[④]是岩山三臺洞道士,與張士珩交誼最深。三臺洞在太平天國之後存續,是清末南京道教復興的代表宮觀之一。[⑤] 和上文提及的明清南京重要全真道觀洞神宮類似,三臺洞也是清代崛起的全真宮觀。陳永壽之前,三臺洞有道士萬教春。民國時期,由周明極道士看守。[⑥] 這基本符合清末民國時期全真龍門派"教、永、圓、明"的字輩排序。結合修煉特點和道派傳承可以推斷晚清三臺洞的傳承應爲全真龍門派。北京師範大學圖書館所藏《短髯道人傳》是冶山竹居爲陳永壽刊印的傳記。陳永壽本是曾國荃(1824～1890)軍中都司,三十九歲棄去,入三臺洞師從萬教春學道。"助師募建前後兩殿,莳石榴、林檎兩園。誦經、執爨二十餘年。又之他觀,撞鐘三年,率苦行自勵,不取資斧,遊中江之魯港。留數年,復旋三臺洞。"陳永壽前後在南京三臺洞居留四十年,對清末三臺洞的發

① 張士珩:《冶山居士傳》不分卷,南開大學圖書館藏清光緒二十八年(1902)石印本(典藏號:782.878/775)。

② 魯勇、魯軍:《歷史的訴説:清宦與青島》,延吉:延邊大學出版社,2003 年,第 144～145 頁;徐若楠:《中西經典的會通:衛禮賢翻譯思想研究》,上海:上海譯文出版社,2018 年,第 127 頁。

③ (清)冶山居士:《金陵三羽士録》,南京大學圖書館藏清光緒三十二年(1906)冶山竹居鉛印本(索書號:03764)。

④ 陳永壽這張照片拍攝於 1900 年三臺洞。2011 年德國慕尼克的拍賣行 Ketterer Kunst 拍賣,拍品全名爲:REISEFOTOGRAFIE, 2 Fotoalben China, Japan u.a., 1 Reisetagebuch und 2 Beigaben.Um 1896-1910。

⑤ 南京市地方志編纂委員會編:《南京市志叢書 · 南京人口志》,上海:學林出版社,2001 年,第 294 頁。

⑥ 楊榮良、朱淮寧主編:《南京民族宗教志》,南京:南京出版社,2009 年,第 307 頁。

展和管理貢獻良多。張士珩通過對陳永壽内丹修煉狀貌和環境的描寫,突出了其道教修煉清净艱苦的特點,這正是文人道教修煉中極爲推崇的精神狀態:

短髯道人陳永壽像

[采自德國海軍軍官庫爾特·馮·普里維兹-卡馮(Bernhard Otto Curt von Prittwitz und Gaffron, 1849～1922)私人照片及航行日志集]

他日訪之三臺洞,視居處乃一敗鼓架,度板修廣約二尺許,蔽布帷四周,日夕跏趺其上。余笑曰:"乃以破鼓架爲短髯道人之圜耶?"世人温房清室,前堂後軒,猶若不足居處,覯此可以自省矣。[道人]無貪嗔,貌癡内静,默默如愚,與語十問,不一答。即其年亦不能自言。所傳之生年經歷,化後道友所轉述也。然世多稱其異,如夜坐有光熊熊如火,有謂能前知,能出定,余皆不之信。至入定,則余親見之。一來余處坐余榻入定,一在洞坐蒲團入定。均歷一時許,如泥塑,人安和静定,身心俱不動。洵内氣不出,外氣反入也。[1]

根據傳記的記録,陳永壽以入定爲基礎進行内丹修煉、在破鼓架中坐圜、癡静沉默的性情,皆是張士珩推崇之處。與《金陵三羽士録》所描述的楊理寬、劉一谷、劉永松三位道士奇且苦的修習方式多有重合,這正是晚明以來文士道教追求的

① (清)冶山居士:《短髯道士傳》,北京師範大學圖書館藏清末刻本(索書號:238/775),不標頁。

精神内核。與全真道士的交往,爲張士珩這類城市文人提供了豐富的精神資源,本地活躍的政治和文化人物陳作霖、秦際唐、鄧嘉緝、程先甲、陶森甲(1855～1914)等均曾參與張士珩的修煉活動。他們在朝天宫舊址重興的冶山竹居全然服務於文人情趣的表達,是調節他們與世俗世界緊張關係的精神場域。[①]

同時,全真道士在城市中的生活也離不開文士群體的資助。清代文士資助的全真道士群體在清末廣泛存在於南京城北部的山林中,幕府山、清涼山、冶山、鍾山爲代表的城北山林,亦即陳作霖所稱"東北郭"[②],是這類全真道士活動和交遊的主要場所。張士珩在很多時候,既是這些道士的道友,也是他們的宗教師和領導者,張永壽、劉一谷均曾從其請教道法;楊理寬、劉永松的生活和喪葬也多得到張士珩的資助。張士珩在記録他們的事蹟時,既情深意切,又趾高氣昂。這種交往關係與張士珩管理道觀和撰寫道士傳記時所展現的文化權力是一致的。

類似的情況還發生在同樣依附於文士群體生存的城市散居道士間。如活躍在清嘉慶、道光年間南京詩壇和畫壇的道士朱福田,他借由詩歌和繪畫技藝,與南京諸多知名文士展開廣泛的交流。他在城中營建的修道場所麥浪舫、枕江園,一度成爲城市文士雅集的重要建築。姚鼐(1731～1815)、吴鼒(1755～1821)、湯貽汾(1778～1853)、包世臣(1775～1855)等知名文士均曾遊訪其間,在晚清城市文化生活中扮演重要角色。[③] 朱福田和南京文士在城市環境中産生了從物質到文化的多重羈絆。與文士的交往爲朱福田的生活提供了重要的經濟補充,安徽婺源人洪鈞[④]就是他長期的資助人之一。朱福田曾作詩《寄懷洪梅坪中翰》,提及洪鈞對麥浪舫築造的支持,"舫之成多賴先生之力"。道光三年(1823)南京水患後,朱福田淪落到靠接濟爲生,他感懷洪鈞曾經的救助,"先生哀余饑貧,饋以白粲,助以朱提,是年得不窘乏"。道光二十二年,朱福田重病,洪鈞又遣人送來燕菜。當然,朱福田與文士的感情並非僅停留在物質層面,但是從詩作的内容不難發現經濟因素深刻影響著道士與文士之間的交往。此外,他廣受文士推崇的畫技也很可能是他謀生的手段,他居住枕江園時期出現的乞畫詩,應該就是對這種經濟活動的記録。

通過以上幾個例子,以全真道士爲代表的文人化道士在城市中對文士群體

---

① 賀晏然:《冶山竹居與清末南京城市道教》,《南京學研究》2022 年第 1 期。

② (清)冶山居士:《金陵三羽士録》,第 5 頁。

③ 賀晏然:《文房道士:朱福田與清代南京的城市道教》,《老子學刊》2022 年第 2 期。

④ 洪鈞,字梅坪。婺源舉人,官中書。參見(清)沈葆楨、何紹基等:《重修安徽通志》卷二三八,《續修四庫全書》第 654 册,第 156 頁。

的依附可見一斑。文士甚至可以透過出版、管理宫觀事務、道教修持和交流結社等活動深入影響道教群體的發展,體現出清代城市文士群體在城市道教領域絶對的文化權力和靈活的文化手段。包括南京全真堂、隱仙庵、叢霄道院、冶山道院、洞神宫、二臺洞、三臺洞、紫霞洞等在内的城市道觀傳統,在文士道教的影響下明顯區别於應付道士或官道。類似張士珩、洪鈞的文士利用自己特殊的政治和文化背景,通過文學、經濟和社交等途徑,爲城市道教敘事拓展了新的文化空間。

結語

明代道教從行政管理層面可以被分爲正一、全真二途,這一結構深刻影響了明清以來道派發展的敘事。但在地方實踐的過程中,"全真"的内涵更爲靈活而豐富,其中裹挾著身份、教派、道法等多重含義,在擁有全真認同的教衆中全真的指涉也可能是浮動不定的。回歸地方宗教實踐過程,尤其是本文中重點關注的城市文化環境發展過程,理解教派建構過程中"全真"的複雜意涵,可以使長期被"佛盛道衰"印象遮掩的南京道教史展露出更爲生動多元的面向。

朝天宫作爲南都最重要的官方道觀,其中道派流變的情況是明代南方道派發展的縮影,對了解明代南方全真復興艱難而複雜的狀況不無啓發。從元末至明末,南京均没有出現與北方全真道密切聯繫的全真教派,其全真認同最初多建立在南方文士内丹修煉傳統之上。經過了政策、宫觀環境和社會認知的形塑,此後這種認同又與洪武年間的政治記憶密切結合,成爲組織朝天宫全真堂道衆的精神力量,將國初高道、朝天宫全真堂、葛寅亮全真堂和隱仙庵全真鉢堂串聯在了一起,體現了明代南都政治環境對宗教的深刻影響。在清代城市道教發展過程中,全真宫觀逐漸成爲服務於城市文士群體的宗教空間,龍門派等新的全真傳統與本地全真傳統並存,爲文人道教生活、文學、藝術的發展提供了養分。這種糅合了教團内部傳統和城市實踐需求的地方宗教圖景,有時或許比單純的教派劃分更有助於解釋地方的道教現象,也爲明清南北兩京的全真故事提供了有趣的差異化版本。①

作爲明代的南都,明代南京城市史向來受到學界的關注,城市宗教問題是城

---

① 賀晏然:《明代南北兩京道教的流動與分化》,"人居日下:明清宫廷與北京道教"學術論壇,2022年9月24日。

市史研究不可回避的重要議題。但南京"佛盛道衰"的印象似乎是影響南京道教史研究的無形屏障。① 怎樣發掘城市宗教現象之間的連續性,並充分展現其多樣化,需要更多跨學科跨時段的思索。② 南京作爲明清江南的重要政治型城市,僅僅揭開了城市道教發展的某種可能性。希望此後可以有更多從城市宗教角度展開的對明清江南道教史敘事的反思,如此可以使江南政治、經濟、文化型城市之間的道教現象形成對話,並與既有的宗教學研究成果展開討論。

(責任編輯:張琰)

① 如《南京通史(明代卷)》在"文化與科技"一章雖專列一節探討興盛的佛教歷史,但是全書幾乎未見到對道教的討論。參見范金民等:《南京通史(明代卷)》,南京:南京出版社,2012 年。

② [法]魏明德:《禮儀之力:社會人類學的新視角》,孟慶雅等譯,上海:中西書局,2023 年,第223 頁。

宫觀關係與宗派互動

——從施道淵受戒看明清蘇州地區的正一全真互動

□黄新華

摘要:清初高道施道淵法術靈驗、興建宫觀、戒行精嚴、志行高潔,爲清初的皇親國戚、王公大臣所推崇,其是否從王常月受戒歷來受人關注。雖然施道淵"先從王常月受戒,後改皈正一派"的説法已明確是没有根據的,但其迎請王常月到穹窿山請教全真之學,並將全真的戒律思想融入正一之中當爲事實。通過考察明清以來以施道淵入道之朝真觀爲核心的宫觀歷史及周玄真、李樸、吕崧等高道的師承關係可以發現,明清以來蘇州的道教宫觀如朝真觀既爲虚靖天師道場,與龍虎山一脈聯繫緊密,又作爲"安給全真往來"的宫觀,隸屬於全真叢林的福濟觀,因此宫觀中正一、全真並存;與宫觀中正一、全真並存相一致的是,蘇州的歷代高道往往也身兼正一、全真兩家之學。由此背景出發,也就不難理解爲何作爲正一高道的施道淵會被《龍門正宗流傳支派圖》記録爲全真弟子,而施道淵的思想中也廣泛吸收全真思想,並以戒行精嚴著稱。

關鍵詞:施道淵　正一　全真　朝真觀　福濟觀

作者簡介:黄新華,山東大學儒學高等研究院2023級博士研究生,蘇州市道教協會秘書長,主要從事道教文化研究。

一、施道淵其人及全真受戒争議

有清一代,雖然道士的數量依舊龐大,如據統計,康熙六年(1667)全國有道士兩萬餘人,清乾隆四年則有四萬餘人,但縱觀清朝近三百年,著名道士或留下著作的道士並不多,而施道淵即是其中較突出的一位。

施道淵生平見於康熙《吴縣志》、乾隆《蘇州府志》、民國《木瀆小志》、《圓妙觀志》、《穹窿山志》等蘇州地方史志及彭定求《穹窿亮生施尊師墓表》。綜合史志記載可知,施道淵,字亮生,號鐵竹,蘇州横塘人,生於萬曆丙辰(1616)九月二十七日,五六歲即志樂神仙,十三歲母親去世後,經父親同意,入道朝真觀,拜沈念常等爲師,學習齋醮科儀及六甲五雷諸書。明清鼎革之初,施道淵在蘇州堯峰山修煉,因爲志行高潔,祈禳輒應,道名日隆。松陵吴兹受因穹窿山茅君行宫蕪廢不治,特請施道淵前往住持。施道淵由此入山,披荆斬棘,使穹窿山成爲丹臺紺宇輝映於巉岩絶壁煙雲縹緲之間的神仙福地,施道淵也因此經五十三代真人張洪任所請,獲賜"養元抱一宣教演化法師之號"。此後,施道淵道名日隆,四方之望穹窿以來者,趾日交錯,並由金之俊等禮請,住持蘇州玄妙觀,主持修復三清殿等殿堂,重建彌羅寶閣等殿宇。其間,施道淵受裕親王福全、靖南王耿精忠、廣東巡撫劉秉權等邀請,先後赴北京、廣東、福建、浙江等地舉行齋醮祈禳科儀。康熙十七年(1678)七月二十八日,施道淵忽感微疾,辭衆端坐而逝,享年六十二歲。施道淵有《玉留堂語録》存世,其法嗣著名者,除康熙《吴縣志》所記載的沈如璧、王得純、朱守賢、陳之達、尤得升、張得祚、張得成、朱洞陽[①]等人之外,還有黄鶴鳴[②]、郭長彬[③]、馬天然[④]、胡德果[⑤]等。

關於施道淵法術靈驗、祈禳有應的事蹟,清初文人多有記載,《圓妙觀志》和《穹窿山志》中就收録有鄭敷教、田茂遇、朱端士、李標等撰作的《收伏靈鬼記》《周將軍求度記》《施真人捨牛事》《松郡醮壇紀略》《昆邑醮壇紀事》等關於施道淵行法有驗的文章,彭定求甚至把施道淵的祈禳輒應與蘇州地區的和平穩定相聯繫,他在《穹窿亮生施尊師墓表》中説:"時當甲寅乙卯之交,逆藩煽亂東南,四境烽燧震驚,獨我蘇安堵如故,雖有水旱,不致大困,謂非皇天后土,明昭庥庇不及,此則師之奠麗神祇,厥功最鉅,而其勞苦亦日不暇給矣。"[⑥]認爲正是因爲施道淵的祈禳,蘇州地區纔能够在四境烽燧震驚之間,不致大困。裕親王也對施道淵有"澤

① (清)孫鳴庵纂輯:《吴縣志》卷五九,康熙十六年(1677)金閶劉汝潔梓版。

② (清)翁廣平纂:《平望志》,《中國地方志集成·鄉鎮志專輯(13)》,南京:江蘇古籍出版社,1992 年,第 176 頁。

③ (清)許瑶光修,吴仰賢纂:《嘉興府志》,《中國地方志集成·浙江府縣志輯(13)》,上海:上海書店出版社,1993 年,第 916 頁。

④ (清)盧思誠等修:《江陰縣志》,《中國方志叢書·華中地方·第四五七號》,臺北:成文出版社,1983 年,第 2498 頁。

⑤ (清)顧沅:《重印玄妙觀志》,《藏外道書》第 20 册,成都:巴蜀書社,1992 年,第 467 頁。

⑥ (清)彭定求:《南畇文稿》卷一〇,《清代詩文集彙編》第 167 册,上海:上海古籍出版社,2010 年,第 407 頁。

民護國，實爲濟代之仙宗”[1]的評價。

除了法術靈驗、祈禳有應之外，施道淵在道教宫觀發展等方面也頗有建樹。在他的主持之下，不僅穹窿山由一片荒蕪之地成爲金碧巍焕的天宫桂殿，玄妙觀修復了三清殿、雷尊殿，新建了彌羅寶閣等殿堂，而且他還主持或參與了福濟觀[2]、老君堂[3]、純陽道院[4]等宫觀的修建，史志記載其興建宫觀一百七十餘所，塑造神像八千七百二十多尊。因爲以拯人濟物爲立教之本意，施道淵的品行也得到了當時皇親國戚、地方大員、文人士紳的認可，彭定求在墓表中稱："惟師戒行精嚴，存心誠敬，憫人之苦不自惜，受人之施不自私。當其呼吸風雷，叱禦神鬼，觀者靡不震心駭目；及徐而叩其所以然，輒冲乎其不居，坦乎其不飾，盛德形容，起人愛敬，固非徒其法之靈也。……師雖崇尚有爲，未嘗不深體乎立教之本意，是以拯人濟物，裨益非尠。"[5]顧詒禄在《鐵竹道人畫像記》中，則從儒道之異同出發，認爲施道淵的所作所爲恰恰也是儒家所推崇的，其文稱："吾儒紛紛辟佛辟道者，由釋道之自失其本也。彼設教之初，豈不以實行實功爲尚哉？如師者抱玄默之守，存利濟之心，未嘗無符術澤物而不以爲名，未嘗絶塵埃遺世，而卒全其素行高功，遠蔭被無窮，謂非契太上道德之旨，而爲吾儒所重者歟。"[6]金之俊在《穹窿山重建上真觀碑記》中也讚揚稱："誠心密行如度師者，乃爲敬上帝忠孝人，即是報國家忠孝人，於以事人，於以感人，無愧也。"[7]

正是因爲"志行高潔，名聞四方，祈禳輒應"，康熙丙辰（1676），施道淵應裕親王之邀請赴京師主持齋醮儀式時，纔會出現"一時公卿多踵門納履"，京師公卿士大夫紛紛上門拜訪，在他離開京城回蘇州時，又有納蘭性德等京師名人作詩相

---

① （清）吴偉業等纂修：《穹窿山志》，《中國道觀志叢刊正續編（14）》，揚州：廣陵書社，2015 年，第 1 頁。

② （清）孫鳴庵纂輯：《吴縣志》卷三七，康熙十六年（1677）金閶劉汝潔梓版。

③ （清）徐治修，盛得潛等纂：《元和縣志》，《中國地方志集成·江蘇府縣志輯（14）》，南京：江蘇古籍出版社，1991 年，第 473 頁。

④ （清）陳莫纕等修，倪師孟等纂：《吴江縣志》，《中國方志叢書·華中地方·第一六三號》，臺北：成文出版社，1975 年，第 306 頁。

⑤ （清）彭定求：《南畇文稿》卷一〇，《清代詩文集彙編》第 167 册，第 407 頁。

⑥ （清）姜順蛟修，施謙纂：《吴縣志》卷一〇三，乾隆十年（1745）刻本。

⑦ （清）吴偉業等纂修：《穹窿山志》，《四庫全書存目叢書·史部》第 237 册，濟南：齊魯書社，1997 年，第82～83 頁。金之俊所著《穹窿山重建上真觀碑記》，《中國道觀志叢刊正續編》本雖列入卷一目録，却未收入。

送。[①] 施道淵羽化後,"遠近士民哀慟奔赴,絡繹道路,如喪其私親"[②],足可見施道淵品行之高尚、社會威望之高。[③]

除了德行受人尊敬之外,施道淵的受戒問題尤其受人關注。施道淵素以戒行精嚴而著稱,王元晋《穹窿山上真觀碑》稱:"亮生弱即受度,長而棲真……又能屏嗜寡營,存真抱一,若安禪縛律之所爲,故追神而神集。"[④]何謙貞在《穹窿山上真觀記》中説他"戒律精嚴,童真不鑿"[⑤]。張惟赤則稱:"觀其戒律精嚴,科儀整肅,令人望而生畏。"[⑥]金玉更是讚揚他説:"修煉敦戒,敻絶千古。"[⑦]彭寧求在爲全真龍門第八代律師所作《虛堂黄先生像》中,也將黄虛堂與施道淵並舉,稱"先生與鐵竹雖宗派不同,皆以戒行高嚴,誠乎後學,所謂外暢元風,内崧儒行者也"[⑧]。黄虛堂名衮,字山補,《滸墅關志》稱他"先得内煉訣於鶴嶺山人,後從王崑陽律師受邱長春真人戒法,持戒精進,遂印證宗旨"[⑨]。對此,《金蓋心燈》也有"值世運滄桑,遂决意出俗,不復進取。届時北上,果逢崑陽王祖説戒白雲觀,遂執弟子禮,受初真戒而出,旋開律院於滸關"[⑩]的記載。

黄虛堂是受戒於王常月的全真龍門派第八代律師,與之相應的是,《金蓋心燈·龍門正宗流傳支派圖》也記載施道淵爲龍門派弟子,其文稱:"姓施名亮生,號鐵竹道人,嘗受初真戒、中極戒於王崑陽律師,後精於法,改皈正一真人府,派啓姑蘇穹窿山一派。原譜載之,兹仍其舊,不列傳。"[⑪]對此,許多研究者就此認爲施道淵因爲從王常月受戒,纔特别關注戒律修行。[⑫] 但《金蓋心燈》的説法顯然與蘇州地方史志所記載的施道淵自幼出家朝真觀拜沈念常爲師,"年十九從龍虎山

① (清)納蘭性德:《再送施尊師歸穹窿》《送施尊師歸穹窿》,《通志堂集》卷三、卷四,《清代詩文集彙編》第 194 册,第 427、435 頁。

② (清)彭定求:《南畇文稿》卷一〇,《清代詩文集彙編》第 167 册,第 406~407 頁。

③ 施道淵的生平,詳見(清)孫鳴庵:《吴縣志》卷五九,清康熙三十年(1691)刻本;《蘇州府志》卷七四;(清)顧沅:《圓妙觀志》卷四;民國《木瀆小志》人物六。

④ (清)吴偉業等纂修:《穹窿山志》,《四庫全書存目叢書·史部》第 237 册,第 96~107 頁。

⑤ (清)吴偉業等纂修:《穹窿山志》,《四庫全書存目叢書·史部》第 237 册,第 107 頁。

⑥ (清)吴偉業等纂修:《穹窿山志》,《四庫全書存目叢書·史部》第 237 册,第 17~18 頁。

⑦ (清)吴偉業等纂修:《穹窿山志》,《四庫全書存目叢書·史部》第 237 册,第 216 頁。

⑧ (清)彭寧求:《虛堂黄先生像》,轉引自賈凌雁:《明清之際的道教與黄虛堂棄儒從道》,《西部學刊》2019 年第 4 期。

⑨ (清)凌壽祺:《滸墅關志》卷一七,《中國地方志集成·鄉鎮志專輯(5)》,南京:江蘇古籍出版社,1992 年,第 239 頁。

⑩ 《藏外道書》第 31 册,成都:巴蜀書社,1994 年,第 187 頁。

⑪ 《藏外道書》第 31 册,第 168 頁。

⑫ 如李良認爲,如果施道淵没有受過戒是很難制定出《穹窿山執事規範》的。參見李良:《從〈穹窿山執事規範〉看清初全真道與正一道的融合》,《中國道教》2011 年第 3 期。

徐演真受五雷法"[1]等記載不符。《穹窿山志》中對於施道淵的記載也僅稱其爲傳承上清或正一之教，如王恭先《穹窿山志序》稱，"今亮生以童真嗣修，接上清宗壇之教"，金之俊《穹窿山重建上真觀碑記》稱"亮生度師秉正乙盟威之教"[2]，何謙貞《穹窿山上真觀記》在稱煉師施亮生"戒律精嚴，童真不鑿"時，又説他"精於正一上清之教，實爲斯觀羽流大宗師"。[3] 吴偉業所作《穹窿山志序》稱："亮生之法宗正一盟威。"[4]柯聳的《送施度師歸穹窿序》也記載説："亮師秉正一盟威法，所參者，性宗最上乘，禦氣排空，默朝玄闕，駕欻寥廓，與神爲徒，至於召鸞鶴，致風雨，特其餘耳。"[5]張圻《魏天君感靈記》則記載施道淵"於壬寅孟冬建醮崑陽"，所傳授的乃是"上清三洞經籙"。[6]《穹窿山志》卷三所收録的施道淵在爲《赤文天律》刊印所作的序言中，更是自稱"上清三洞經籙九天金闕上卿玄都御史小臣施經金"[7]。概元成宗大德八年(1304)制受第三十八代天師張與材爲"正一教主"總領三山符籙以來，龍虎山成爲萬法宗壇，上清、靈寶統稱爲正一。可見施道淵隸屬正一派的道脈傳承是明確的。因此，尹志華教授在《清代全真道歷史新探》中明確指出："《金蓋心燈》所謂施道淵先從王常月受戒，後改皈正一派的説法，是没有根據的。"[8]尹教授和周冶教授根據《金蓋心燈》卷二《詹怡陽律師傳》注引《金蓋雲箋》的記載"明年(1668)秋，姑蘇施法師亮生、吕律師守璞來迎，我真人乃出山之穹窿，詹某等從行"[9]，認爲施道淵是先學正一道法，後向王常月請教。[10]

受"後人爲主"的觀念影響，人們往往認爲正一道與全真道雖然同屬道教，但相互之間却有著較清晰的界限，如前文所述，龍虎山所統領的也主要是上清、靈寶等正一宗壇。但事實上，明清以來蘇州地區的宫觀之間相互隸屬，道士之間相互學習，正一、全真兩派在傳承上並不是涇渭分明的，甚至很多時候是相互轉换的；如同施道淵先學正一，後向王常月請教全真道法的道士更是比比皆是。

---

① (清)雅爾哈善等修，習雋等纂：《蘇州府志》卷七四，乾隆十三年(1748)刻本。

② (清)吴偉業等纂修：《穹窿山志》，《四庫全書存目叢書・史部》第237册，第82頁。

③ (清)吴偉業等纂修：《穹窿山志》，《四庫全書存目叢書・史部》第237册，第107頁。

④ (清)吴偉業等纂修：《穹窿山志》，《四庫全書存目叢書・史部》第237册，第68頁。

⑤ (清)吴偉業等纂修：《穹窿山志》，《四庫全書存目叢書・史部》第237册，第86頁。

⑥ (清)吴偉業等纂修：《穹窿山志》，《四庫全書存目叢書・史部》第237册，第221～222頁。

⑦ 《横金志》卷一六稱，"施道淵，法名金經。"金、經二字音同，當記録之訛誤。參見(清)柳商賢纂：《横金志》，《中國地方志集成・鄉鎮志專輯(7)》，南京：江蘇古籍出版社，1992年，第342頁。

⑧ 尹志華：《清代全真道歷史新探》，香港：香港中文大學出版社，2014年，第53頁。

⑨ 《藏外道書》第31册，第187頁。

⑩ 尹志華：《清代全真道歷史新探》，第53頁；周冶：《施道淵穹窿山法派考述》，《宗教學研究》2018年第4期。

二、宫觀關係:宫觀中正一全真交融並存

施道淵入道於朝真觀,成名於穹窿山上真觀。上真觀相傳漢平帝初即創建,朝真觀則由上真觀道士沈道祥建於宋景定年間。自朝真觀創建開始,上真觀與朝真觀便一直有著緊密的聯繫。

上真觀位於穹窿山三茅峰,始建於漢平帝年間,祠三茅真君,始額道院,宋天禧五年(1021),詔天下復廢業,重建穹窿上真道院爲觀。據陸世廉《穹窿山重建上真觀記》載:

> 吴郡西南皆山,山之最高而諸山皆偃其下者爲穹窿。穹窿之有上真觀也,建自漢平帝初年,始額道院,迨宋易院而觀。時吴地大疫,真君顯化拯庇,郡人立以崇道法、祝天庥。殿顔福臻,去買臣讀書臺里許,俗呼爲三茅峰。嘗考漢《留侯實録》,功成後從赤松子遊。此山爲赤松取赤石脂處,而留侯從遊遺躅宛在山巔,壘石爲室,名國師龕者,後人懷留侯風烈,勒令不朽。實録載留侯事多種,類及穹窿者十凡三四,此志穹窿者必始於留侯也。再考本山志,穹窿道院既廢而興,兩見諸梁唐之世,迨宋天禧五年,詔復天下廢業,而穹窿上真獨首亟焉,增立三天扶教祖天師殿,與國師龕遥相匹美,監院姓馬氏,虔奉香火,羽客鱗集。①

宋代時,上真觀由道院升格爲觀,並達到羽客鱗集的盛況。正是因爲上真觀的興盛,宋景定二年(1261),朝廷特敕在平江之西郊拓地八百畝創立叢林,建成朝真觀的前身朝真道院,道院的負責人即是“從穹窿選有行,派屬爲之主”②。對此,陸世廉記載稱:“因僉沈道祥者以爲朝真開山祖,實則上真守山裔也。由是山城相望四十有五里,上下絡繹應接如前後鄰,由宋而元,未之或改。”③朝真觀創建之初,即以上真觀道士爲開山祖,自此以後,兩處宫觀山城相望,雖相隔四十五里,但有如前後鄰居,來往絡繹不絶,以致兩處宫觀的興衰也極爲同步。對此,陸世廉記載説:

> 自元季兵燹以還,朝真蕩爲荒陌,上真傑構毁於屯軍踐蹂,惟福臻廟貌逾劫無恙。至若兩山大衆,遁靡孑遺。迨明正統初年,賴真人經臨,怵目籲

---

① (清)孫鳴庵纂輯:《吴縣志》卷三七,清康熙三十年(1691)刻本。

② (清)孫鳴庵纂輯:《吴縣志》卷三七,清康熙三十年(1691)刻本。

③ (清)孫鳴庵纂輯:《吴縣志》卷三七,清康熙三十年(1691)刻本。

閣,請復兩山廢業,奏可。無力祇整朝真院額,葺殿閣房寮以適遊羽,其於上真弘願,徐圖後舉,仍訪穹窿賢裔吴允中住持朝真,徒徐洞輝輩攝理上真,留置府中法員與允中爲師兄弟,兼督兩山事宜。會正統中年,詔聘天下十高道,而允中赴聘著績,賜改朝真院額爲觀額。越嘉靖年間,穹窿住持錢姓者還族,罄取本山代給文照而去,未幾室破病窘,竄郡廟物,故而本山文照遂浮沉郡廟。郡廟主者執券據穹窿,一二幼徒拱授而散,時朝真派屬亦復晨星,置弗較。後郡廟主者,若山城迢遞,議賃鄰塢僧收香信,而歲取其入,如是者歷有年。[1]

元代以後,受戰火等影響,上真觀的殿堂因屯兵等情況,大部分被損毁,逐漸衰落,其間雖有張天師關照,但始終無力恢復宋時的盛況。嘉靖以後,更是因爲錢姓住持的道風問題,上真觀的廟産爲蘇州府城隍廟所有,繼而又被租賃給和尚。對此,因爲上真觀和朝真觀的道士早已遁靡孑遺,上真觀僅存一兩個小道士,朝真觀也是派屬亦復晨星,並没有人能够站出來争取兩處宫觀的合法權益。

對於兩處宫觀的衰敗,李時勉的《朝真觀記》也可佐證。李時勉記載:

朝真觀在蘇城之西,宋道士沈道祥所建。元季毁於兵,暨入國朝,鞠爲榛莽幾六十年。宣德改元,住持吴允中毅然以興復爲己任,乃與郡人王思惠、顧思聰等聚財鳩工,重建殿堂以奉十真,未果。[2]

上真觀與朝真觀兩處宫觀興衰休戚相關,聯繫極爲緊密,而地方史志對於它們的記載往往也始終與張天師聯繫在一起。如陸世廉等記載,穹窿山有漢留侯張良從赤松子遊的遺跡,對於作爲張良後裔的天師世系具有特别的意義,因此"歷代真人入覲經蘇,罔弗登山瞻禮"。歷代真人對於兩處宫觀的修復也多有關注。乾隆《吴縣志》即記載:"朝真觀在閶門外義慈巷,宋景定中道士沈道祥建,元季毁。明宣德元年,張真人遣龍虎山道士杜文瑞居之。"[3]此外,如上文陸世廉《重建穹窿山上真觀記》也記載,正統初年,天師(當爲四十五代天師張懋丞)即因爲兩處宫觀衰敗,道士凋零,"留置府中法員與允中爲師兄弟,兼督兩山事宜"[4]。這些跡象都表明上真觀和朝真觀與天師府保持著緊密聯繫,隸屬正一派。對此,許蚼在爲與施道淵同時期入道朝真觀的明末清初高道李樸所撰的《冲白先生傳》中即明確

① (清)孫鳴庵纂輯:《吴縣志》卷三七,清康熙三十年(1691)刻本。
② (明)牛若麟修,王焕如纂:《吴郡志》卷二七,明崇禎十五年(1642)刻本。
③ (清)姜順蛟、葉長揚修,施謙纂:《吴縣志》卷八九,清乾隆十年(1745)刻本。
④ (清)孫鳴庵纂輯:《吴縣志》卷三七,清康熙三十年(1691)刻本。

指出,“朝真係虚靖天師道場,宋咸淳間沈法師道祥開山以來,法席相傳,類精科教祈禳齋醮之事”[①]。朝真觀隸屬正一派,“類精科教祈禳齋醮之事”的特色在明清文人的詩文中也可得到進一步佐證,如清初常熟人趙士春即有《乙未十月以醮事寓居朝真觀酬友人韻》[②]詩,作爲常熟人的趙士春專門跑到蘇州城内的朝真觀進行齋醮法事,足見朝真觀科教祈禳齋醮之事聲名在外。

雖然“類精科教祈禳齋醮之事”,明確屬於道教正一派,但朝真觀與全真派也有著極深的淵源。據陸世廉《重建穹窿山上真觀記》記載,宋景定二年(1261),特敕平江之西郊拓地八百畝創立朝真道院,其目的是“安給全真往來”[③]。明代以後,朝真觀隸屬福濟觀,而福濟觀更是有著深厚的全真淵源。

據民國《吴縣志》記載,“朝真觀在閶門外義慈巷,宋景定中道士沈道祥建,元季毁,明洪武初歸併福濟觀”[④]。《吴縣志》所載洪武初歸併事項,當爲朱元璋爲限制全國寺觀和宗教人員的數量,“敕禮部清理釋、道二教,凡各府州縣寺觀雖多,但存其寬大、可容衆者一所,併居天下僧道。有創立庵堂寺觀,非舊額者,悉毁之”[⑤]。朝真觀由此歸併福濟觀。對此,正德《姑蘇志》也記載福濟觀“歸併觀二、道院七”[⑥],並在其後附録了所歸併的九處宫觀,朝真觀名列其中。而據《續吴郡志》記載:“福濟觀在吴縣西北隅利字號,虹橋西,本朝洪武二十四年爲全真叢林也。”[⑦]福濟觀的歷代道士經歷也證明了他的全真派屬性。如徐有貞《福濟觀新建祠宇記》記載的參與福濟觀“繼之所營”的王無僞和新建祠宇的郭宗衡。[⑧]《道法會元》卷二一〇收有署名“胥城王玄真編集”的《丹陽祭煉内旨》一卷,文後有署名張雨所作的序稱:“學全真道人王玄真,字無僞,號體玄,蘇人也。妙年忠慕清虚,辭親割愛,從大癡黄先生於錢唐西湖南山之曲。其奉師也謹,執侍杖屨,暑雨祁寒,不憚勞苦。十數年間,盡得先生之旨。”[⑨]可見王無僞師從黄公望,爲金蓬頭一

---

① (清)彭方周修,顧時鴻纂:《吴郡甫里志》,《中國地方志集成・鄉鎮志專輯(6)》,南京:江蘇古籍出版社,1992 年,第 128 頁。

② (清)趙士春:《保閑堂集》,《清代詩文集彙編》第 13 册,第 642 頁。

③ (清)湯斌修,孫珮纂:《吴縣志》卷三七,清康熙十六年(1677)金閶劉汝潔梓版。

④ 吴秀之等修,曹允源等纂:《吴縣志》,《中國方志叢書・華中地方・第一八號》,臺北:成文出版社,1970 年,第 570 頁。

⑤ 《太祖實録》,臺北:“中研院”歷史語言研究所,1962 年,第 3125 頁。

⑥ (明)王鏊:《姑蘇志》,臺北:臺灣學生書局,1986 年,第 384 頁。

⑦ (明)李詡:《續吴郡志》,《中國方志叢書・華中地方・第四四五號》,臺北:成文出版社,1983 年,第 131 頁。

⑧ (明)陳暐:《吴中金石新編》,《景印文淵閣四庫全書》第 683 册,臺北:臺灣商務印書館,1982 年,第 200～201 頁。

⑨ 《道藏》第 30 册,北京:文物出版社、上海:上海書店、天津:天津古籍出版社,1988 年,第 321 頁。

脈的全真道士。郭宗衡在主持福濟觀期間，曾專門修建兩座配殿，“一以祠純陽及南五祖北七真，一以祠長春諸師”①。此外，《紅蘭逸乘》在記載福濟觀曾有志書之事時稱：“福濟觀、崇禎宫道房俱有志，亦若僧家之分南北宗。”②《紅蘭逸乘》所言的如佛教分南北宗，即指道教的正一派和全真派之分。崇禎宫當爲崇真宫，據《蘇州府志》記載，崇真宫“在承天寺西，始於宋政和八年間，祖師太虚大夫妙静項舉之開山，郡人王悟微捨宅創建，賜額崇真壽聖宫。宣和中爲神霄宫，建炎間改額崇真廣福宫，本朝今額，洪武二十四年歸併玄妙觀”③。玄妙觀爲蘇州正一派宫觀的代表，崇真宫歸屬玄妙觀，當也爲正一派宫觀。因此《紅蘭逸乘》所指的全真派自然是福濟觀。由此可見，福濟觀一直保持著全真派的傳承。而作爲福濟觀的下院，創建之初就以“安給全真往來”爲目的的朝真觀自然與全真派也有著緊密的聯繫。這也就不難理解“立志不群，究心大道”的李樸在“混跡黼伍”，“數叩其師，師莫以應”的情况下，能够“一日方集侣醮祝，忽以鈴擲地離席，大呼如是如是”，繼而“精熟紫清洞玄秘法”，成爲清初著名的全真高道。

由上可見，一方面，朝真觀創立之初由於與天師府有著密切聯繫的上真觀道士擔任開山祖，始終隸屬正一派，並擅長道教齋醮科儀；另一方面，明初以來的宫觀管理制度使得朝真觀隸屬於有著全真派特色的福濟觀管理，兩者的聯繫也極爲緊密。

類似於朝真觀正一、全真交融的宫觀並非個案。如彭定求《重修悟真道院碑記》就記載了作爲正一派宫觀的悟真道院邀請全真道士黄袞到宫觀中進行齋醮活動的事蹟。位於蘇州齊門外的悟真道院是蘇州玄妙觀宋代高道“何蓑衣真人退修之所”④，爲玄妙觀的下院。清初施道淵興建宫觀，“一時道教蔚興”，悟真道院住持田洪科深受鼓舞，與里中善士歐陽鋼等一起計劃重修宫觀，但因爲個人能力有限，當時“虚堂黄君方受清凉山法派稱律師，四方多皈戒來者”，於是“乃延之，設壇院中，凡若干日”。⑤ 而通過黄袞的幫助，悟真道院得到遠近之樂施者的資助，重修真武殿等殿堂。由此可見，明清之際，道教正一派與全真派在同一個宫觀中是相互共存的。也正是這種正一、全真融合的特色，使得清初李樸、施道淵等入道於朝真觀的道長能够出入於兩派之間，成爲身兼兩派特長的高道。這

① (明)錢穀：《吴都文粹續集》，《景印文淵閣四庫全書》第1385册，第710頁。
② 王稼句編纂點校：《蘇州文獻叢鈔初編》上册，蘇州：古吴軒出版社，2005年，第266頁。
③ (明)李詡：《續吴郡志》，《中國方志叢書・華中地方・第四四五號》，第165頁。
④ 《藏外道書》第20册，第420頁。
⑤ (清)李楚石纂：《齊溪小志》，《中國地方志集成・鄉鎮志專輯(8)》，第18頁。

種正一和全真兩派共存的特色,在施道淵後也得以延續,道光《蘇州府志》即記載:"老君堂在利字三圖。明萬曆甲寅,松江紳朱國盛因祈嗣感應,建堂以奉垢仙劉真人。本朝康熙乙卯高道人等請正一施道淵修葺。道淵没,守道祖澤深延全真姚淮珠經營,三載尋去。里中周國傑等延道士黄守中接待雲水。"①

三、宗派互動:道士兼習正一全真之學

與宫觀之間相互隸屬,宫觀之中正一、全真兩派共存相一致的是,明清以來,蘇州的道士如周玄真、郭宗衡等也多兼習正一、全真之學。

周玄真是明初蘇州著名高道,精熟天外呼鶴、除妖殺狐、招魂薦亡、祈晴禱雨等道教法術,受到當時諸多名人高士如劉基、姚廣孝、宋濂、鄭元祐等的追捧,與明朝皇室關係緊密,明太祖朱元璋對其恩寵有加,多次下旨召見,並封他爲神樂觀首任提點,命其編订《大明玄教立成齋醮儀範》;明成祖朱棣於建文四年(1402)即命其祭祀真武大帝。周玄真還受命修金籙大齋祭祀朱元璋、馬皇后,並有醴泉出於神樂觀的祥瑞,對朱棣鞏固皇權,穩定人心具有重要意義。周玄真十四歲入道,關於他的師從關係,《名山藏》稱:"周玄真初出居嘉禾紫虚觀,從李拱瑞爲道士,拱瑞南谷杜真人高第也。授玄真劾召鬼神之術,能呪妖狐驅蛇鬼。尋受靈寶大法於曹桂孫,雷州人步宗浩得呼雲役雨術於莫沾乙,玄真復從宗浩受之。"②杜真人即宋末元初著名道士杜道堅,字處逸,號南谷子,曾住持湖州升元報德觀,興玄學,建清規。莫沾乙爲宋末元初神霄道士莫月鼎,曾活動於蘇州,並興神霄一派於玄妙觀。除此之外,據周伯琦《鶴林先生記》記載,"他日又受金丹要訣於沙溪延真高士李竹友先生"③。可見,周玄真受劾召鬼神之術於李拱瑞,受靈寶大法於曹桂孫,受神霄雷法於步宗浩,還受金丹要訣於李竹友,可謂身兼正一、全真多家之學。

郭宗衡號卧雲,蘇州昆山人,曾爲福濟觀住持,徐有貞曾受其之請,爲福濟觀撰寫《福濟觀新建祠宇記》。據徐有貞記載,卧雲煉師郭君"出自玉峰士族,而學道冶城西山,初師朝天提舉陳淵默,繼師長春真人劉淵然,得清微、靈寶、净明、神霄諸法之傳,遊居兩京,侍祠行宫,久之及領是觀"④。可見郭宗衡曾先後拜陳淵

① (清)宋如林等修,石韞玉等纂:《蘇州府志》卷四四,清道光四年(1824)刻本。
② (明)何喬遠:《名山藏》,《續修四庫全書》第 427 册,上海:上海古籍出版社,2002 年,第 582 頁。
③ (明)李詡:《續吴郡志》,《中國方志叢書·華中地方·第四四五號》,第 72 頁。
④ (明)陳暐:《吴中金石新編》,《景印文淵閣四庫全書》第 683 册,第 200 頁。

默、劉淵然爲師。陳淵默的生平不祥，但劉淵然却是明代著名高道。他十六歲人道贛州玄妙觀，後師事净明派高道趙宜真，稱爲净明道派第六代嗣師，先後歷任道録司右正一、左正一，明仁宗時被賜號冲虚至道玄妙無爲光範演教長春真人，領天下道教事。[①] 又《長春道教源流》記載："自趙宜真至守法真人遞相傳授，皆全真派也，然兼習南宗及正一之學。"其後又引王世貞《遊白雲觀記》云："全真之教遍天下，蓋與元相終，始明興，而其道始小屈。以劉淵然之見，祟不能盡復其盛也。淵然爲宜真弟子，然則宜真、淵然全真派也。元時江右全真派自張模、趙友欽，後至陳致虚而大行其學，皆兼南宗。豫章書謂宜真通全真還丹之旨，則亦出於張、趙。宜真又通正一天心雷奥。正一之學源於江右，且元時張宗演後裔世爲掌教，宜真故兼習之也。然自是而北宗南宗及正一教，遂多通而爲一矣。"[②]如陳銘珪所言，不僅金丹南北宗相通爲一，正一、全真也通而爲一，郭宗衡即是典型。郭宗衡師承劉淵然，也是兼習正一、全真兩派之學，這在明代文人與他交往所作的詩文中即可看出端倪。劉鉉有《過福濟道觀訪煉師郭宗衡》詩，其云："爐出龍涎向我焚，仙翁留客意殷勤。紫簫聲起招黄鶴，石塌光浮卧白雲。晝日風雷宣帝令，夜壇星斗焕兵文。於今雖有籠鵝在，誰寫黄庭似右軍。"[③]杜瓊有《和劉祭酒贈福濟觀郭卧雲》二首，其一云："金猊常把妙香焚，一卷丹經用意勤。濟旱每曾呼急雨，棲真時復卧閑雲。頻年學道難忘世，與衆和光獨尚文。喜有贈詩劉祭酒，絶勝當日鮑參軍。"[④]從劉鉉、杜瓊的詩文可見，郭宗衡不僅擅於正一派的祈晴禳雨、召鶴等科儀法術和全真派的内丹修煉，且擅於詩文，與當時文人多有交往。

此外，與施道淵同時期的李樸、吕崧等人也身兼正一、全真之學。如上文所述，李樸入道朝真觀，所拜的師父當爲正一派，因此李樸"混跡禱伍"，對於自己感興趣的金丹大道，則是"數叩其師，師莫以應"。而對於他後來能够"精熟紫清洞玄秘法"的原因，《吴郡甫里志》給出的答案是"（李樸）幼與施亮生同受異人金丹火候性命宗旨"。[⑤] 可見同樣自幼入道於朝真觀的李樸和施亮生學道過程中都接受過正一、全真兩派的熏陶。

清初蘇州的另一位高道吕崧字貞九，號桴庵，明清鼎革，"悲號不食，棄妻子

---

① 陳垣編纂：《道家金石略》，北京：文物出版社，1988 年，第 1261 頁。

② （清）陳教友：《長春道教源流》卷七，民國東莞陳氏刻聚德堂叢書本。

③ （明）錢穀：《吴都文粹續集》，《景印文淵閣四庫全書》第 1385 册，第 710 頁。

④ 孫中旺編選：《蘇州桃花塢詩詠》，濟南：山東畫報出版社，2011 年，第 38 頁。此詩乾隆《吴縣志》卷一〇三題名《和劉祭酒贈福濟觀郭卧雲》，《百城煙水》題名《和劉祭酒贈郭觀主二首之一》。

⑤ （清）彭方周：《吴郡甫里志》，《中國地方志集成・鄉鎮志專輯(6)》，第 107 頁。

入道,自號赤隱子"[①]。據許虯《冲白先生傳》記載,李樸"其最高第者曰吕仙翁毖,世所稱貞九先生者也"[②]。可見吕毖入道後曾拜李樸爲師,此時李樸已宗全真。此外,據吕陽《家貞九道人傳》記載,吕毖"以爲文貞之事三宫,正一法也;貞九之事金丹,大乘法也;正一、大乘同也。邇所見周雲岫道家驅巫治癲、鞭龍駕霆之術,頗有異,盍往而學焉? 學之熟,可以施矣"[③]。可見吕毖還曾向周雲岫學習驅巫治癲、鞭龍駕霆之術。周雲岫曾"從龍虎山夏北衢學清微五雷祈禱祛邪治病諸法,精通道典。時遇水旱,祈禱無不感應。又曾應郡紳之請,講《道德經》《清静經》於福濟、三茅諸觀,聽者動以千計。正一嗣教大真人張洪任賜額'可與宏教'"[④]。可見周雲岫當爲正一派傳承。吕毖師從李樸和周雲岫,身兼兩家之學,這也正足以説明爲何常以全真高道面貌出現的吕毖能"人有疾,金石不能治,公治之;有祟,師巫不能遣,公遣之;有逝魂,緇衣羽流不能懺,公懺之;有大妖,土公社神不能除,公除之"[⑤],也能説明晚年一心向道的趙士春爲何會有"不學吕貞九,建醮開壇多逮趄"[⑥]之評價。

結語

道教正一派和全真派雖然在對與道合一的信仰實踐等方面存在不同,但作爲有著共同信仰的道教的兩個支脈,正一派和全真派之間並不是涇渭分明的。如陳銘珪所言,元代以後,"北宗南宗及正一教,遂多通而爲一矣",明清以來蘇州的宫觀發展歷史和高道的成長經歷都充分證明了這一點。以施道淵入道的朝真觀爲例,一方面,作爲自開創以來就與上真觀山城相望、興衰與共的宫觀,因爲上真觀與張良的淵源,歷來頗受歷代天師的關注,歷代真人入覲經過蘇州,往往都要到宫觀中瞻禮,並經常派天師府的道士駐紮宫觀,助力宫觀的發展,因此朝真觀歷來被稱爲虚靖天師道場,並以"類精科教祈禳齋醮之事"而聞名;另一方面,明初朝廷清理釋、道二教以來,朝真觀又歸併於全真叢林福濟觀,而朝真觀本身創建的初衷也是"安給全真往來",因此朝真觀中又有全真傳承。正因爲宫觀中

---

① (清)李果:《在亭叢稿》卷六,《四庫全書存目叢書補編》第 9 輯,濟南:齊魯書社,2001 年,第 208 頁。

② (清)彭方周:《吴郡甫里志》,《中國地方志集成·鄉鎮志專輯》第 6 册,第 129 頁。

③ (清)吕陽:《薪齋三集》卷八,《四庫全書存目叢書·集部》第 200 册,第517 頁。

④ (清)李銘皖等修,馮桂芬等纂:《蘇州府志》,《中國地方志集成·江蘇府縣志輯(7)》,第 473 頁。

⑤ (清)吕陽:《薪齋三集》卷八,《四庫全書存目叢書·集部》第 200 册,第 517 頁。

⑥ (清)趙士春:《保閑堂集》,《清代詩文集彙編》第 13 册,第 677 頁。

有全真派的傳承,《吴郡甫里志》稱自幼出家朝真觀的清初蘇州兩位高道李樸和施道淵,同受異人金丹火候性命宗旨。這也爲整日“混跡疇伍”的李樸,在以金丹大道“數叩其師,師莫以應”的情況下,最終能够著有《火候宗源》《還丹宗旨》等丹道修煉著作,並在道教内丹學集大成之作——《性命圭旨》之中留下序言和在《紫中道人答問》等篇章中對全真高道的師承提供很好的説明。而類似於施道淵、李樸這樣出入於正一、全真之間,身兼兩家之學的道士並非個例。明代以降,蘇州的諸多高道如周玄真、郭宗衡以及與施道淵同時期的吕毖等皆身兼兩家之學。由此背景出發,也就不難理解爲何作爲正一高道的施道淵會迎請全真高道王常月到穹窿山,向王常月請教全真之學,並將全真的戒律思想融入到正一派的日常修行和宫觀管理之中,進一步推進清初道教的有序傳承。

(責任編輯:秦國帥)

生命史視域下的滇西全真教坤道

□張書采

摘要：滇西坤道作爲一個全真道信仰共同體，產生於全真道在明代進入雲南滇西地區的大背景下，逐漸興起於晚清、民國時期混亂的社會秩序中女性對安寧平和的宗教生活的嚮往，如今又面臨著社會上各種誘惑的挑戰。本文擬以生命史觀滇西全真坤道，且運用田野調查中的口述史材料，將口述史與生命史相結合，即將道教信仰共同體與整個社會的歷史結合起來理解，以此探究全真道在滇西地區乃至全國的存在和發展。

關鍵詞：生命史　全真教　滇西坤道

作者簡介：張書采，四川大學道教與宗教文化研究所博士研究生。

一、問題的提出

滇西，即雲南境内昆明以西的廣大地區。[①] 滇西地區自古深受道教影響，這與天師道在蜀地的創製和滇、蜀兩地宗教文化的交往交流交融是分不開的。及至宋金之際，全真道自對舊有道教的鼎革中產生，王重陽援引儒、佛入道以至弘道，推行"三教圓融"的宗教思想，並以此爲指導創立了全真道内修明心見性、養氣煉丹之真功，外推傳道濟世、扶危濟困之真行的"功行雙全"的修行體系。因全真道在所傳之初便將頭陀式的禁欲主義與貼近民衆生活的儒家倫理觀念相結合，一面宣揚苦行主義，仿效佛教，設戒律以規範道徒行爲，樹立起超然世外的神聖宗教形象；一面倡導結盧結庵，組織"社""會"，大量接引中下層信衆，介紹全真修煉方法、作用，及創社的目的與要求，以簡便而貼近生活的方式引人入道。其

---

① 滇西廣義上包括楚雄、大理、麗江、保山、德宏、怒江、迪慶、臨滄等地區，地勢以高山深谷爲主，有怒江、瀾滄江、金沙江等大江穿流其中。

在山東等北方地區的影響不斷擴大，甚至有“東至海，南薄漢淮，西北歷廣莫，雖十廬之邑，必有香火一席之奉”[1]之趨勢。但金元時期的全真道，並没有大規模傳入滇西地區的跡象。[2] 這是由於大理國時期的雲南盛行佛教，加之元代政權多數時候對佛教的推崇高於道教，在雲南地方建立行省後亦多推行以禪宗爲核心的佛教教化傳統。[3] 故而全真道真正傳入滇西地區並産生一定影響力，應在明代大量漢族人口遷入雲南之時。

彼時明代政權在雲南建立衛所，大批軍士留守雲南，同時還有不少外地客商進入雲南[4]，形成了“土著者少，寄籍者多”[5]的人口狀況，大量可能攜帶著全真道信仰的漢族軍民留在雲南生活，雲南各地開始興建寺、觀、祠、廟，據記載，四川客民在昆明等地修建了“川主宫”，湖廣商人在永昌等地修建了“吕祖樓”，江西移民在魯甸、東川等地修建了“許祖廟”“真君殿”等。[6] 可以説，雲南府、大理府、永昌府、昭通府、楚雄府、臨安府、東川府、蒙化府、姚安府、麗江府、澄江府、曲靖府等地均有寺觀興修記録。[7] 這爲全真道落地雲南提供了相當可觀的群衆基礎。

與此同時，兩位高道的入滇傳法對全真道在滇西地區的流布也起到了促進作用。一是張三丰，其在雲南雲遊傳道的傳説散見於雲南各地方志中，民國《新纂雲南通志》卷二五九中即有張三丰“洪武二十五年秋，自武當至滇”的記載，言張三丰“好遊戲，常爲人繪炭懸壁，嚴冬滿室皆温。昆明禮誥迎神，禱雨輒應，始於三丰。教童子爲之，又令幼童閉目，乘草龍，頃刻遊京師而返”[8]。清光緒《姚州志》卷七中則有張三丰“寓姚三年，居文昌宫，又於筆架山之巒結廬燒丹，至今遺址尚在。州南二十里，有紫雲巖，巖下有石床，三丰時往巖下静坐，累日不歸，亦

---

① 陳垣：《南宋初河北新道教考》，北京：中華書局，1962 年，第 36 頁。

② 關於吕洞賓與宋德方傳全真道入滇的傳説，訛傳可能性較大，但其作爲一部分信仰者的集體記憶，不失爲全真道在雲南繁榮發展的佐證。參見郭武：《關於道教全真派傳入雲南的幾個問題》，《思想戰線》1994 年第 6 期。

③ 此觀點參見張廣保、宋學立：《宗教教化與西南邊疆經略——以元明時期雲南爲考察中心》，北京：社會科學文獻出版社，2014 年，第 74～98 頁。

④ 外地客商以江西、浙江、湖廣與閩粤等地的人爲主，尤以江西人最多。觀點參見蕭霽虹、董允：《雲南道教史》，昆明：雲南大學出版社，2007 年，第 75 頁。

⑤ 據方國瑜考證，明萬曆初年雲南的軍民户總數爲四十七萬一千零四十八，其中軍户占比超 70%，且軍户“悉爲漢族人户”，多數來自江西、浙江、湖廣、河南等全真道影響較大的地區。參見方國瑜：《中國西南歷史地理考釋》，北京：中華書局，2012 年，第 1132～1135 頁。

⑥ 綜合參考（清）戴絅孫纂修：《昆明縣志》，清光緒二十七年（1901）刊本；（清）劉毓珂纂修：《永昌縣志》，清光緒十一年（1885）刊本；（清）方桂修，胡蔚纂：《東川縣志》，清乾隆二十六年（1761）刻本。

⑦ 蕭霽虹、董允：《雲南道教史》，第 77 頁。

⑧ 龍雲、周鍾嶽纂修：《新纂雲南通志》，1949 年鉛印本。

不飲食。去姚時,以隻鞵挂文昌宫壁上,長二尺,題曰三丰鞵,又以墨瀋潑壁,望之煙水蒼茫"①。雖然這些記載均帶有一定的神話性質,但以其弟子所作《三丰先生本傳》②與《徐霞客遊記》卷五中所記載的昆明太華山漢壁張仙祠③作爲佐證,張三丰入滇傳道之事應有一定的可信度,而這些記載的誇張恰説明張三丰作爲全真武當派創始人,在雲南地方社會産生了不小的影響。二是劉淵然,作爲明初高道,其身兼全真、清微二派道法之傳,又被净明道尊爲嗣師。劉淵然於洪武二十六年(1393)入滇傳道,明洪熙元年(1425)受召回京,得賜"冲虚至道玄妙無爲光範演教長春真人"號,並"領天下道教事"。其於宣德年間"奏請立雲南、大理、金齒三道紀司以植其教"④,爲雲南道教争取到了官方承認的組織管理機構。劉淵然旅滇期間,在今昆明、大理、保山、臨滄等地都曾施展道法求雨安民,現昆明龍泉觀内清嘉慶十年(1805)所立《重修龍泉觀北極大殿、雷神殿山門碑記》碑文中即有"明正統年間淵然劉真人來滇……時潭龍驕悍,每泛洪波,昏墊畿民。真人以術,遂建北極殿而鎮伏焉。於是神龍馴伏,感應昭靈。凡雨暘時若,官民叩之,則作霖如響,灌溉東南一帶千萬田畝,至今永賴焉"⑤,清康熙《永昌府志》卷二二有載,劉淵然"洪武年間,禱雨救荒,自以偷洩天河水,請遠戍。及抵金齒,神術屢顯,凡水旱有祈必應。城西北象頭山,郡人立廟於仁壽門外,祀之。康熙三十九年總兵周化鳳同文武重修其廟"⑥。劉淵然作爲明代高道,至清代依然有官員、民衆爲其修廟作傳,可見其法脈在雲南地區傳承有序,並不斷繁衍,乃至對其他道派産生極大影響。⑦ 這其中,芮道材,"少業儒,後從長春真人劉淵然受棲神鍊氣之術,殲峨崀孽龍,除蒙化妖怪"⑧,他在大理地區主持修建了棲霞觀,"在府治之西北。宣德七年,劉淵然之徒芮道材授都紀,遂創之。今爲道紀司"⑨,以及習儀

① (清)陸宗鄭修,甘雨纂:《姚州志》,清光緒十一年(1885)刻本。

② 汪錫齡所作的《三丰先生本傳》中有"乃遯入雲南,適太祖徙萬三於海上,緣此踐約來會,同煉天元,服食大藥"之句。參見(明)張三丰撰:《張三丰全集》卷二,清光緒三十二年(1906)成都二仙庵刻《重刊道藏輯要》本。

③ (明)徐弘祖:《徐霞客遊記》,清嘉慶十三年(1808)葉廷甲增校本。

④ (明)陳循:《龍泉觀長春真人祠記》,(明)鄭顒修,陳文纂:《重修雲南圖經志》,明景泰六年(1455)刻本。

⑤ 蕭霽虹主編:《雲南道教碑刻輯録》,北京:中國社會科學出版社,2013 年,第 442 頁。

⑥ (清)羅綸修,李文淵纂:《永昌府志》,清康熙刻本。

⑦ 大理地區的一些正一道派(道士自稱"正一靈寶符籙派"或"靈寶教正一符籙派")傳承的道譜爲"道德通玄靖,真常守太清,一陽來復本,合教永源流"二十字,這與全真龍門派道譜"道德通玄静,真常守太清,一陽來復本,合教永圓明"大致相同,據大理劍川的道長解釋,該道派在歷史上應深受全真龍門派影響。

⑧ (明)李中溪纂修:《雲南通志》,民國二十三年(1934)龍氏重印本。

⑨ (明)鄭顒修,陳文纂:《重修雲南圖經志》卷四,明景泰六年(1455)刻本。

道紀司玄真觀"在府治東，都督袁義建，長春真人劉淵然書額。内有泉，凡病疫者飲之即愈"[1]，後於宣德年間得賜道紀司都紀職，在大理巍山授徒三十餘人，使得全真道在大理這一滇西重鎮紮根，這對全真道在滇西地區的整體發展意義重大。

二、滇西全真教坤道的傳承歷史[2]

滇西地區道教的歷史最早可以追溯至明代，但滇西全真教坤道作爲一個信仰團體逐漸發展起來却在晚清、民國時期。現存於臨滄子孫廟[3]中的《觀稼樓記》碑文中有言：

緬寧舊爲猛緬土司地，俸氏之世封地也。極邊原無佳勝，改流後斬荊闢棘，建城於西、南兩河流域中，後則龍峰聳峙，前有五老祥暉，左樹旗嶺，右列鼓山，水抱山環，蔚爲名區。生斯土者，多忠烈孝義之士，乾嘉以還，抗志疆埸，立殊勳，樹功名，以文章科名顯者，無不乏人。回亂後，老城凋謝，舉當日矗雲樓閣，悉變爲蔓草荒煙，興起無人，余嘗慨焉。縣城北有子孫廟者，建自前清雍正中，乃長官司俸廷徵之母羅安人香火院，爲土司創建修道院之始，劫火頻經，巍然獨存。光緒以降，由該廟主持阮一誠、楊陽悟先後募捐，子孫殿、觀音閣並出私績，建上、中兩院。民國十八年，主持阮來慶復於下院建層樓三楹，增榮益飾，並修左右兩廂樓、客堂、花圃，樓高百尺，以西河爲襟帶，枕汀城之鳳堞，群峰環峙，氣象萬千。登樓遠眺，煙霞吞吐，在隱現明滅中，更上一層，飄飄然如淩虛御風。且也秧田萬頃，映帶左右。春夏之交，平疇綠滿，農歌四起，清越可聽。遠眺俯矚，水色山光，稻香花韻，如入山陰道上，應接不暇。韻士高人，既獲遊觀之美，品題聯詠；達官貴客，得退休之地，煮茗談心。誠佳境也。若夫秋風晴霽，黄雲爍金，冬雪紛妍，白銀蓋地，則尤有勝概焉。幽詩叶韻，秋稼登場，撫景憑欄，有不禁心曠神怡者。因以觀稼名斯樓，亦莊稼穡詩思之意方爾。

由此可知，臨滄地區坤道傳承的重要基地子孫廟前身爲清雍正九年(1731)原土司俸廷徵爲其母羅安人所建的香火院，所建之時便爲道教宫觀。而臨滄地

① (明)李中溪纂修:《雲南通志》，民國二十三年(1934)龍氏重印本。

② 文中未標明出處的材料均爲筆者 2016 年在臨滄地區進行田野調查時所得。

③ 子孫廟爲臨滄市臨翔區唯一保存完好的道教古建築群，現位於雲南省臨滄市臨翔區照壁巷92 號。觀稼樓記碑現嵌於子孫廟觀稼樓墻體，大理石質地，碑高 0.72 米，寬 0.5 米，直行，楷書，陰刻，於民國二十七年(1938)立，丘廷和撰。

區全真龍門派坤道傳承之始，應追溯到清代道光初年(1821)。其後，臨滄地區所傳全真龍門法脈逐漸發展壯大，如今仍可考姓名的坤道有：

"太"字輩：高太明；

"清"字輩：楊清浚、楊清睿、施清玉等；

"一"字輩：阮一誠、王一和等；

"陽"字輩：楊陽悟、侯陽濟、劉陽海、李陽恒、舒陽義、張陽廣、吕陽申、蘇陽久、李陽才等；

"來"字輩：楊來應、郭來潔、陳來忠、陳來著、趙來安、周來榮、華來順、阮來慶、龔來景、游來定等；

"復"字輩：楊復初、胡復静等；

"本"字輩：李本高、趙本良、李本厚、李本柱等；

"合"字輩：彭合古、魏合成、張合融等；

"教"字輩：歐教經、李教聰、歐教喜、羅教富、游教能、楊教榮等；

"永"字輩：歐永慈、姚永銀、艾永茂、徐永良、游永盛、李永祖等；

"圓"字輩：王圓任、林圓偉、丁圓馨等；

"明"字輩：楊明蘭、張明卜等。[①]

其中，祖師高太明爲清代道士，雲南大姚縣人，出家於四川青羊宫。清光緒《續順寧府志》卷三七載其於"道光初年雲遊至順寧(今雲南臨滄鳳慶)，創建雪華觀。力行心解，能辟穀不食，静修處地極險絶，人跡罕至，常有虎來護持。坐逝後，有人自蒙化來者，相遇於道中，稽首相見之期即爲圓寂之日"[②]。據當地坤道傳説，其曾雲遊至臨滄地區各地，並向當地坤道傳授道法。

阮一誠是臨滄坤道歷史中又一重要坤道，她原籍玉溪，生於嘉慶十三年(1808)，卒於光緒十七年(1891)，道光初年到今臨滄市鳳慶縣靈應山寺拜楊清浚爲師，道光十三年(1833)雲遊到緬寧並住持三教寺[③]，後因三教寺遭火災，阮一誠前往子孫廟修行並任住持，其先後募款修建了中、下院的子孫殿與觀音閣。她一

---

① 此係綜合光緒《續順寧府志》卷三七《寺觀(釋老附)》，民國《順寧縣志》卷二《寺觀》、卷九《宗教》，以及碑刻(多爲坤道墓碑)等田野材料所得。

② (清)黨蒙修，周宗洛纂：《續修順寧府志》，清光緒刊本。

③ 三教寺，即三清宫，現位於臨滄市臨翔區三教寺巷32號。三教寺火災重建後主要由坤道李本厚、李本柱兩人住持。至同治十二年(1873)，坤道張合融接任住持並繼續修建，歷時四年最終完成。重建後改名三清宫，後光緒十六年(1890)由歐教經主持重修，並於光緒二十九年(1903)邑紳民添建洞經樓及山門。至此，三清宫已初具規模。因爲三清宫建於今臨滄市城中心地帶，周圍交通方便，且有集市相鄰，道觀四周常有廟會，一到廟會就會聚集很多信衆，他們赶廟會的同時會進三清宫燒香祈福、上表、作齋會，十分便利。

生共有楊陽悟、侯陽濟、劉陽海、李陽恒等十六名“陽”字輩弟子，此後“陽”字輩弟子又傳有四十三名“復”字輩弟子，臨滄子孫廟、三清宫兩個宫觀在其影響下傳承不斷，香火興旺。

及至民國時期，華來順、阮來慶兩位作爲坤道領袖，引領了臨滄道教發展的又一高潮，二人事蹟衆多。其一即是帶領臨滄坤道道衆前往成都受戒一舉。1933 年，時任緬寧西區完賢村老君殿住持的華來順首次率道徒五人，步行前往四川成都二仙庵習學道經與坐功，後歸緬寧弘揚全真道教義，深受道衆敬仰。兩年後的 1935 年，華來順又與時任緬寧城北子孫廟住持的阮來慶，二人共率徒十八人，一行前往二仙庵學習並受戒，兩次成都之行往返總計耗時達三年之久。在此三年期間，諸位前往受戒的坤道均表現出堅定的道心和强烈的求知欲，她們積極學習拜懺、諷誦、修齋、建醮等法事儀程，提升自身修行。及至 1936 年陰曆二月初二，全員二十餘人均期滿得戒。受戒者每人得一張净戒牒，一張《太上繼宗演教接化大德傳戒律師訓示》，戒書五本(《守戒必持》《初真戒》《天仙大戒》《登真籙》《中極戒》)，以及缘鉢一個、净瓶一個、木質皇冠一頂。此外，她們此行還帶回數本二仙庵刊印的經書，其中以光緒末年成都二仙庵重刊簡本《道藏輯要》最爲珍貴，並請來青羊宫二仙庵的吕永哲道長等二人爲緬寧道衆傳授早、午、晚三壇功課。

其二，在演教科儀方面，華來順、阮來慶二人於 1942 年、1944 年先後兩次作爲主高功共同組織了上九會建醮七天，城鄉道徒及順寧、元縣道友千餘人雲集緬寧，全部穿黄色寬袖道袍，分日前往觀音寺、三教寺等朝参。兩位坤道穿前後繡太極八卦黄緞道袍，前有四對道童吹簫、執木魚、捧香爐、端盥巾引導，後有全堂洞經經席樂席緊隨，再後爲千餘道衆持笏排雙行縱隊緩行，其時盛况空前。

其三，在興造宫觀方面，臨滄子孫廟下院的觀稼樓即是阮來慶主持修建的。觀稼樓建築整體較完整地保持了清代建築風格，據説當時觀稼樓外圍是大片的田野，登樓便可觀賞夏之翠緑，秋之金黄，將賞心悦目之景盡收眼底。其名也正是取自登樓遠眺秧田莊稼收成可好之意，這是因爲民國年間子孫廟的一部分經濟收入來自租出土地給當地農民耕種而獲得的租金。由此可知子孫廟在當時不僅是宗教信仰場所，還兼具爲部分人提供生計的作用，其在信衆或普通民衆中的影響力可想而知。

其四，在道教管理方面，阮來慶於 1938 年組織成立“緬寧縣道教會”，以“統順雲緬三屬,設會址於順城内廉貞觀”[1],由阮來慶任會長,李教聰、歐教喜等任副會長。就在當年,臨滄縣長莫俊周以風俗改良會名義發布通告,令中青年坤道女徒還俗改嫁,不願還俗改嫁者,每人每月應交銀幣五元。臨滄的坤道們爲應對政府要求,由子孫廟與緬寧道教會支墊資金,買棉紗給臨滄各寺觀的坤道織布,每人每天需交一件换取生活費,而織好的布匹一般會統一拿到三清宫旁的集市上販賣。這充分説明當時臨滄地區的坤道已經依託緬寧道教會形成了有機的整體,不僅會統一組織宗教活動,還會統一規劃坤道們的生活。1944 年,“改組爲常務委員會……道教人數順寧道觀約計四十餘所,乾道僅三人,坤道約二百餘人,外有應教夥居道二十餘人”[2]。雖然民國《順寧縣志》給予當時臨滄地區道教的評價是“近數年雖有道教會之設立,謀振宗風,然實效終鮮”[3],但從民國時期宗教,特别是道教的整體發展狀況來看,臨滄地區全真坤道對於道教管理的意識可以説是超前的,其整體發展也可以説是良性的。

其五,除却對信仰的不斷追尋之外,以阮來慶爲代表的坤道們還爲國家與民族做出過不小的貢獻。1942 年,中國抗日部隊陸軍第六軍三十三師官兵自緬甸撤回緬寧之時,臨滄的全真坤道們自主自發地對他們伸出了援助之手,爲因戰争而患病生瘡的衆多抗日部隊士兵四處尋醫找藥,用大鍋熬煮好後,分送給傷病服用,使多數病員傷勢减輕,逐漸恢復健康。當時的駐軍第六軍的軍、師、團長官感其善行特爲其題贈匾額“南疆義士”等數塊,雲南省滇西督察專員李一平亦贈贊詩曰“呔息吾儕盡素餐,扶傷救死付黄冠。尋常不識慈悲力,看此深心湧怒湍”,以“坤道紳士”相稱。後 1949 年,邊縱十一支隊進駐緬寧期間,生活條件異常艱苦,當時的緬寧道教會即號召道友縫製布鞋近千雙,送給部隊穿用。

可以説,滇西全真教坤道的發展既是她們作爲宗教信仰者與教職人員不斷精進自身道教素養的結果,也與其積極組織宗教活動,發揮道教的社會作用密切相關。作爲一個要出家住觀修行的道派,全真道發展的第一步往往是興修道觀,並將其作爲一個道派或宗教組織賡續發展的重要支點。民國《順寧縣志》便有著諸多關於坤道興修宫觀的記録,如“玄真觀,在城南六十里文華村靈應山,坤道楊清睿、施清玉創建,咸豐丁巳兵燹毁,光緒癸酉年坤道吕陽申重建大殿、兩廡,民國乙丑坤道陳來忠添建龍華香亭及地母殿”,“清華觀,即在玄真觀之前,光緒初年坤道王一和率徒蘇陽久、李陽才由玄真觀拆分出來建造大殿與左廡,民國戊戌

---

① 張問德修,楊香池纂:《順寧縣志》,鈔本。
② 張問德修,楊香池纂:《順寧縣志》,鈔本。
③ 張問德修,楊香池纂:《順寧縣志》,鈔本。

年坤道趙來安重修大殿並曾建右廂房”,“三聖宮銅鐘……住持坤道陳來著,率徒胡復静,十方善信募化功德錢數千文,光緒十八年三月吉旦均正書陽文”[①]等等,特别是師徒合力募款興修道觀的記載,充分顯示了滇西全真坤道師徒相襲,以宫觀爲基礎敷衍法脈的狀況。第二步是要堅定道心,並不斷豐富自身的宗教實踐技能。滇西全真坤道外出受戒學習,並帶回了大量新的道書與法器,這既滿足了信衆與地方社會的宗教需求,也增强了教職人員與信仰者的宗教認同,由此逐漸形成了具有向心力的宗教組織。對比曾經存在於臨滄地區的全真隨山派[②],其較爲單薄的傳承與保守的發展模式使得它湮滅在了歷史中。第三步即是對已經發展了的道派進行維護。當全真道出家奉道的宗教生活方式與某種社會層面的公序良俗相違背的時候,以聯合(道教協會)的名義對已有的教職人員、信仰者進行保護,同時釋放一個道派健康發展的信號,以吸引更多信仰者加入。第四步是當時的坤道們,特别是傑出的坤道領袖已充分具備國家、民族大義觀念,無論她們的行爲是出自宗教的慈悲態度,還是出於女性的母性光輝,她們都認識到修道不能脱離國家和社會,衹有依託國家和社會的認可,纔能進一步優化自身形象,擴大宗教影響力,以達到宣教、傳道的最終目的。

三、滇西全真教坤道的發展現狀

新中國成立後,滇西全真坤道經過了一段時間的沉寂,至 1994 年政府頒布《宗教活動場所管理條例》,全國範圍内宗教政策開始重新落實。滇西全真坤道抓住這一契機,從恢復宗教場所和重組道教協會兩方面入手,逐漸成長爲雲南道教界的核心力量。這一時期的滇西全真坤道已不局限於單一地區的發展,而是自覺自發地聯合起來,以道教協會爲組織單位,逐漸真正形成了滇西全真坤道的信仰共同體,並以其宗教影響力開始輻射整個雲南道教界。

---

① 張問德修,楊香池纂:《順寧縣志》,鈔本。

② 臨滄的隨山派法脈由騰冲籍坤道胡義静傳入。清同治年間,雲遊到臨滄的胡義静將父母被殺的土鍋村姚家三歲孤女帶入道門,取道名爲姚嗣銀,後師徒二人便在臨滄土鍋村建三元宫結廬修道,但神像還没有塑,胡、姚二師徒就去世了,由弟子蒙心玉住持三元宫並塑了神像。自此之後,三元宫一直是臨滄隨山派的傳承基地,雖然入道人數較少,但一直都有傳承。其傳承譜系如下——“義”字輩:胡義静;“嗣”字輩:姚嗣銀;“心”字輩:蒙心玉;“守”字輩:蒙守富、李守貴、吴守静等;“忠”字輩:李忠琴。直至“文革”時期三元宫被幾个單位占用,僅剩的一位老道長李忠琴被遣散回家後,法脈傳承便中斷了。雖然後來老道長被接回僅剩一間屋子的三元宫,並收了一位弟子劉良芳傳承隨山派,但後來這位弟子還俗回家了,老道長也羽化了,臨滄的隨山派法脈傳承便由此斷絶。

(一)滇西地區道教場所的恢復

臨滄地區是於 1980 年下半年開始組織小型道教活動的。子孫廟於 1983 年歸還道教,當時觀稼樓已傾斜嚴重,倒塌在即,子孫廟成立道教管理小組後,積極向道衆及社會各界募款並立即組織修繕。至 1996 年,在多方共同努力下,由臨滄縣道教協會出資四萬元,子孫廟管理小組出資十萬元,中國道教協會贊助三萬元,先後共計花費十七餘萬元,邀請專業工人以琉璃瓦、油漆彩繪裝飾增色,對觀稼樓及大殿成功進行了翻新裝修。修繕後的臨滄子孫廟於 1997 年被列爲臨滄縣級文物保護單位,於 2006 年被臨滄市政府公布爲市級文物保護單位。這是一則政府與宗教界協力保護道教古建築的成功案例。而靈山寺的恢復則是道教界聯合民間力量的成功案例。靈山寺始建於清嘉慶十三年(1808),首建老君閣,位於臨滄城東南四公里處,因建於"靈應山"而得名,是一組完整的道教古建築群,整組建築依山勢地形逐次升高。1988 年,發起人楊光明邀約社會熱心人士三十餘人,在三清宫召開會議,商議修復靈山寺事宜,同年 11 月 21 日,臨滄縣政府批準成立了靈山勝境復修籌備委員會。此後 1989 年至 1996 年九年間,靈山勝境復修委員會先後組織建成觀音閣、老君殿等建築,並添置了送子觀音、太上老君、靈山老母、達摩、孔子、財神等神像。2003 年,臨滄縣政府批復同意將靈山寺依法登記爲宗教場所。其後於 2007 年建成財神殿,並落成開光,於 2009 年建成玉皇殿,並舉行凌霄寶殿開光暨建寺 200 周年慶典活動。此外,臨滄地區鳳慶縣的觀音閣、石洞寺、磬陀石道觀、三清觀、靈應寺、瓊嶽大寺等道觀也陸續恢復。

保山從 1980 年開始全面落實宗教政策,被毀宫殿陸續重新修復,如玉皇閣、三清殿、金雞寺、關聖宫、新橋文昌宫、水蓮寺、白塔觀音寺、太平宫等,道場法事日益興盛起來。騰冲道教的恢復是以雲峰山道觀的恢復爲主,在騰冲縣有關部門的幫助和全觀道衆的共同努力下,民衆積極捐資,於 1982 年在原址按原樣建蓋了老君殿和吕祖殿。1985 年,李成坤開始任雲峰山道觀住持,李宗穩任副住持,她們潛心於道觀建設和道教修煉,籌資三萬五千元,於 1986 年將三層木結構的斗姆閣立於"雲梯"頂端的懸岩之上,飛簷凌空,雄偉壯觀,加之名師雕樑畫棟,更顯"仙山瓊閣"風采。兩位道長在恢復宗教場所的同時開始積極對外宣傳雲峰山的美景與道教文化,李成坤於 1984 年即受縣道教協會的委派,先後前往四川峨眉山、青羊宫、青城山,浙江普陀山,湖北武當山,陝西華山,河南中嶽廟以及南京、上海、北京等多地道教聖地參觀學習,并在中國道教協會所在地北京白雲觀拜會了中國道教協會的陳兆康先生,初步建立了騰冲道教與中國道教協會之間的關係。1989 年她列席參加了中國道教協會常務理事會,同年被選爲騰冲縣道教協會副會長,同年前往北京白雲觀受戒。此外,李宗穩於 1988 年在北京白雲觀參加了中國道教協會主辦的道教知識專修班學習,1989 年冬於北京白雲觀參加受戒,1992 年代表雲南道教界參加中國道教協會第五屆代表會議,被推選爲中國道教協會理事會的常務理事,是雲南道教界參與中國道協管理全國的道教事務的代表。正是在兩位坤道的不斷努力下,滇西全真坤道的社會影響力越發隆盛,這對保山地區道教場所的恢復起了很大的推動作用。

(二)滇西地區道教協會的重新組織

臨滄地區雲縣的道教活動約於 1978 年開始恢復,並於 1985 年成立了雲縣道教小組,指定聖教寺爲道教活動場所,重修觀音殿,在殿内改塑太上老君等神像,新增匾額對聯,開始了正常的宗教活動。至 1985 年,雲縣坤道十一人、居士八十六人參加道教組織。後於 1989 年正式成立了雲縣道教協會,由楊合勤任會長,楊玉衡、段玉蘭任副會長,孫澤任秘書長。鳳慶東山宫於 1984 年落實宗教政策後,陸續修理道觀,恢復宗教活動,並於 1985 年成立了鳳慶縣道教協會,由汪合耀任會長,紀合雁、楊永平任副會長,施燦蓮任秘書長。臨滄縣道教協會成立於 1985 年,會址設在三清宫。第一屆會長爲段水贊,副會長爲李本高、彭合古(身故後由趙本良接任),秘書長爲丁朝猷,臨滄縣道教協會於 1988 年 11 月在三清宫正式組織了騰冲、鳳慶兩縣教職人員培訓班,積極與滇西其他地區的坤道進行交流。第二屆會長爲李本高,副會長爲趙本良、林圓偉,秘書長爲丁朝猷。臨滄市臨翔區道教協會成立於 1993 年,會長爲趙本良,副會長爲歐永慈、丁圓馨,秘書長爲丁曉燕。2009 年换屆後選舉會長爲丁圓馨,副會長爲陳燦倫、鄧凡貴,秘書長爲方明楨,並在 2008 年、2009 年連續兩年開設臨滄市一區八縣道徒道經培訓班。

保山地區道教協會的重新組織,自騰冲縣開始。1984 年,騰冲縣召開首屆道教代表大會,成立騰冲縣道教協會,會址設於仙樂觀王母閣,會長周理厚,副會長張宗交、陳宗培。協會成立後,積極協助政府宣傳、貫徹宗教信仰自由政策,特別是加强了對道教寺觀、道衆及宗教活動的管理。1988 年 4 月,第二屆騰冲縣道教協會代表大會召開。大會聽取和審議道教協會第一屆理事會工作報告,討論和修改道教協會章程,通過道教協會關於騰冲道教寺觀管理暫行規定,並同意將騰冲縣道教協會會址遷至雲峰山道觀。民主選舉産生第二屆理事會,會長周理厚,副會長何誠開、李宗穩,秘書長周成厚。1987 年,保山市在灣子村三親殿成立道教管理小組,組長趙宗順,1999 年遷至太保山玉皇閣道觀,2000 年,由周誠梲繼任組長。及至 2005 年,保山全市有道觀十二座,有道徒二十八人,信教群衆有兩萬四千餘人。

(三)滇西全真坤道對雲南省道教協會重組的推動

滇西全真坤道除了對滇西地區各道教協會的重組不斷做出努力之外,還對雲南省道教協會的成立起到至關重要的推動作用。截至 2000 年之前,由於没有合適的宗教活動場所,雲南省道教協會一直不能成立,致使雲南豐富的道教資源處於一盤散沙的狀態,不能有機結合在一起,發揮出其本身應有的組織能力,這對道教自身的發展和國家依法管理道教事務都是很不利的。爲此,滇西坤道多人多次在人代會、政協會議上提出"成立雲南省道教協會"的建議和提案,她們中的很多人爲此事到處奔波,甚至離開滇西地區常住昆明。

直至 2001 年,省政府在徵求省委統戰部、省財政廳等有關部門的意見後,批復正式成立"雲南省道教協會籌備組",由郭滇明擔任組長,董允、李文興、李宗穩、林圓偉任成員。其中,李宗穩與林圓偉即滇西全真坤道的代表,她們在雲南省道教協會的重組中起到了至關重要的作用。籌備組成立後,在維護道教界合法權益、加强教務管理等方面做出了一系列工作,包括:積極協助政府貫徹執行宗教信仰自由政策;根據中國道教協會 1998 年通過的《關於道教宮觀管理辦法》加强宫觀管理,嚴格道風,莊嚴道場;組織全省道教人士進行學習與培訓,助力道教人才在宗教素養、政策法規意識、宫觀建設管理等方面實現全方位的提升;首次組織全省道教人士參與道教文化的研究和弘揚活動;等等。這一系列工作成績充分顯示了雲南省道教協會成立的必要性。及至 2003 年 10 月,雲南省道教第一次代表會議在昆明舉行,與會代表共一百二十人,分别來自昆明、昭通、大理、保山、德宏、臨滄等六個州市。其中保山地區共二十九人,臨滄地區共二十五人,占與會總人數的 45%。會議通過了《雲南省道教協會章程》(草案),選舉産生了雲南省道教協會第一届理事會名單,其中李宗穩、金信常、趙誠芳、唐信寬、周宗權、周霞爲保山地區的代表,而丁圓馨、楊合勤、汪合耀、龔菊芬四人爲臨滄地區的代表,占理事總人數的 40%,且李宗穩、唐信寬、周霞、汪合耀與丁圓馨爲常務理事。由此可見滇西坤道對雲南省道教協會的成立,以及後來工作開展所起的重要作用。

結語

以生命史觀滇西全真坤道,輔以田野調查中的口述史材料,將口述史與生命史相結合,將一個信仰共同體的生命歷程放大爲一個歷史的整體,以此作爲一個縱向的線索;同時將一個歷史事件作爲一條横向的線索,來牽扯出不同的個體、共同體命運是如何交織在一起的。正是在這縱横之間,事件和人生、社會和個人都被聯繫在了一起。滇西坤道作爲一個全真道信仰共同體,其産生於全真道在明代進入雲南滇西地區的大背景下,逐漸興起於晚清、民國時期混亂的社會秩序中女性對安寧平和的宗教生活的嚮往,如今又面臨著社會上的各種挑戰。歷史上的女性入道一度是消極避世的象徵。儘管滇西地區一直有女性出家的傳統,但她們一直是爲了解決自身身世或是婚姻的問題而出家,因此明、清兩代多數坤道還不具備宗教團體的核心地位,更遑論宗教領袖地位。及至清末、民國的女性解放運動興起,女性解放了自己,特别是她們不再是因爲自己有缺陷、不正常纔要出家修行;正相反,她們開始積極尋求學習、提升自身的機會,真正將出家修行作爲自己的生活方式而非迫不得已的選擇。也正是因爲這樣,清末民初滇西地區接連湧現出多位傑出的坤道代表。如今的滇西全真坤道將坤道的個人修行與同道間的互助緊密結合在一起,逐漸形成了個人與教團相依而生、共同發展的模式。雖然身在道教修行傳統中的她們直面著現代化的衝擊,但其在個人修行與信仰共同體的雙重建設上仍不斷鋭意進取,也不斷創造著豐碩的成果。

(責任編輯:張琰)

姚從吾與金元全真道研究

□楊靚瑜　趙衛東

摘要：姚從吾作爲遼、宋、金、元史的研究專家，對產生與興盛於金元之際的全真道有深入研究，提出許多前人所未曾提出的新觀點。其觀點主要有以下七點：(1)認爲全真道的創教目的在於"賢者避世"與"自救救人"。(2)高度讚揚丘處機濟世救人的歷史功績。(3)肯定全真道爲保全中原文化做出貢獻。(4)批駁耶律楚材所列丘處機十大罪狀。(5)深入剖析成吉思汗信重丘處機的原因。(6)考證《玄風慶會録》的形成、性質以及與耶律楚材的關係。(7)提出"全真學"並明確區分全真學與全真教。姚先生的以上觀點，雖然有的仍有值得商榷的地方，未能獲得學界完全認同，但姚先生的全真道研究，在繼承陳銘珪、陳垣研究的基礎上，發前人所未發，極大地促進了金元全真道研究的深入與發展，這使其成爲繼陳銘珪、陳垣之後全真道研究的另一巨擘，對於金元全真道研究做出不可磨滅的貢獻。

關鍵詞：姚從吾　全真道　丘處機

作者簡介：楊靚瑜，山東大學哲學與社會發展學院博士研究生；趙衛東，山東大學儒學高等研究院教授，主要從事儒道哲學研究。

姚從吾(1894～1970)，原名士鼇，字占卿，因常以"從吾所好"自勉，故改名從吾，河南省襄城縣人。1920年畢業於北京大學文科史學門，同年考入北京大學國學門研究所。1922年於北京大學畢業後，前往德國柏林大學深造，師從傅朗克教授、海尼士教授專治蒙古史。1931年任柏林大學漢文研究所講師，1934年回國任北京大學史學系教授。1949年元月，隨故宮文物赴臺，臺灣大學校長傅斯年聘其爲歷史系教授。1970年4月15日於臺灣病逝，享年七十七歲。[①]

---

① 參見方貴齡：《姚從吾傳略》，《蒙古史研究》第一輯，呼和浩特：內蒙古人民出版社，1985年，第106頁；林正言：《北大前歷史系主任姚從吾先生小傳》，《中文報刊資料(中國文史類)》1988年第8～9期。

姚從吾一生致力於歷史學研究，在遼、金、宋、元諸史研究方面有極深造詣，對於全真道研究也有所涉獵。1959 年，姚先生編著的《東北史論叢》一書出版，其中收論文二十篇，與全真道相關的有兩篇，即《金元全真教的民族思想與救世思想》（1938 年初次發表於昆明）和《元邱處機年譜》（初次發表於 1956 年）。1962 年，姚先生又在《大陸雜志》特刊第二輯發表《西遊録足本校注》一文，對耶律楚材在《西遊録》中所列丘處機的十大罪狀加以批駁。姚先生去世後，由其弟子整理出版的《姚從吾先生全集》中又新收入姚先生《成吉思汗信任邱處機與這件事對於保全中原傳統文化的貢獻》一文。① 姚先生的研究成果深受學界重視，卿希泰先生曾在《道教研究百年的回顧與展望》一文中提及："姚從吾的《金元全真教的民族思想及其對於人生的態度》和《金元全真教的民族思想與救世思想》，二者對道教思想評價很高。"②下面將以姚先生以上四篇研究全真道的學術成果爲研究對象，結合當前全真道研究的新進展，對其全真道研究加以述評。

一、認爲全真道創教目的爲"賢者避世"與"自救救人"

對於王重陽創立全真道的目的，前輩學者已多有探討，其中陳銘珪在《長春道教源流》中的觀點對後世影響最大。陳銘珪認爲，"王重陽有宋之忠義也，其害風也，蓋憤激使然"，又據《全真教祖碑》而發出"重陽忠憤之夙心矣"的感歎，更據元商挺《題甘河遇仙宮》詩而言："重陽不惟忠憤，且實曾糾衆與金兵抗矣。"③在陳銘珪看來，王重陽乃"宋之忠義"，曾糾衆與金兵相抗，因抗金失敗，一時忠憤，而創立全真道。陳垣繼承陳銘珪的以上觀點，在《南宋初河北新道教考》一書中言，"全真之初興，不過'苟全性命於亂世，不求聞達於諸侯'之一隱修會而已。……以逸民名初期之全真，誠得全真之真相"，全真道"立教之初，本爲不仕新朝，抱東海西山之意"。④

姚從吾對於王重陽創立全真道目的的看法深受陳銘珪的影響。他最初肯定了陳銘珪在《長春道教源流》中所提出的，王重陽創立全真道是爲了反抗異族且實曾糾兵抗金的觀點，其言："金有中原的時候，豪傑奇偉之士，不肯臣事外族的

---

① 以上參見王德毅：《姚從吾先生著述目録並序》，《中原文獻》1989 年第 4 期；《姚從吾先生年譜》，臺北：新文豐出版有限公司，2000 年，第 78～86 頁。

② 卿希泰：《道教研究百年的回顧與展望》，《四川大學學報》（哲學社會科學版）2006 年第 4 期。

③ （清）陳教友：《長春道教源流》卷一，《藏外道書》第 31 册，成都：巴蜀書社，1994 年，第 13、14 頁。

④ 陳垣：《南宋初河北新道教考》，北京：中華書局，1962 年，第 2、4 頁。

人很多,實不止王重陽一人","創立全真教的王嚞、邱處機,不但是賢者避世,而且有反抗異族,保全漢族文化的積極行動"。[①] 但隨著史料的增多,他的看法後來有所變化。姚先生對這一問題的看法主要有以下三點。

(一)王重陽有"忠憤之心",卻非"宋之忠義",更没有抗金的實際行動

對於陳銘珪稱王重陽爲"宋之忠義",姚先生一度表示贊同,但後來因材料增多而改變了這一看法。姚先生言:"王重陽創立全真教的動機,清朝光緒時廣東東莞陳銘珪先生曾於所作《長春道教源流》卷一,加以研究,説是由於從事愛國運動的失敗,因而尊稱他爲北宋的忠義之士。著者曾一度表示贊同。但這一看法,現在因材料增多,已覺得不甚切合。""陳教友諸人想進一步推崇王重陽爲有宋的忠義之士,並信他們曾有抵抗女真的積極活動。著者數年以前也頗爲此一建議所動;認爲事屬可能。近來統觀金元時代全真教領導人的言行與活動,覺著他們終是自救救人的宗教家。只有消極的願望,没有政治方面積極活動。只求反身自省,不忘根本;不會揭竿而起,乘時割據。'有宋忠義'云云,仔細衡量,似稍過當。陳教友的推測甚佳,但陳氏所提舉的史料證據,則尚嫌不足。"[②]姚先生在《成吉思汗信任邱處機與這件事對於保全中原傳統文化的貢獻》一文中,對於陳銘珪所提出的關於王重陽有"宋之忠義"的證據進行了逐條分析,最後認爲,"重陽對於宋方的不爭氣,竟至拜表稱臣於金;而且殺了志切抗敵救國的岳飛,這些不平,是可以激起重陽諸人的忠憤的。但他們在當時,恐也只能始之以隱遁,終之以佯狂,懷有忠憤的宿心而已。也不能再事推演,説他已有忠義抗金的實際行動","我們只能説王重陽當日或有忠憤之心,但不應依據商挺一時的懸想,即説他是有宋的忠義"。[③] 通過以上可以看出,姚從吾不僅否定了王重陽爲"宋之忠義",而且還認爲其並没有抗金的實際行動。陳銘珪認爲王重陽"實曾糾衆與金兵抗"的主要依據,乃是商挺在《題甘河遇仙宫》詩中所説的"矯矯英雄姿,乘時或割據",而同樣是依據該詩,姚從吾卻得出完全不同的結論。姚先生言:"至於説到商挺甘河遇仙詩,仍是一時的推測,距離實際行動尚遠。如説:'矯矯英雄姿,乘時或割據',這裏有一個或字,事實上已不能將'糾衆'與'金兵相抗'連在一起。何況下邊又説:'妄跡復知非,收心活死墓',那更是和糾衆與金兵抵抗無關了。如此,

① 姚從吾:《東北史論叢》(下),臺北:正中書局,1959年,第183、175頁。

② 姚從吾:《成吉思汗信任邱處機與這件事對於保全中原傳統文化的貢獻》,《姚從吾先生全集——遼金元史論文》(中),臺北:正中書局,1982年,第16、21～22頁。

③ 姚從吾:《成吉思汗信任邱處機與這件事對於保全中原傳統文化的貢獻》,《姚從吾先生全集——遼金元史論文》(中),第24頁。

則陳氏所得結論,‘金時碑記有所忌諱,不敢顯言’到了‘商挺入元,故直揭其大節’云云,實在是片面的單相思;事實上王重陽對於抗金是没有實際行動的。”[①]顯然,在姚先生看來,王重陽雖有“忠憤之心”,但並非像陳銘珪所説的那樣爲“宋之忠義”,更没有抗金的實際行動。

(二)王重陽創立全真道的動機之一乃“賢者避世”

元代文人虞集曾在其所撰《真大道教第八代崇玄廣化真人岳公之碑》中提到:“昔者金有中原,豪傑奇偉之士,往往不肯嬰世故,蹈亂離,輒草衣木食,或佯狂獨往,各立名號,以自放於山澤之間。當是時,師友道喪,聖賢之學湮泯澌盡。惟是爲道家者,多能自異於流俗,而又以去惡復善之説以勸諸人,一時州里田野,各以其所近而從之。受其教戒者,風靡水流,散在郡縣,皆能力耕作,治廬舍,聯絡表樹,以相保守,久而未之變也。”[②]按照虞集的以上説法,金代中國北方太一、真大、全真三大新道教之産生,皆乃賢者避世所致。姚從吾肯定了虞集的這一觀點,認爲王重陽創立全真道的動機之一乃是“賢者避世”,其言:“全真教興起的動機,與王重陽諸人的苦心創教,有没有一個比較高遠的理想呢?著者研究歸納的結果,認爲上述虞集所舉示的當時外族入侵,天下大亂,北宋文化又高,一部分有智識的豪傑之士,洞識變亂之機,不甘屈辱,乃想出‘賢者避世’消極抵抗的辦法。”“北宋末年女真人入主中原,異族征服,政令繁苛,中原豪傑奇偉之士,不肯臣事異族,致惹禍患,那只有避走山林,草衣木石,各立名號,自尋出路了。……我們拿‘賢者避世、創教救人’的精神,去説明金初全真教的興起,以視陳教友的忠義説,要算已識廬山真面目,比較上切合實際的情形了。”[③]按照姚先生的以上説法,當年王重陽創立全真道的初衷實極爲簡單,乃是“自救”,“賢者避世”就是自救的一種方式,這與全真道作爲出世宗教的性質也極爲契合。

(三)王重陽創立全真道的另一目的在於濟世救人

與陳銘珪、陳垣另一個不同的觀點是,姚從吾先生尤其强調全真道的救世思想,認爲王重陽當年創立全真道的目的之一在於濟世救人。姚先生早在《金元全真教的民族思想與救世思想》一文中就曾指出:“全真教不是宣傳道教,而是利用

① 姚從吾:《成吉思汗信任邱處機與這件事對於保全中原傳統文化的貢獻》,《姚從吾先生全集——遼金元史論文》(中),第24頁。

② 陳垣編纂:《道家金石略》,北京:文物出版社,1988年,第830頁。

③ 姚從吾:《成吉思汗信任邱處機與這件事對於保全中原傳統文化的貢獻》,《姚從吾先生全集——遼金元史論文》(中),第24~25、26頁。

道教的名義,對金初外族的壓迫,有所補救。"[1]後來,又在《成吉思汗信任邱處機與這件事對於保全中原傳統文化的貢獻》一文中提道:"中國自靖康(1126～1127)大亂之後,華北一部分憂時愛國人士,不甘受邊疆民族的壓迫,紛紛以逸民避世的態度,暗中結合成若干教派,藉以自救而救人。"[2]在姚從吾看來,這些教派裏的中堅分子,不願與女真人妥協,他們在天下大亂後,因痛定思痛而創立全真、大道、太一三大教派,這三大教派的創教祖師"都能義不仕金,聚徒訓衆,自食其力,實在都是中原宋朝可敬的逸民"[3]。正是在這一意義上,姚先生認爲他們是"賢者避世",而"賢者避世"乃義不仕金的豪傑之士的"自救"行動。然而,全真道"初期祇欲自救,既到教派成立,自然也想救人救世"[4]。姚先生認爲,全真道的創教目的有一個從"自救"至"救人"的發展過程,創教之前與創教之初,其目的主要以"自救"爲主,隨著事態的不斷發展,逐步演變爲以"救人救世"爲主。王重陽因早懷有憂國憂民之心,所以纔"創建教派,倡立新説以救人自救"[5],其創立教派實則是利用道教的名義來救濟衆生,藉以減輕外族的壓迫與摧殘。

對於王重陽創立全真道的目的,陳銘珪、陳垣的看法確實是失之偏頗,有將自己的心理企向投播到古人身上的嫌疑,從某種意義上講,違背了研究歷史的客觀性態度。姚從吾早年認同陳銘珪、陳垣的看法,但後來隨著材料的增多,漸漸認識到這種看法存在問題。經過自己的細心梳理與深入研究,最終認爲王重陽雖有"忠憤之心",但却非"宋之忠義",更無對抗異族的實際行動,其創立全真道的目的在於"賢者避世"與"自救救人"。姚先生的這一看法,與陳銘珪、陳垣的看法相比,更加切合歷史的事實,具有撥亂反正的重要學術價值。更爲重要的是,姚先生不僅是第一位對陳銘珪、陳垣的觀點提出批評的學者,而且還充分認識到了全真道創教前後立教宗旨的發展變化,進一步深化了學界對該問題的研究。

---

① 姚從吾:《東北史論叢》(下),第 181 頁。

② 《姚從吾先生全集——遼金元史論文》(中),第 1 頁。

③ 姚從吾:《成吉思汗信任邱處機與這件事對於保全中原傳統文化的貢獻》,《姚從吾先生全集——遼金元史論文》(中),第 3 頁。

④ 姚從吾:《成吉思汗信任邱處機與這件事對於保全中原傳統文化的貢獻》,《姚從吾先生全集——遼金元史論文》(中),第 15 頁。

⑤ 姚從吾:《成吉思汗信任邱處機與這件事對於保全中原傳統文化的貢獻》,《姚從吾先生全集——遼金元史論文》(中),第 16 頁。

二、高度讚揚丘處機濟世救人的歷史功績

金元之際的中國北方，社會動盪，戰亂頻仍，百姓深處於水火之中，性命朝不保夕，正如姬志真在《鄠陵黄籙大齋之碑》中所言："爰自大朝隆興，金源失統，干戈不息，以迄今日，幾四十年矣。馬蹄之所及，則金湯齏粉，兵刀所臨，則人物劫灰，變谷爲陵，視南成北，比屋被誅，十門九絶，孑身不免，萬無一存。"①當此之時，全真道興起，以"異跡驚人，畸行感人，惠德澤人"②，深得北方士庶信重，並以短短幾十年時間，傳遍中國北方，"東盡海，西邁蜀，南逾江漢，北際大漠，莫不家奉人敬，從風而靡"③。

全真道之所以能够在短短幾十年内迅速興起，有賴於其濟世救人的立教宗旨。對於這一點，金元時期的全真道士秦志安與姬志真皆曾提及。比如，秦志安編《金蓮正宗記》卷四《長春丘真人》云："當蒙古之鋭兵南來也，飲馬則黄河欲竭，鳴鏑而華嶽將崩，玉石俱焚，賢愚並戮，尸山積而依稀犯斗，血海漲而髣髴彌天，赫威若雷，無赦如虎。幸我長春丘仙翁，應詔而起，一見而龍顔稍霽，再奏而天意漸回。詔順命者不誅，許降城而免死；宥驅丁而得贖，放虜口以從良。四百州半獲安生，數萬里率皆受賜。所謂展臂拒摧峰之嶽，横身庶潰岸之河。救生靈於鼎鑊之中，奪性命於刀鋸之下。不啻乎百千萬億，將逾於秭穰京垓。"④又如，姬志真在《長春真人成道碑》中言："曩者國朝初興，天兵暫試，血流川谷，肉厭丘原，黄鉞一麾，伏尸萬里，馬蹄之所及無餘地，兵刃之所臨無遺民，玉石俱焚，金湯齏粉。幸我真人，應召行在，微言再奏，天意方回，許順命者不誅，指降城而獲免，諭將帥以愍物，勉毫傑以濟人。在急者拯以多方，遇俘者出以資購，婢僕之亡，從道者皆恕，卑賤之役，進善則放良。救人於塗炭之中，奪命於鋒鏑之下，使悛惡而從善，皆道化之弘敷也，天下之受庇者多矣。"⑤在金元時期的全真道士看來，全真道在濟世救人方面最突出的表現，便是丘處機西行覲見成吉思汗這件事，其不僅使蒙古統治者改變了以往的屠城政策，"詔順命者不誅，許降城而免死"，而且還通過延攬大量亡金士庶入道，使他們免於蒙古軍隊的奴役、羞辱與屠戮，真可謂"救生

① 陳垣編纂：《道家金石略》，第 466 頁。
② 陳垣：《南宋初河北新道教考》，第 37 頁。
③ 陳垣編纂：《道家金石略》，第 708 頁。
④ 《道藏》第 3 册，北京：文物出版社、上海：上海書店、天津：天津古籍出版社，1988 年，第 361 頁。
⑤ 陳垣編纂：《道家金石略》，第 588 頁。

靈於鼎鑊之中,奪性命於刀鋸之下”,立下萬世不朽的濟世救人之功。

假若説秦志安與姬志真皆爲全真道士,他們對全真道乃至丘處機的評價難免於溢美之詞,那麽,元好問、鄺居敬、壺長春、宋濂等的看法,則相對更能説明問題。元好問在《懷州清真觀記》中言:“如皇極書所言,王伯而降,至於爲兵爲火,爲血爲肉,元元之厄,適當斯時,人情甚不美,重爲風俗所移,幸亂樂禍,勇鬥而嗜殺,其勢不自相魚肉,舉六合而墟之,未艾也。丘公往年召對龍庭,億兆之命懸於治國保民之一言,雖馮瀛之悟遼主不是過,天下之所以服其教者,特以此耳。今黄冠之人,十分天下之二,聲勢隆盛,鼓動海嶽,雖凶暴鷙悍,甚愚無聞知之徒,皆與俱化,銜鋒茹毒,遲回顧盼,若有物掣之而不得逞。父不能詔其子,兄不能克其弟,禮義無以制其本,刑罰無以懲其末,所謂全真家者乃能救之蕩然大壞不收之後。殺心熾然如大火,聚力爲撲滅之。”[①]鄺居敬在《欒城縣太極觀記》中言:“聖朝受命,崇玄重道,首命驛召長春丘公,前席加敬,垂衢室總章之問。是時天下初定,民未厭服,而叛命者衆,朝議將致天討以罰殛之。湯火遺黎,旦暮假息,竢命於鋒鏑之下。丘慮蒿蘭共刈,百方周至爲之曲説,竟用是獲免。至有囚俘亡命,輒緇其冠而羽其衣者,一無所問。凡前後所活,無慮億萬計。雖朝廷推含弘不殺之仁,要之大教有以庇之也。”[②]壺長春在《金蓮正宗記序》中言:“逮我長春子丘神仙受皇帝之宣,應陰山之聘,勸之以減酒色,戒之以少殺戮,一言愷切,萬國生春,救億兆於鼎鑊刀鋸之間。”[③]《元史·丘處機傳》云:“太祖時方西征,日事攻戰,處機每言欲一天下者,必在乎不嗜殺人。及問爲治之方,則對以敬天愛民爲本。問長生久視之道,則告以清心寡欲爲要。……時國兵踐蹂中原,河南、北尤甚,民罹俘戮,無所逃命。處機還燕,使其徒持牒招求於戰伐之餘,由是爲人奴者得復爲良,與濱死而得更生者,毋慮二三萬人。中州人至今稱道之。”[④]顯然,金元時期的文人,無論對全真道本身持何種態度,無不對丘處機西行覲見的濟世救人之功做出高度評價,這説明肯定全真道的濟世救人之功已成爲當時教内外的共識。同時,正如以上幾乎所有引文都提到的那樣,丘處機西行覲見,勸成吉思汗寡欲止殺,借所獲特權解殺釋俘,乃全真道濟世救人之功中最爲卓著的表現。

清末陳銘珪也在《長春道教源流》一書中對丘處機濟世救人之功有所肯定,其言:“邱長春子,當殺運方熾之時,以七十餘歲之老翁,行萬數千里之絶域,齗齗

---

① 陳垣編纂:《道家金石略》,第 471~472 頁。

② 陳垣編纂:《道家金石略》,第 599 頁。

③ 《道藏》第 3 册,第 344 頁。

④ (明)宋濂撰:《元史》卷二〇二,北京:中華書局,1976 年,第 4524~4525 頁。

然以止殺勸其主，使之回車，此則幾於禹稷之己溺己飢，而同符於孔席不暇煖、墨突不得黔之義，蓋仁之大者也。”[①]陳銘珪認爲，丘處機的濟世救人之功，主要表現在其出於“悲憫之懷”的勸善止殺行爲，不僅成吉思汗的班師“實因長春勸以止殺使然”[②]，而且丘處機之有造於蒙古非此止殺一端。陳銘珪言：“夫長春，一老道士耳，非有戰勝之能，理財之術，素結於太祖也。以太祖之梟雄，躬爲不孝，而進以批鱗逆耳之談，交淺言深，宜其相戾。而太祖乃深悦之者，蓋其真誠感格，實激發其天良，而非但以天威警動之矣。且其時拖雷親聞之，太宗諸人亦奉諭心銘之。厥後太祖崩，拖雷監國，太宗奔喪至和林，即授之以位。當時，諸王不聞有鬩牆之釁，而朝臣亦絶無交搆之謀，未始非長春有以啓之也。然則長春之有造於蒙古，豈惟止殺一端云爾哉。”[③]在陳銘珪研究的基礎上，陳垣對此也予以充分肯定，其言：“然全真何以能得人信服乎？竊嘗思之，不外三端，曰異跡驚人，畸行感人，惠澤德人也。”“嗚呼！全真家能攻苦，能治生，又能輕財仗義，濟人之急，人民信服，至於訟獄者不之官府而之全真，斯其效大矣。”[④]其所説的“惠澤德人”“攻苦治生”“濟人之急”等皆爲全真道的濟世救人之功。然而，對於王重陽與全真七子來説，在濟世救人方面做得最好的還是丘處機，對此姚從吾先生在其《金元全真教的民族思想與救世思想》《成吉思汗信任邱處機與這件事對於保全中原傳統文化的貢獻》《元邱處機年譜》中皆有詳細論證。

雖然陳垣先生對於全真道的濟世救人之功有所肯定，但其僅是總論全真道，並没有單獨提及丘處機的濟世救人之功，這顯然與陳銘珪有所不同。陳銘珪認爲，全真道的濟世救人之功，主要就體現於丘處機勸成吉思汗寡欲止殺，而這一點又被姚從吾先生繼承。但與陳銘珪相比，姚先生對丘處機的濟世救人之功有更高的評價。姚先生言：“金末元初，蒙古兵攻破燕京之後，忽必烈未掌政權之前，成吉思汗、木華黎、窩闊台率領蒙古騎兵，三番五次，蹂躪中原；而尤以兵鋒初入居庸關，轉戰於河北、山東、山西各地時期，兵荒馬亂，最爲慘酷。這時候金朝不得已而南遷‘河朔爲墟，天綱絶，地軸折’。北方秩序大亂，整個漢民族，整個漢文化，横被摧殘，無法挽救。邱處機能本宗教家救世的熱誠，萬里遠行，以止殺好生勸諫蒙古可汗，多所保全。這真是萬家的生佛，民族的救星。邱處機的保全民族生命，與王嚞的保全民族人格，就對於中華民族史的貢獻説，功德相等。而勸

① （清）陳教友：《長春道教源流》卷一，《藏外道書》第31册，第5頁。
② （清）陳教友：《長春道教源流》卷二，《藏外道書》第31册，第34頁。
③ （清）陳教友：《長春道教源流》卷二，《藏外道書》第31册，第38頁。
④ 陳垣：《南宋初河北新道教考》，第37、41頁。

止殺於外族馬足已至的時候,尤爲難能可貴,值得加以表彰。""邱長春的熱心救世,實已超越東方式僧人道士'只能打坐修養與超度死亡'的消極行爲以上。他這種積極的精神,證以歐洲的僧侶,如'多明我派'與'方濟格派'等的托鉢僧,遠行傳道,救濟世人的精神;更覺吾東方有此一位救世教主,真是難能可貴,可敬可愛。在東方各派消極的宗教之中,全真教實在是一種比較積極的救世的宗教。邱處機在全真教中,更是一位比較積極的特出的人物。"[①]在姚先生看來,丘處機西行覲見成吉思汗,勸其寡欲止殺,"保全民族生命",乃"萬家生佛,民族救星",是"救世教主","難能可貴,可敬可愛"。

姚先生對丘處機濟世救人之功的高度評價,遠遠超過陳銘珪對丘處機這一貢獻的肯定。同時,姚先生也是陳銘珪之後第一位對丘處機濟世救人之功進行系統而深入研究的學者。雖然目前學界對於這一問題仍有不同意見[②],但丘處機的濟世救人之功無疑已得到學術界絶大多數學者的肯定與認同,而姚先生在這個問題上的開創之功不可磨滅。

三、肯定全真道爲保全中原文化所作出的貢獻

與陳銘珪、陳垣等以往的研究者相比,姚從吾尤其重視全真道對保全中原文化所作出的重要貢獻。陳銘珪在《長春道教源流》中雖然對於丘處機的濟世救人功績有所肯定,並認爲全真道繼承了老子的思想,但未提及全真道保全中原文化之事。陳垣《南宋初河北新道教考》一書,雖然提到全真道樂於結交士流,並重視自身的文化素養,但並不認爲全真道對於保全中原文化有功。陳垣言:"全真王重陽本士流,其弟子譚馬丘劉王郝,又皆讀書種子,故能結納士類,而士類亦樂就

① 姚從吾:《東北史論叢》(下),第 199、201 頁。

② 姚從吾先生認爲,丘處機的濟世救人之功,主要就是表現在其西行覲見成吉思汗,勸其寡欲止殺這一點上。而楊訥先生曾撰文對丘處機"一言止殺"加以否定,他在肯定"丘處機師徒們有過一些止殺行爲"的同時,又言:"'一言止殺'故事是丘處機去世後全真道進一步發展的産物。其時全真道與蒙古朝廷關係更加密切,教門領導人的私欲也隨之膨脹,他們要借擡高父師來擡高自己,於是造出丘處機建言止殺的故事。但是,在窩闊台時期戰争仍在進行,屠戮時有發生,漫無邊際地誇説止殺功效很容易被人識破,所以衹説到'順者不誅,降城獲免'爲止。李志常等巧妙地把自己虚構的故事嫁接在蒙古實有的政策上,使人難辨真僞。先前他們配合蒙古勸降,要漢地民衆甘當順民,現在又謊言蒙古對順者、降城的政策是他們的父師奏請來的,要民衆對他們感恩戴德。他們就是這樣愚弄民衆的。"(楊訥:《丘處機"一言止殺"再辨僞》,《丘處機"一言止殺"考》,上海:上海古籍出版社,2018 年,第 56～57 頁)否定了丘處機曾勸成吉思汗止殺,無疑就是否定了丘處機西行的功績,雖然楊先生在他的文章中並没有提到姚先生的觀點,但兩相對比,他們的觀點顯然是相左的。

之。況其創教在靖康之後,河北之士正欲避金,不數十年又遭貞祐之變,燕都亡覆,河北之士又欲避元,全真遂爲遺老之逋逃藪。""夫全真家之好與士流接者,必其兼通儒學者也,即不通儒學,而於士流末務,如文字之屬,必有一長,方足與世接。"[①]視全真七子爲"讀書種子",肯定全真道於戰亂中"結納士類",皆有保全中原文化的意義,但對於這一點陳垣却没有明確提出來,第一個對全真道保全中原文化之功作出高度評價的是姚從吾。

早在1938年發表於昆明的《金元全真教的民族思想與救世思想》一文中,姚先生就已經肯定全真道對於保全中原文化作出重要貢獻。他言:"創立全真教的王嚞、邱處機,不但是賢者避世,而且有反抗異族,保全漢族文化的積極行動。""全真教主張儒釋道合一,目的既不在宣揚傳統的道教,或者有保存全民族傳統思想的意味。"[②]在姚先生看來,保全中原文化是王重陽創立全真道的重要原因之一,其大力提倡"三教合一",有保存漢民族文化的意圖。姚先生言:"全真教是主張三教合一的。他既不教人祈禱念經,也不教人煉丹畫符,而只教人誦讀《道德》《清净》經,《心經》,《孝經》,實在有保全三教精神(漢族文化)的意思。"[③]自漢代以來,中華文化的主體乃是儒、釋、道三教鼎立,從某種意義上講,三教文化即中原文或漢民族文化的代表,王重陽在創教之初,提倡"三教合一",讓全真道士誦讀《道德經》《清静經》《心經》《孝經》等三教經典,雖不一定有保全中原文化的故意,但在異族統治下的中國北方,對保全中原文化起到了一定的作用。

1956年姚從吾又發表《元邱處機年譜》一文,其中專門詳細考證了丘處機的保全中原文化之功,並在《年譜後記》中明言,其撰寫《元邱處機年譜》的目的就在於"以期對於邱處機在金元之際、所作保全中華民族與中原文化的種種努力,獲得一個比較正確的瞭解"[④]。姚先生認爲,王重陽與丘處機推行全真道的態度有同有異,"就創教救人的態度説,兩人全同。但是由於時代的關係,王嚞與邱處機對於推行全真教所采的手段與方法,則也頗有出入。王重陽師生的創立全真教,由於外族的入主中原。……一般愛國有志之士,悲憤萬狀。特立獨行之士,悲憤之餘,遁跡山林,創建宗教。初期只欲自救;既到功成名立,自然要救人、救世。就創教的這一動機説,重陽、長春完全相同。後來女真建立金朝,無條件的接受了中原漢族的文化。衛紹王時代,蒙古南侵,狼亡虎來,外患較前更爲激烈。邱

① 陳垣:《南宋初河北新道教考》,第15、20頁。
② 姚從吾:《東北史論叢》(下),第175、180頁。
③ 姚從吾:《東北史論叢》(下),第180頁。
④ 姚從吾:《東北史論叢》(下),第251頁。

處機默察時勢,即專心待機行道;一方面救濟中原人士,一方面努力保全中原文化”[①]。在姚先生看來,雖然王重陽創立全真道有保全中原文化的意圖,但其當時更强調“自救”;而丘處機之時,則有所不同,其之所以大力推行全真道,乃在於“救人”與保全中原文化。因此,就全真道而言,在保全中原文化這一點上,丘處機的貢獻最大。

姚從吾先生後來又專門撰寫了《成吉思汗信任邱處機與這件事對於保全中原傳統文化的貢獻》一文,對全真道尤其是丘處機保全中原文化的貢獻作了進一步的肯定與更爲詳細的論證。姚先生言:“北宋文化鼎盛時期,突遭靖康之難,女真鐵騎南來,中原混亂,當時一部分心存忠憤的學者,像上述王嚞諸志士,爲保全華夏民族的正義,維繫中原傳統的文化,不向異族低頭,而且有以自救,甚至還能救人救世。他們苦心焦思所創建的新學説、新宗教全真教;牠的雛形,應當即是這樣的。”[②]姚先生認爲,全真道初創時期保全中原文化的主要表現即提倡“三教合一”,對三教典籍與文化有所保存。其言:“全真教雖自己另有重點,但原則上他是主張儒釋道三教合一的。他既不教人專意祈禱念經,也不專講煉丹畫符,而注重勸人誦《道德》《清净》經,《般若心經》及《孝經》,那不是用心在保存中原老子(道教)、釋迦牟尼(釋教)與孔子(儒教)三教的精髓,或者説漢地的傳統文化是什麽?”“全真教興於汴宋既亡之後;乃是由於所謂豪傑之士,在異族壓迫下,不得已而佯狂玩世。他們最大的志願,是‘志之所存,求返其真’。就是想從消極方面著手,引起一種保存中原三大宗教(或者説三大學説)的運動。希望能從這一運動中,消極方面,使人民略略知道道釋儒三家的《道德經》、《心經》、《孝經》;略略知道我祖我宗在信仰上沿襲遵守的傳統精神。”[③]可見,姚先生在這一文章中的觀點與《金元全真教的民族思想與救世思想》《元邱處機年譜》中基本一致,不過更加詳細而已,其所突出强調的還是全真道提倡“三教合一”對保全中原文化的作用。

假若説提倡“三教合一”是王重陽在全真道初創時爲保全中原文化所作的貢獻,那麽,丘處機對保全中原文化的貢獻則在於西行覲見成吉思汗這件事。在姚先生看來,丘處機西行覲見成吉思汗之所以有利於保全中原文化,主要在於以下兩個方面原因。

---

① 姚從吾:《東北史論叢》(下),第 251～252 頁。

② 姚從吾:《成吉思汗信任邱處機與這件事對於保全中原傳統文化的貢獻》,《姚從吾先生全集——遼金元史論文》(中),第 30 頁。

③ 姚從吾:《成吉思汗信任邱處機與這件事對於保全中原傳統文化的貢獻》,《姚從吾先生全集——遼金元史論文》(中),第 19、21 頁。

一方面，丘處機的西行覲見與雪山講道改變了成吉思汗對漢文化的態度，使漢文化避免了殘破毀滅的命運。姚先生言："金元之際(1211 到 1259，自蒙古人入關到蒙哥汗的死)，蒙古騎兵蹂躪中原，實爲東亞儒家大同主義文化的又一厄運。中原人民得免浩劫，未蹈同時代中亞、前亞花刺子模、報達殘破毀滅的命運，邱處機的西行謁見成吉思汗、雪山講道、隨軍説教，赢得大汗教主的待遇，因以建立了蒙漢兩大民族間的友好合作，實爲重要關鍵之所在。""邱處機與全真教對於傳統文化的貢獻，是由於他的言行，能與成吉思汗的見解得到配合，而發生了重大的影響。"[1]姚先生之所以提出這樣的結論，是受到了札奇斯欽所著《西域文化與中原文化對當年蒙古帝國影響》一文的影響。針對成吉思汗晚年於西征軍中在雪山與丘處機的談話，札奇斯欽言，"似乎是由於這一次的談話，使這一位蒙古本位主義的可汗，多少改變了他對於漢文化的態度"，進而"斯欽認爲成吉思汗對於邱處機的接待，不過是對於漢地著名的'孛額'(巫師)的接待而已"，雖然成吉思汗給了丘處機"與其他宗教領袖所應得的同樣權利和待遇"。[2] 但是，得益於雪山講道，全真道"從可汗得到了一個宗教領袖和全真教(得到了)宗教團體應得的權利"，從而"使全真教的道觀一時變成了中原文人避難的場所"。[3] 在如此混亂的時期，"使中原傳統的文化，得到了保全"[4]。正如姚先生所説："這一禮遇，不料竟然適應了當時的需要。在混亂的中原社會，發生了保全中原傳統文化的好影響，那真的不僅是長春真人的幸運，也是金元之際，中原儒家傳統文化的幸運了。"[5]成吉思汗信任丘處機，以孛額之禮優待，給予其特權，從而使知識分子有棲息之地，免於爲奴。當"一個民族中的智識分子有了好的安排，自能創造出多彩多姿的歷史"[6]，可以説，全真道意料之外地爲保全中原文化作出重要貢獻。

另一方面，丘處機通過成吉思汗所授予的特權，延攬大批知識分子入道，使

---

① 姚從吾：《成吉思汗信任邱處機與這件事對於保全中原傳統文化的貢獻》，《姚從吾先生全集——遼金元史論文》(中)，第 8、13 頁。

② 姚從吾：《成吉思汗信任邱處機與這件事對於保全中原傳統文化的貢獻》，《姚從吾先生全集——遼金元史論文》(中)，第 10～11 頁。

③ 姚從吾：《成吉思汗信任邱處機與這件事對於保全中原傳統文化的貢獻》，《姚從吾先生全集——遼金元史論文》(中)，第 12 頁。

④ 姚從吾：《成吉思汗信任邱處機與這件事對於保全中原傳統文化的貢獻》，《姚從吾先生全集——遼金元史論文》(中)，第 12 頁。

⑤ 姚從吾：《成吉思汗信任邱處機與這件事對於保全中原傳統文化的貢獻》，《姚從吾先生全集——遼金元史論文》(中)，第 12 頁。

⑥ 姚從吾：《成吉思汗信任邱處機與這件事對於保全中原傳統文化的貢獻》，《姚從吾先生全集——遼金元史論文》(中)，第 108 頁。

掌握漢民族文化的知識分子得以保存。全真道的創立者王重陽,本身就是知識分子,而且其後繼者全真七子也皆有較高的文化水平,這使得全真道對於知識分子極爲看重。姚從吾言:"金元之際的全真教,創始於北宋的遺民王嚞、馬鈺、邱處機等一般人。他們自身就是很優秀的知識份子,所以他們一生從事扶助知識份子,提攜知識份子,尤爲積極。"①丘處機西行覲見成吉思汗並爲其講道,深受成吉思汗信重,獲得多項特權,其中一項便是對全真道的護持。任何人衹要加入全真道,不僅可以免除各種役賦,而且奴隸可以得到自由,知識分子可以免於羞辱與殺戮,這使大批亡金知識分子加入全真道,在保全他們生命的同時,也爲漢民族文化保留了血脈。姚從吾言,"邱處機曾在雪山替成吉思汗講道,曾救了當時漢地遭難的知識份子。中原官吏士庶曾因信仰全真教,住在全真道觀,而被免除差發(賦斂),兵役與不剪頭髮",並且丘處機"曾勸導成吉思汗班師東歸,與止獵、止殺"。② "全真教第二代大師邱處機不憚萬里,西走雪山去向成吉思汗説教,獲得可汗尊如教主的待遇,因以直接間救助了中原的知識份子與數以萬計的無告人民;造成了一種保全與救濟中原傳統儒教文化的偉大貢獻。""金元之際,中原知識份子所遭遇的命運,以當俘虜爲奴者,數量最多,情形也最爲普遍,這類人也最需要救濟。""當年全真教救濟的知識份子,以淪爲驅口的人爲最多。幸而這一類人很快即獲得全真教徒的大量救濟,所以大亂之後,尚能有許多知識份子保存下來,留爲世用。後來集結在忽必烈金蓮川幕府,號爲潛邸舊侶的名士,即有六十餘人之多。中統至元號稱得人,這應當是直接間接都與全真教的拯救知識份子有關的。"③之所以"邱長春與全真教能爲當時知識份子與一般中原漢人,争得一些平等自由的待遇,免除爲驅爲奴的痛苦,也正與他獲得這些免除差發税賦的特權有關",由此造就了"邱處機與當時全真教徒們,對於解救當時困擾的社會與彷徨的人心的一種偉大貢獻。一方面打開蒙古與漢地人民合作的大門;一方面也解救了當時顛沛無告的知識份子。至是中原從漢唐傳遞下來的儒教文化,也得到了喘息的機會,而獲得了繼續"。④

對於全真道保全中原文化的貢獻,陳銘珪没有提到這一點,陳垣雖略有提

① 姚從吾:《成吉思汗信任邱處機與這件事對於保全中原傳統文化的貢獻》,《姚從吾先生全集——遼金元史論文》(中),第 108～109 頁。

② 姚從吾:《東北史論叢》(下),第 215 頁。

③ 姚從吾:《成吉思汗信任邱處機與這件事對於保全中原傳統文化的貢獻》,《姚從吾先生全集——遼金元史論文》(中),第 3、110～111 頁。

④ 姚從吾:《成吉思汗信任邱處機與這件事對於保全中原傳統文化的貢獻》,《姚從吾先生全集——遼金元史論文》(中),第 102、106 頁。

及，但並未明確指出，更不用説高度讚揚。可以這麽説，在全真道學術史上，姚從吾可能是第一位對全真道保全中原文化作出充分肯定與高度評價的學者。其中原因可能很複雜，但以上三位學者所處的時代背景與關注點不同可能是其中一項。陳銘珪與陳垣所處時代雖不同，但他們皆處於異族入侵中華之時，這與全真道興起之時的金元時期中國北方的狀况極爲相似，所以他們更關注民族主義問題。姚從吾所處時代雖與陳垣相同，但因其 1949 年以後居於臺灣，自然會有"花果飄零"之感，對保全中華文脈更爲關注，因而通過肯定全真道對保全中原文化的貢獻來表達自己的文化情懷。但我們認爲，雖然全真道在客觀上與實踐上對保全中原文化作出了一定的貢獻，如吸納亡金知識分子入道等行爲，但其提倡"三教合一"，讓全真道信徒誦讀《道德經》《清静經》《心經》《孝經》等三教經典，完全是出於創教的需要，並没有保全中原文化的主觀意圖。

四、批駁耶律楚材所列丘處機十大罪狀

丘處機西行覲見途經撒馬爾干，曾在此有長時間的居留，其間他與耶律楚材相識相知，成爲忘年之交，耶律楚材的詩詞中有很多是與丘處機的唱和之作，這説明當時兩人的關係是非常密切的。但丘處機仙逝之後，耶律楚材出於儒釋的立場，在其所撰《西遊録》中對丘處機大肆進行批評。耶律楚材在《西遊録》中不僅稱全真道爲"老氏之邪"[①]，認爲丘處機對於成吉思汗的問道，"所對皆平平之語"[②]，而且還羅列了丘處機十大罪狀。《西遊録》卷下云：

> 論談之初，酬詠之際，稍嘗面許。交遊既深，窮其底蘊，予不許丘公之事，凡有十焉。初進見，詔詢其甲子，僞云不知。安有明哲之士不知甲子者乎？此其一也。對上以徽宗夢遊神霄之事，此其二也。自謂出神入夢，爲彼宗之極理，此其三也。又云聖賢提真性遨遊異域，自愛夢境，此其四也。不識魯直贊意，此其五也。西窮昧谷，梵僧或修善之士皆免賦役。丘公之燕，獨請蠲道人差役，言不及僧。上雖許免役，仍令詔出之後，不得再度。渠輒違詔，廣度徒衆。此其六也。又進表乞符印，自出師號，私給觀額，古昔未有之事，輒欲施行。此其七也。又道徒以馳驛故，告給牌符。王道人者騶從數十人，懸牌馳騁於諸州，欲通管僧尼。丘公又欲追攝海山玄老，妄加毀圻。

---

① (元)耶律楚材著，向達校注:《西遊録・序》，北京：中華書局，2000 年，第 1 頁。

② (元)耶律楚材著，向達校注:《西遊録》，第 14 頁。

> 此其八也。又天城毁夫子廟爲道觀,及毁圻佛像,奪種田圃,改寺院爲庵觀者甚多。以景州毁像奪寺事致書於從樂居士,潤過飾非,天地所不容。此其九也。又順世之際,據廁而終,其徒飾辭,以爲祈福。此其十也。①

其後,釋祥邁所撰《大元至元辨僞録》,繼承耶律楚材之説,亦無一言提及寡欲止殺之事,並對全真道頗有微詞。《大元至元辨僞録》卷三云:"王害風以顛狂爲至德,不識道之淵源;丘處機以行鶩爲神奇,失全真之要妙。西行萬里,不明對主之談;東回三年,偶合標其殊異。欺人誷聖,矜衒自高。始爲烏有之談,終成無是之説。""凡有所對,皆平平之語,無可采聽。"②

對於耶律楚材批評丘處機之事,姚從吾在《金元全真教的民族思想與救世思想》《元邱處機年譜》《成吉思汗信任邱處機與這件事對於保全中原傳統文化的貢獻》《西遊録足本校注》等幾乎所有與全真道相關的著述中皆有所提及,而《金元全真教的民族思想與救世思想》《元邱處機年譜》《西遊録足本校注》中的論述最爲集中詳細。下面就以這幾部文獻爲主,介紹一下姚從吾對耶律楚材《西遊録》以及釋祥邁《大元至元辨僞録》所列丘處機罪狀的基本認識。

在《金元全真教的民族思想與救世思想》一文中,姚先生主要針對耶律楚材《西遊録》與釋祥邁《大元至元辨僞録》所提出的丘處機的三大罪過進行了批駁,這三大罪過是:"(一)全真教是老氏之邪,(换句話説就是異端)妄言欺君。(二)邱長春見成吉思汗時,没有勸諫止殺。也就是説西行是傳道,並非救世。(三)假傳聖旨,擴張全真教的勢力。"對於第一點,姚先生認爲,"耶律楚材評全真教是老氏之'邪',實在是意氣用事",《西遊録》與《辨僞録》所列證據,"只是出於反對黨一時的忌妬,不能算是全真教的罪狀"。對於第二點,即關於勸諫止殺問題,姚先生認爲:"蒙古兵侵入中原以後凶暴漸減,耶律楚材的盡心匡救,不能説没有幫助;但究不如宗教力量感動蒙古可汗的更有實效。……當時中原戰禍的減輕,一部分士庶的幸得保全,實應當歸功於宗教的救濟。長春真人勸阻成吉思汗的止殺,態度與方式,完全與耶律楚材不同,故能開化度人,成效卓著。"對於第三點,即假傳聖旨,姚先生指出:"耶律楚材指責長春真人師徒,擅改詔書,抑壓儒、釋。佛教徒因與全真教利害衝突,争持自然更爲激烈。《至元辨僞録》之作,主要的目的就是在反對全真教。但是我們爲當時陷入水深火熱中的士庶著想,全真教實

---

① (元)耶律楚材著,向達校注:《西遊録》,第 15～16 頁。

② (元)釋祥邁:《大元至元辨僞録》卷三,《續修四庫全書》第1289 册,上海:上海古籍出版社,2002 年,第 439、441 頁。

在是萬家的生佛。長春真人開化度人的宏願，得以見諸實行，造福人民，實在不淺。消極苟免的佛教徒與儒教徒，事前既自救不暇，事後實不應怨嫉全真教勢力的擴張。當時全真教的盛行，實因‘既免跋焦(剃發)，免賦役，又得衣食’。邱長春、尹清和的初志，也僅在救濟世人，減少良心上的痛苦，没有擴充一教勢力的計劃。全真教勢力的擴大，那是得君救民以後，必然的結果。全真教能救濟世人，所以能盛行一時。”[①]顯然，在姚先生看來，《西遊録》與《辨僞録》對丘處機的以上三項指責，實際上皆爲誣衊，是耶律楚材與釋祥邁站在儒佛的立場上，出於争奪利益的需要，對全真道的打壓，其所列罪狀皆非事實。

姚先生在《元邱處機年譜》之《年譜後記》中談到丘處機與耶律楚材的關係時，再次對耶律楚材在《西遊録》中所列丘處機十大罪狀逐一進行批駁。其批駁如下：

> (一)邱公志在得君行道；劉仲禄既薦舉他，説他三百歲了；劉自當關照長春。既承問及甲子，則長春亦只有含糊其辭而已。他怎能明指劉仲禄的不對呢！(二)第二至第四，是儒與道看法的不同，不容易説誰對誰不對。第五與第十問題甚小，可以不論。兩人衝突的癥結所在，僅第六，“蠲免差役，不及僧儒”；及第七、第八、第九，“擴充全真勢力，毁夫子廟與僧院爲道觀”兩項而已。邱處機是全真教的大師，發揚光大全真教，不但是他的責任，也是他的希望與功勳。那能指爲罪狀？至於説：“將荒廢的孔廟、佛寺，改爲道觀”，那是成吉思汗多次慰問詔旨中所特許的。更不能私下斥爲攘奪吧！《西遊録》與釋祥邁《至元辨僞録》拿攘奪寺廟，改爲道觀，醜詆全真教，實欠公允。王静安先生説的好：“所記全真家占居寺廟一節，誠爲事實。然自金貞祐(1214)以來，河朔爲墟，巨刹精藍，鞠爲茂草。緇衣杖錫，百不一存。全真之徒，亦遂因而葺之，以居其人(大多數都是中原的良民)。坐以寇壞，未免過當。”這猶是就常態而言。若衡以金元之際，塞外蒙古鋭騎，初入中原，雙方强弱與貧富的懸殊，語言與習俗的各異，真是“玉石俱焚，賢愚並戮”。全真教的奉旨擴張，正是萬千無告良民的福音與救星。《金蓮正宗記》所説：“四百州半獲安生，數萬里率皆受賜”，確屬實情。湛然所争，真未免是書生

① 姚從吾:《東北史論叢》(下)，第192、193、194、195頁。姚從吾先生後在《成吉思汗信任邱處機與這件事對於保全中原傳統文化的貢獻》一文中對此亦有批駁，其言:“元初耶律楚材因與邱處機意見不合，在所作《西遊録》序中，竟説‘全真、太乙、混元左道之術，老氏之邪也。’可以説是完全不明了王重陽在金初創立全真教的用意。硬説既不主一教獨尊，又不專假借老氏的招牌，像天師道一樣，以煉丹畫符惑人的全真教是老氏邪，那是存心誣衊，大大有失公道的。”[《姚從吾先生全集——遼金元史論文》(中)，第20頁]

之見了。至於《西遊録》以下所説:"邱公當日'應封還詔書',力争僧道待遇平等;'應封還牌符',藉息外人誹謗",更是想入非非,不可思議。不但長春等人不肯爲之,果真當日成吉思汗僅許"特免僧人賦役",湛然願意封還詔書,力争道士也應一律待遇麽?①

在姚先生看來,耶律楚材所列舉的丘處機以上十大罪狀,"幾乎全屬兩派權利的衝突,與立場的不同","十項之中,大部分應都是湛然的錯誤"。② 關於第一條,因劉仲禄在舉薦丘處機時,説他有三百歲,當成吉思汗問丘處機年齡時,爲了維護劉仲禄的説法,他祇能含糊其詞。關於第二、三、四條,"是儒與道看法的不同,不容易説誰對誰不對",耶律楚材站在儒家的立場上,如此批評全真教,實屬無謂。第五條與第十條,"問題甚小,可以不論"。耶律楚材與丘處機真正的衝突在於第六、七、八、九條,而這四條又實際上可以歸結爲兩項,即"蠲免差役,不及僧儒"與"擴充全真勢力,毁夫子廟與僧院爲道觀"。姚先生認爲,這兩項都是可以理解的。丘處機作爲全真道大師,維護全真道的利益,借成吉思汗所賜予的各項特權,發揚光大全真道,這不僅是名正言順的,而且也是合情合理的。按照姚先生的看法,耶律楚材《西遊録》以及釋祥邁《大元至元辨僞録》中對丘處機的批評,主要是利益之争,其言"全真教異軍突起,幸運的獲得蒙古可汗的尊敬,自然引起舊日擁有社會上雄厚勢力的儒教徒與佛教徒們的不滿與攻擊",所以"耶律楚材對邱處機的十大批評實在不切實際"。③

姚先生在《〈西遊録〉足本校注》中又對耶律楚材所羅列的丘處機十大罪狀,逐條展開闡釋與批駁,其内容與《元邱處機年譜》大致相同,祇是更加詳細而已。比如,姚先生在談到"蠲免差役,不及僧儒"這點時説:"全真教爲道教,獨請蠲免道人差役,那不但是很自然的,而且是很應該的。不然,他們企求得君行道,所爲何來? 這裏'言不及僧',實不能列爲長春真人的罪狀。因湛然居士先有'爲佛老先容'的錯覺,又素來輕視道教,故表示不滿,自是一面之辭,不可全信。""全真教初期擴充道院與招收流亡,也由於地方官及宣差們的自動協助,不全是出於長春師徒等人的野心。""至於説到'通管僧尼',就《西遊記》所述成吉思汗頒給邱神仙的詔令或敕語説,全真教徒即使有意兼管僧尼,也是確有依據,並非妄自虚構。"④

---

① 姚從吾:《東北史論叢》(下),第 267～268 頁。

② 姚從吾:《東北史論叢》(下),第 266～267 頁。

③ 姚從吾:《成吉思汗信任邱處機與這件事對於保全中原傳統文化的貢獻》,《姚從吾先生全集——遼金元史論文》(中),第 113 頁。

④ 姚從吾:《〈西遊録〉足本校注》,《大陸雜志特刊》第二輯,1962 年,第 244、245 頁。

同時,姚先生指出,與耶律楚材爲了利益而給丘處機羅織罪名,對全真道加以誹謗與詆毁相比,"全真教徒如宋道安、李志常輩,皆能文善辨,但他們對耶律楚材在《西遊録》中的攻擊,絲毫不加正面的駁斥,這種容忍的態度自是可貴的"[①]。姚先生的言下之意是,耶律楚材在丘處機得勢時,有意攀附,刻意結交,在撒馬爾干結爲忘年之交,且詩詞唱和,甚爲融洽。但丘處機仙逝不久,耶律楚材便一改以前的態度,羅織丘處機的罪名,極盡誣衊之能事,實非厚道之舉,且與宋道安、李志常等全真道士以沉默對待耶律楚材的誣衊,高下立分。

五、深入剖析成吉思汗信重丘處機的原因

金興定四年(蒙古太祖十五年,1220),丘處機以七十多歲高齡,帶領精心挑選出來的十八位弟子,跟隨成吉思汗近臣劉仲禄,不遠萬里,西行覲見成吉思汗。到達西域之後,先後爲成吉思汗講道三次,勸其寡欲止殺,深受成吉思汗信重,因而歸來時獲授多項特權,從而使全真道達到鼎盛。成吉思汗乃一代梟雄,性情殘暴,殺人如麻,而丘處機則是一位心懷悲天憫人情懷的宗教家,兩人的相遇相契,是金元之際一件歷史大事,丘處機的勸告與講道,不僅改變了蒙古征服中原的策略,從某種意義上講,也改寫了這一段歷史。對於成吉思汗信重丘處機的原因,學界早已有所涉及,但真正系統地探討與剖析成吉思汁信重丘處機原因的則是姚從吾。

姚先生認爲,成吉思汗之所以信重丘處機,主要有以下四個方面的原因。

(一)劉仲禄的大力推薦與積極敦請

成吉思汗之所以知道丘處機,乃是因爲劉仲禄。劉仲禄因治病與造箭而得寵於成吉思汗,成爲大汗的近臣。因爲劉仲禄是漢人,所以他對全真道有所瞭解,聽聞了很多關於丘處機的傳説,於是便向成吉思汗推薦丘處機,説他是活了三百歲的神仙,不僅有長生之方,而且精通治國之道。成吉思汗聽聞丘處機的事蹟,非常感興趣,便立即派劉仲禄持詔敦請丘處機。劉仲禄不僅在山東找到了丘處機,而且還一路護送他去覲見成吉思汗,甚至還因丘處機的力請獲聽部分講道的内容。正因如此,姚從吾認爲,"劉仲禄的介紹與敦請,只是成吉思汗聽信全真教宗師、尊敬邱神仙的一個引子"[②]。在《元邱處機年譜》中,姚先生較爲詳細地介

① 姚從吾:《〈西遊録〉足本校注》,《大陸雜志特刊》第二輯,第 247 頁。

② 姚從吾:《東北史論叢》(下),第 189 頁。

紹了劉仲禄在成吉思汗信重丘處機這件事中所起的重要作用,他說:“介紹人是會造弓箭,又會看病的劉仲禄。這些朝夕圍在大汗左右的人,自易見機進言。今天説:我們家鄉的邱神仙如何如何好;明天又説邱神仙如何如何神靈。自己言之,同伴和之;不知不覺之間,邱神仙即變成了成吉思汗心目中最熟悉的人物。這種機會與方便,也是連耶律楚材都没有的。”[①]劉仲禄作爲丘處機與成吉思汗相見的促成者,在這一重大歷史事件中發揮了重要的作用,正是因爲認識到了這一點,姚先生纔對劉仲禄做出高度評價。

(二)丘處機覲見前後的表現令成吉思汗折服

正如姚先生所認爲的那樣,劉仲禄在成吉思汗信重丘處機這件事上雖然扮演了重要的角色,但真正折服成吉思汗的還是丘處機覲見前後的表現。姚先生言:“最重要的關鍵,仍是長春真人與成吉思汗在西域行宫的談話與講道。”[②]在《元邱處機年譜》中,姚先生認爲,丘處機有兩點表現是得到成吉思汗信重的重要原因:第一,“遠道聘請,再辭方來。天下事盼之久者,愛之切。得之難者,好之深。邱長春的得君,這也是原因之一”。第二,“邱長春相貌秀逸,舉止大方。講道時:①要求祇行叉手折腰禮;即是免去朝見跪拜。②要求可汗退侍女,齋戒沐浴;即是清心寡欲、誠心受教。儼如尊師,望如神人。凡此種種均足使遊牧社會的老可汗尊而信之;從此待如故人,酌與優待,又何足異”。[③] 成吉思汗作爲蒙古可汗,從尸山血海中殺出,必有不可侵犯之威嚴,一般人在他面前,多少都會有恐懼之感,而丘處機作爲漢人,第一次見到成吉思汗,不但没有畏懼,而且還表現得不卑不亢,不僅没有行跪拜禮,而且對成吉思汗也没有奉承討好之言,所説一本平實,這更能令成吉思汗折服。丘處機的表現與平實,恰好符合成吉思汗的心態與身份,姚先生言:“成吉思汗是十三世紀初年遊牧民族的可汗,不能拿他當漢武帝、唐太宗看待。講仁説義,勢將格格不入。《元史》卷二〇二《釋老傳》所説:‘問爲治之方,則對以敬天愛民爲本;問長生久視之道,則告以清心寡欲爲要。’因人立論,正見長春真人識見的卓越。”[④]

(三)年齡是成吉思汗接受丘處機的一個重要原因

姚從吾認爲,年齡是丘處機與成吉思汗能够相契的一個非常重要的原因,其言:“邱長春到大雪山的時候,年已七十五歲了。成吉思汗的年壽亦達六十七歲

① 姚從吾:《東北史論叢》(下),第 254 頁。
② 姚從吾:《東北史論叢》(下),第 189 頁。
③ 姚從吾:《東北史論叢》(下),第 254 頁。
④ 姚從吾:《東北史論叢》(下),第 193 頁。

的高齡(我是相信成吉思汗七十二歲説的)。兩老相見,倍加憐惜,何况又是同客異地呢?"[1]在姚先生看來,丘處機見成吉思汗之時,兩人皆是老年時期,又同在異鄉爲異客,這種情景與心態使"兩老相見,倍加憐惜"。同時,丘處機爲成吉思汗講道的内容,又極爲契合一位六十七歲老人的需要與心態,姚先生言:"成吉思汗接見邱公時,他已將六十七歲了。戒傷身、傷神、勸節色欲一類的話,若在大汗壯年時期如此陳説,自然格格不入。但對六十以上的老翁陳説節欲,則反是雪中送炭,使他歎賞不已。""這時候,成吉思汗照《元史》與《聖武親征録》的記述,也已經是六十二歲了。(照《蒙韃備録》,拉施特哀丁《集史》,則爲六十八歲或六十九歲。)久征慣戰的蒙古可汗,至此已是六十以上的老翁,喜聞養生之道,樂聽信好生止殺之勸;由是罷兵休息,班師東歸,應當也是很近情理的。"[2]無疑年齡會影響一個人的心態,但我們在研究歷史時,往往喜歡從理性的角度去分析與看待問題,却忽視了老年心態這種帶有强烈感性化的因素對人的影響。姚從吾從年齡的角度分析丘處機與成吉思汗的相契,確實獨出心裁。

(四)丘處機講道的内容與成吉思汗的信仰相契

對於丘處機的勸誡與講道,成吉思汗幾乎是言聽計從,是什麽使一代梟雄如此折服呢?姚從吾運用國外蒙古史研究資料,尤其是《蒙古秘史》,對成吉思汗的信仰進行了考察,並認爲丘處機的講道内容與成吉思汗的信仰極相契合,這是丘處機受到成吉思汗信重的一個非常重要的原因。姚先生言:"成吉思汗對於天命、或者宗教是很相信的。他相信天的威力可以支配人的命運,所以對於代天傳命的珊蠻,或者説代神立言的道士,自然也誠懇的表示崇信。"[3]又言:"成吉思汗蹶起蒙古,本人原是崇信宗教的。就元秘史所記,他曾崇信過沙曼教的豁兒赤與闊闊出。入中原後,又遇到道貌昂然的邱神仙,自更使他衷心崇信。"[4]按照姚先生的研究,成吉思汗主要信仰薩滿與上天,而這兩點又恰與道教思想相契,這是其接受丘處機的信仰基礎。姚先生言:"成吉思汗對於上天,是衷心崇信的。他相信上天對於人類的命運,早有安排。大難不死,應當感謝上天。南宋使臣像彭大雅、徐霆所説蒙古人無一事不歸之天,證之《秘史》所説,自屬實情。後來邱處機對他雪山講道時,一再稱説天道,《玄風慶會録》中再三申明:帝王(可汗自然包

---

① 姚從吾:《東北史論叢》(下),第254頁。

② 姚從吾:《東北史論叢》(下),第258、192頁。

③ 姚從吾:《成吉思汗信任邱處機與這件事對於保全中原傳統文化的貢獻》,《姚從吾先生全集——遼金元史論文》(中),第59頁。

④ 姚從吾:《東北史論叢》(下),第258頁。

括在内)皆‘天人謫降人間,代天治人,理應行善修福,上答天心’。這些不正與《秘史》所説成吉思汗的信仰完全符合麼?至於説到珊蠻(巫)的領袖,代天立言,助可汗治理天下,自當加以崇信。不然的話,就犯了闊闊出目無君上的毛病,想與可汗看齊,那就要爲天所不容了。總之,就《蒙古秘史》中表現成吉思汗的信仰與宗教的態度説,他後來的崇信邱處機與尊重全真教,自然都是理所當然,無可懷疑的。”[①]道教本來就是中國本土宗教,是從中國古代文化中生發出來的,它繼承了中國古代原始宗教的薩滿傳統與商周以來崇天敬天的思想,不知是有意還是無意,丘處機爲成吉思汗講道的内容,恰恰涉及了這兩個方面,使丘處機的講道與成吉思汗本來的信仰極爲契合,促使成吉思汗很快接受了丘處機。

對於成吉思汗信重丘處機的原因,實際上在姚從吾之前,學界已有人進行過研究,但姚先生的研究却仍然引人注目。原因主要有以下三點:第一,以往對該問題的研究大多是泛泛而談,無非是認爲成吉思汗與丘處機因相互需要而契合,少有像姚先生這樣對該問題做出如此細緻詳盡而又系統剖析的學者。第二,認爲成吉思汗與丘處機相見時的年齡,對於他們的相互契合産生一定的作用,這一點前人未曾提出,實爲姚先生的創見。第三,因運用西方新發現的元史文獻,通過成吉思汗的信仰,來分析其接受丘處機的原因,這無疑使學界對該問題的研究得以進一步深入,頗值得肯定。

六、考證《玄風慶會録》的形成、性質及其與耶律楚材的關係

《正統道藏》“洞真部”收有《玄風慶會録》一篇,署名“元侍臣昭武大將軍尚書禮部侍郎移剌楚材奉敕編録”,其記録的乃是丘處機給成吉思汗講道的主要内容。元代虞集曾在《道園學古録》卷二五提到《玄風慶會録》,並記載了吴全節對丘處機講道内容的歸納與評價;明代王世貞又在《弇州續稿》卷六一提到《玄風慶會録》,並對其加以解説。但因這部署名耶律楚材編録的文獻,與《西遊録》中耶律楚材對丘處機的攻擊、批評極不協調,所以學界對於這一文獻的可靠性一直存在争議。對《玄風慶會録》進行系統研究與考證的是姚從吾,他在《元邱處機年譜》與《成吉思汗信任邱處機與這件事對於保全中原傳統文化的貢獻》中對與該文獻相關的内容作了詳細的考證。

---

① 姚從吾:《成吉思汗信任邱處機與這件事對於保全中原傳統文化的貢獻》,《姚從吾先生全集——遼金元史論文》(中),第62頁。

姚先生在《元邱處機年譜》中對《玄風慶會録》的主要内容進行了總結,認爲其主要有以下七條:"(一)首節説明道之本體;認爲生天育地,鬼神人物,皆從道生;故學道者極可貴。學道之人,首戒乎色。(二)申明天子負有安輯元元的使命,尤應戒色、節欲。(三)申説中國承平日久,皆因歷代天降道經、生真人、勸人爲善。並舉于吉、張道陵、寇謙之事蹟爲例。(四)帝王皆天人謫降人間,代天行道。行善修福,則昇天時位尊於昔。修福,尤宜節欲。……(五)引述宋徽宗、金世宗行事,以説明節欲與不節欲的利弊。(六)曾勸成吉思汗擇人撫綏山東、河北。……(七)最後傳道畢,上喻之曰:'諄諄道誨,敢不遵依仙命,勤而行之。'"① 後來,姚先生又在《成吉思汗信任邱處機與這件事對於保全中原傳統文化的貢獻》一文中,將《玄風慶會録》的主要内容歸結爲十點,其中第一、二、三、四、五、八、九點與《元邱處機年譜》以上内容相同,衹有第六、七、十點爲新增。第六點爲:"申説個人出家學道,辛苦萬端,以明戒欲節欲工夫的可貴。喻心爲猿,喻意爲馬,使知修省之不易。'易伏猛獸,難降寸心'更見克己的艱巨。"第七點爲:"説明天子富有四海,治心尤不易言。但能節欲去私,力行中和,即可免太怒則傷身,太喜則傷神,太思慮則傷氣的損失。誠能知此,自能修德保身,以介眉壽。"第十點爲:"説明生平學道,到了無慮境界,功行亦算圓滿。幻身假物,遊旅蜕居,何足留戀。"②根據以上内容,又加之將《元史・丘處機傳》對丘處機講道要旨的總結與此相對照③,姚先生判斷,"《玄風慶會録》就内容説大致可信"④。

姚先生認爲,雖然《玄風慶會録》的内容是可信的,但它並不是丘處機講道的原始記録的正本或副本。我們知道,丘處機共爲成吉思汗講道三次,其内容皆有記録,按照《長春真人西遊記》中的説法,當時記録用的主要是蒙古文,間或有回紇文與漢文,所以姚先生認爲其不是原始記録的正本與副本,這是非常正確的。那麼,《玄風慶會録》是如何形成的呢?姚先生認爲,它"是全真教徒事後的追記"⑤,其言:"它應該是當年全真教徒對'雪山講道的事後追記'。很可能即是出

---

① 姚從吾:《東北史論叢》(下),第256～257頁。

② 姚從吾:《成吉思汗信任邱處機與這件事對於保全中原傳統文化的貢獻》,《姚從吾先生全集——遼金元史論文》(中),第95頁。

③ 姚先生言:"《元史》(二〇二)《邱處機[傳]》曾將邱氏在西域講道的要旨,約爲三個要點:①'每言欲一天下者必在乎不嗜殺人。'②'及問爲治之方,則對以敬天愛民爲本。'③'問長生久視之道,則告以清心寡欲爲要。'詳核現存《玄風慶會録》,實與《元史・邱處機傳》所説,彼此符合。"[姚從吾:《成吉思汗信任邱處機與這件事對於保全中原傳統文化的貢獻》,《姚從吾先生全集——遼金元史論文》(中),第94頁]

④ 姚從吾:《東北史論叢》(下),第257頁。

⑤ 姚從吾:《東北史論叢》(下),第257頁。

自長春真人講道歸來後,向及門弟子們的事後追述。當時邱氏似乎是没有預寫原稿,也不像是講道歸來後的筆録。只是追述要點,略表所講印象而已。等到事過境遷,獲得可汗意外信任以後,當事人覺著有記録的必要了,才把它重新作成筆録,加入全真教的重要教義,就成了似講稿不是講稿,似語録又不是語録,現存的一篇《玄風慶會録》了。"[①]

既然《玄風慶會録》源於全真道士後來追記,但爲什麽要署名耶律楚材奉敕編録呢?它與耶律楚材又是什麽關係呢?這是一個關鍵性的問題,當然也是有關《玄風慶會録》的一個極爲複雜的問題。對於這一問題,姚先生認爲:"這篇筆録,無論是從文體説,或者是從思想見解説,或者從後來耶律楚材與邱處機的關係説,都是否定的。那就是説,它與楚材絶對没有關係。"[②]爲了證明其這一點,姚先生還補充了三條證據:"a.耶律楚材曾在戊子年(1228)刊行自己作成的《西遊録》,原書後面所署的官銜,是'燕京中書侍郎宅刊行',與《玄風慶會録》前面所署'元侍臣昭武大將軍尚書禮部侍郎'絶不相類。b.元朝是至元八年(1271)才正式建立的;壬辰年(1231)[③]刻的書,即署'元侍臣'云云,自是一件不可思議的事。c.耶律楚材編録云云,《西遊記》、《西遊録》、《湛然居士集》、《元史》均無記録,事出全真教徒的僞託,自不待言。"[④]至於爲什麽全真道士要署名耶律楚材編録,姚先生言:"那正是當年這些全真教徒們不高明的地方。一言以蔽之,純粹是出於一時的自卑感,自行打腫了臉、强充胖子。或言説妄想攀親老莊,藉以欺騙世俗的一種不長進的思想。"[⑤]姚先生言下之意認爲,署名耶律楚材編録,這恰是全真道士的不智之舉,是全真道士們爲了攀親老莊而做出的騙人把戲。

對於《玄風慶會録》的相關問題,姚先生有自己的認識與看法,最後他將其觀點歸結爲:"著者對於現存的《玄風慶會録》的考證,可歸納爲以下的四點:(1)它不是當年雪山講道的筆録,因爲,原有筆録應當是蒙古文,旁邊偶而注有漢字。(2)它也不是邱長春的講演稿,因爲若是邱氏的原稿,文字也許更爲通順。(3)它

① 姚從吾:《成吉思汗信任邱處機與這件事對於保全中原傳統文化的貢獻》,《姚從吾先生全集——遼金元史論文》(中),第 91 頁。

② 姚從吾:《成吉思汗信任邱處機與這件事對於保全中原傳統文化的貢獻》,《姚從吾先生全集——遼金元史論文》(中),第 91 頁。

③ 應爲公元 1232 年。

④ 姚從吾:《成吉思汗信任邱處機與這件事對於保全中原傳統文化的貢獻》,《姚從吾先生全集——遼金元史論文》(中),第 93~94 頁。

⑤ 姚從吾:《成吉思汗信任邱處機與這件事對於保全中原傳統文化的貢獻》,《姚從吾先生全集——遼金元史論文》(中),第 92 頁。

與耶律楚材也没有關係。(4)它應當是全真教徒最高幹部的一種事後的追記,内容與全真教的教旨,諸多符合,所以它與雪山三次講道所談的内容應是有直接關係。"[①]對於姚先生的以上四點結論,前兩點基本没有問題,而第三、四點却值得商榷。按照姚先生的看法,《玄風慶會録》與耶律楚材無任何關係,其之所以署名耶律楚材編録,乃全真道士僞託。爲了證明這一觀點,姚先生還提出了上面剛剛提到的三點證據。但《玄風慶會録》的"元侍臣昭武大將軍尚書禮部侍郎移剌楚材奉敕編録"署名,也有可能是後來填加上的,這種情况在古籍中極爲普遍。若是如此,姚先生所提出的第一、二點證據中的矛盾,就可以迎刃而解。至於第三點證據所提到的問題,也不難理解。因爲耶律楚材與全真道的關係不恰,他不在《西遊録》《湛然居士集》中提到編録《玄風慶會録》之事,是不難理解的,而且他曾與丘處機結爲忘年之交,關係一度極爲融洽,但《湛然居士集》却未曾提到丘處機,這也是一個有力的證據。至於《長春真人西遊記》没有提到此事,恐怕是因爲成吉思汗不讓講道内容外傳,同時述者李志常也未曾與聞講道内容,所以《長春真人西遊記》中對於講道内容並没有詳細的記録。至於《元史》未提到此事,也可以解釋清楚。因爲《丘處機傳》記載極爲簡略,已歸納了講道的内容,没有必要提及耶律楚材編録《玄風慶會録》之事;同時,《玄風慶會録》又非耶律楚材作品,《耶律楚材傳》更不會提及。另外,秦志安編於蒙古太宗十三年(1241)前後的《金蓮正宗記》卷四《長春丘真人》曾提到耶律楚材編録《玄風慶會録》一事,其云:"是時,成吉思皇帝方守算端國未下,宣差劉仲禄乃以師見帝。……由是,每日召見,即勸之少殺戮,減嗜欲,前後數千言。耶律晋卿方爲侍郎,録其言以爲《玄風慶會録》,皇帝皆信而用之。"[②]耶律楚材卒於蒙古乃馬真后三年(1244),秦志安編寫《金蓮正宗記》時,耶律楚材尚在世,全真道士恐怕不敢明目張膽造假或僞託耶律楚材編録《玄風慶會録》。按照《長春真人西遊記》的記載,成吉思汗在聽聞講道之後,曾讓人將蒙古文的講道内容"志以漢字",耶律楚材雖然没有"與聞道話",但有可能是翻譯講道内容的人,而《玄風慶會録》有可能是其對講道内容的節略譯本。[③] 况且,按照《玄風慶會録序》記載,《玄風慶會録》應面世於蒙古太宗窩闊

---

① 姚從吾:《成吉思汗信任邱處機與這件事對於保全中原傳統文化的貢獻》,《姚從吾先生全集——遼金元史論文》(中),第 97 頁。

② 《道藏》第 3 册,第 360 頁。

③ 對於該問題的詳細考證,請參見趙衛東:《丘處機"一言止殺"辨正——兼與楊訥先生〈丘處機"一言止殺"再辨僞〉一文商榷》,劉鳳鳴主編:《丘處機與全真道——丘處機與全真道國際學術研討會論文集》,北京:中國文史出版社,2008 年,第 127~143 頁。

台四年(1232),當時佛道之争尚未開始,全真道正處於鼎盛時期,全真道徒没有必要當然也不會通過託名耶律楚材來與老莊攀親戚。

七、提出“全真學”並明確區分全真學與全真教

姚從吾是第一位明確提出“全真學”這一概念的學者。“全真學”一詞最早出於《元史・丘處機傳》,其云:“丘處機,登州棲霞人,自號長春子。……年十九,爲全真學於寧海之崑嵛山。”[①]顯然,這一術語早已存在,但在姚先生以前,没有引起學者們的注意,姚先生第一次對這一術語加以關注,並認爲“這裏特别指出‘全真學’三字,我想是有道理的”[②],進而對“全真學”的意義展開分析,將其與全真教加以區别。在姚先生看來,王重陽創教之初,全真教衹是一個宗教組織,衹能稱之爲“教”,而不能稱之爲“學”。其言:“王重陽所創建的全真教,是一個特立獨行的教派。主旨在保全儒、釋、道三教之真,但它既不是釋教,不是儒教,也不是固有的道教。不過牠在初起的時候,仍是具備廣泛的宗教組織,對外可以號召世人,吸引大衆的。但這只是一個架子、一個機構;或者説一種團體、一種組織。”[③]王重陽之後,情況發生了變化,全真教不再僅僅是一個宗教組織或教派,而是變成了“全真學”。姚先生言:“王重陽以後,馬鈺、譚處端、劉處玄,特别是邱處機,所研討苦修的,則是一種全真學。全真學是全真教派内,少數核心人物們一種學道苦修的精神,或者説一種功夫。一是機構;一是機構内的工作與活動。一是架子或者説外形,另一則是架子内或外形中的實體。兩者恰好身體之與靈魂,軀殼之與精神,相輔而行,不可偏廢。”[④]爲什麽王重陽所致力的是全真教,而馬鈺、丘處機等所講論則是全真學呢? 在姚先生看來,王重陽把精力主要用於勸人信教上,而不是教人如何學道,如何苦修。而馬鈺、丘處機等則不同,他們主要致力於教人學道與苦修,“這種如何學道,與如何苦修的功課,就是全真學,而是馬丹陽與邱

---

① (明)宋濂撰:《元史》卷二〇二,第 4524 頁。

② 姚從吾:《成吉思汗信任邱處機與這件事對於保全中原傳統文化的貢獻》,《姚從吾先生全集——遼金元史論文》(中),第 34 頁。

③ 姚從吾:《成吉思汗信任邱處機與這件事對於保全中原傳統文化的貢獻》,《姚從吾先生全集——遼金元史論文》(中),第 34～35 頁。

④ 姚從吾:《成吉思汗信任邱處機與這件事對於保全中原傳統文化的貢獻》,《姚從吾先生全集——遼金元史論文》(中),第 35 頁。

長春所深思研討,反而不是王重陽對衆所講的"[1]。馬丹陽與丘處機著作中所講的"學道的本旨""學道的工夫""證道的究竟"等,就是全真學的重要内容。

通過以上七個方面的分析可以看出,姚從吾的全真道研究具有獨特的價值,他在很多方面具有開創性的特徵。比如,明確指出王重陽創立全真道的主要原因是"賢者避世"與"自救救人",充分肯定丘處機濟世救人的功績,高度評價全真道對於保全中原文化所作出的貢獻,系統而深入地分析成吉思汗信重丘處機的原因,對耶律楚材所羅列丘處機的十大罪狀進行逐條駁斥,著重區分全真學與全真教兩個概念等等,皆爲陳銘珪與陳垣兩位先生所未發,也使他成爲繼陳銘珪、陳垣之後研究全真道最具有創發性的學者。當然,姚先生的觀點和論斷也並非完全正確,很多方面仍有值得商榷之處。比如,對於王重陽創立全真道是否有保全中原文化的意圖,丘處機是否曾勸成吉思汗寡欲止殺,《玄風慶會録》與耶律楚材是否毫無關係等問題,學界仍有不同的意見,需要更進一步的研究,方能澄清。然而,這些問題的提出無疑深化了學界對金元全真道的研究,因此姚先生的開創之功不可磨滅。

[本文爲國家社科基金一般項目"全真道學術史"(項目編號:19BZJ046)階段性成果]

(責任編輯:魏淑賢)

① 姚從吾:《成吉思汗信任邱處機與這件事對於保全中原傳統文化的貢獻》,《姚從吾先生全集——遼金元史論文》(中),第35頁。

碑刻文獻與全真道研究國際學術研討會綜述

□魏淑賢

2023年8月5日至6日，由山東大學儒學高等研究院與香港青松觀全真道研究中心聯合主辦的“碑刻文獻與全真道研究國際學術研討會”在山東濟南召開。會議開幕式由山東大學儒學高等研究院趙衛東教授主持，山東大學儒學高等研究院副院長王加華教授致開幕辭，香港青松觀董事局總秘書周和來先生代表香港青松觀致辭，中國道教學院朱越利教授代表與會學者致辭。來自美國、馬來西亞以及香港、臺灣與内地(大陸)的近60位專家學者以碑刻文獻爲中心，圍繞“道教宗派”“道教宫觀與人物”“區域道教史”“全真教歷史與文獻”“内丹心性學”及“民間信仰”等議題展開探討，提出許多新的學術創見。

一、碑刻文獻與道教研究

碑刻文獻作爲道教研究的重要資料，現已得到充分挖掘與廣泛應用，與會學者探討了全真道創建初期到近代發展過程中道士的弘道活動、各支派的傳承、宫觀網絡的建立與區域道教的關係等問題。還有學者從新的視角討論了全真道的歷史敘事、文學書寫、齋醮弘道、文獻刊刻以及民間宗教中的各種現象。

(一)碑刻文獻與道教宗派問題研究

碑刻文獻作爲推進道教宗派問題研究的重要資料，爲考證全真支派創立時間及傳承脈絡提供了實據，南京大學孫亦平教授在《從〈乾元觀碑〉看閻祖派興起及全真道在茅山的傳播》一文中以《乾元觀碑》爲中心，考察了明代全真道閻祖派在乾元觀的創立與傳承，及龍門派在茅山的傳衍。她認爲碑文與士人鄉紳所述勾勒出了閻祖派道士閻希言、江本實等與文人名士之間的交往，其傳道活動促使茅山形成閻祖派與龍門派並存的獨特景象，對構建閻祖派道士的形象、瞭解江蘇全真道的發展有重要意義。

關於全真華山派的研究，陝西省社會科學院高葉青研究員在《碑刻所見三原城隍廟的全真華山派》一文中，以陝西咸陽三原縣博物館所收16通碑刻爲中心，探討了三原縣城隍廟的歷史沿革與全真華山派在該廟的傳承。她分析了三原縣城隍廟自明洪武八年始建以來歷經多次損毁與重修的過程，並系統地歸納了明清之際全真華山派在該廟的傳承譜系，指出該廟作爲城隍信仰的載體與全真道的弘道場所，應努力挖掘其文化價值。長安大學劉康樂副教授在《道教尹喜派的道派傳承與地域分布》一文中結合全真道的傳戒文獻，考察了清代民國時期尹喜派在華北、關中等地的傳承及其在東北的蓬勃發展。他認爲從尹喜派傳人王子陽道長的口述中可知此派發端於終南樓觀道，是獨立於全真與正一之外的古老道派。該派在千山頭清華閣、柏林長春觀、駐馬店樂山以及榆次烏金山等地皆有傳承，而且後來傳入東北，興盛至今。

除了通過碑文的直觀敘述考證宗派傳承，道士的修道思想同樣是辨析其道派歸屬的重要依據。北京大學張廣保教授在《趙宜真、劉淵然以性命之道會通道教諸道派——兼論趙宜真、劉淵然的道派歸屬》一文中結合碑刻資料，從趙宜真、劉淵然兩位道士的性命論入手考察其道派歸屬及所傳道法的創新性。他認爲性命論是道教各派的立教原則，趙宜真以全真性命之道爲體，清微、净明等派道法爲用，提出内道外法的修道原則。劉淵然繼承師統，使該派發展爲會通諸宗的新道派。這一研究從思想脈絡的傳承入手來探討道士的宗派歸屬，爲深入細緻地研究宗派問題提供了新思路。

(二)碑刻文獻與道教宫觀及人物研究

碑刻承載著宫觀發展變化的生命歷程，是道教歷史演變的時代縮影。深入考察碑刻中的宫觀變遷與道士行跡，有利於從不同側面揭示道教與地方社會的互動，及其在不同地域的傳衍特色。中國社會科學院汪桂平研究員在《碑刻所見盛京都城隍廟的歷史變遷》一文中，以瀋陽城隍廟的歷史沿革爲線索，結合元明時期的重修碑記與“題名志”，考察瀋陽城隍廟從遼金創建、元明重修，再到清代升格的演變過程，及其社會功能的變化。她認爲瀋陽城隍廟從擴建到升格離不開中央政策對城隍神的認可及地方政府對重修城隍廟的支持。該廟升格爲都城隍廟後擔負起國家祭祀的重要功能，體現出清初統治者吸納整合不同宗教的包容政策。她還指出城隍廟升格現象存在於全國各地，是道教宫觀爲適應社會發展進行的角色轉换，這對反思道教宫觀未來的發展方向有重要借鑒意義。

江南地區全真宫觀的發展體現出與當地社會相適應的特色，東南大學賀晏然副教授在《明清南京的全真道觀與道士——兼談“全真”的意涵》一文中，從城市道教的視角切入,考察南京朝天宫的道派源流與道觀轉型問題。她指出清代朝天宫將内部傳統與城市實踐需求相結合,逐漸發展爲服務城市文人群體的宗教空間。蘇州市道教協會黄新華道長在《宫觀關係與宗派互動——從施道淵受戒看明清蘇州地區的正一全真互動》一文中以清初高道施道淵的受戒經歷爲切入點,探討他在朝真觀入道、上真觀傳道的經歷,及其身兼正一與全真兩派傳承的特殊身份,並從中揭示出蘇州道教多派融合的發展態勢。

關於明清至民國時期全真道士弘道活動的研究,嘉應學院張全曉教授的《明初武當山全真道士丘玄清考論》、華中師範大學肖海燕副教授與聶新博士合撰的《明初全真高道孫碧雲修道弘教行跡初探》兩篇文章分别考察了明初武當山全真道士丘玄清與孫碧雲的弘道行跡,以及他們爲促進西北道教與武當道教交流所作的貢獻。張全曉從民間傳説入手,分析丘玄清傳説形成的原因及其對武當道教發展的影響,並指出民間對丘玄清的文化建構不僅提高了全真派的政治聲譽,而且擴大了武當教團的社會影響。肖海燕與聶新考述了孫碧雲在華山隱修、武當辦道、西北弘道的行跡,及其對兩地全真道發展的影響。美國羅格斯大學劉迅教授采用宗教社會學的研究方法考察清末南陽全真道士的生存境況。他以《道士姚藹雲與清末南陽的近代教育及其他改革》爲題,深入晚清道士姚藹雲在南陽興辦新學堂的過程,分析其參與現代化改革的活動軌跡,反思了其以身殉難的根本原因。他認爲姚藹雲興辦新學之舉延續了南陽玄妙觀服務地方社會的傳統,配合了晚清國家的現代化改革,而其殉難則與民國現代化改革精英對本土宗教的歧視有關。

(三)碑刻文獻與區域道教研究

隨著區域道教研究的全面推進,學者們圍繞山東、西北、西南等地全真道的發展展開討論。青島大學張義生副教授與研究生陳湘博合作的《金元時期平度雲山道教考》一文以平度雲山觀所見《雲山老人歸真記》爲中心,考察金元時期全真高道丘處機、王抱玄在此地的傳道活動,辨析了丘處機西行出發地的問題。

西南全真道的研究主要集中於巴蜀、滇西一帶,華僑大學黄海德教授在《巴蜀全真道碑文述録》一文中對散佚於《道藏》《四川通志》等道書與史志中關於巴蜀全真道的碑文加以輯録,以期進一步分析巴蜀全真道的歷史傳播、教派傳承,及其與地方士紳的互動等問題。雲南省社會科學院蕭霽虹研究員與四川大學博士研究生張書采以全真坤道的傳道活動爲線索,考察全真道在雲滇的發展。蕭霽虹在《從碑刻文獻探析雲南全真坤道的傳承歷史》一文中,以臨滄道士墓碑爲中心,考述了清代民國雲南全真坤道的生存境況,及其從臨滄走向緬甸的弘道史跡。張書采在《生命史視域下的滇西全真教坤道》一文中,從滇西全真坤道的生命歷程來分析滇西道教的存續與發展。她認爲全真坤道努力推動雲南省道教協會的成立及工作開展,體現出個人修行與教派發展相結合的生命實踐。這兩項研究從小群體與大歷史的關係入手,通過雲滇全真坤道的群體活動來解讀當地道教的發展,是研究區域道教史的新思路。

西北全真道的研究以陝南與河西地區爲中心,陝西省社會科學院張方研究員在《明清時期全真教在陝南地區的傳播》一文中考察了明清全真道傳入陝南的時間及其在當地的傳承。他認爲陝南的軍事戰略地位、多山的地形,及深厚的民間習俗影響了全真教在當地的傳播特色,使其呈現出傳承斷代、道派規模小且分散、與民間信仰及佛教融合的特點。蘭州大學劉永明教授與西北師範大學程思尹講師合撰的《明清時期全真道在河西走廊的傳播》一文,以碑刻資料爲中心,結合田野調查、家族宗譜等文獻,從河西全真道的發展脈絡來看朝廷政策與道教發展的關係。他們認爲元朝的政策導致河西全真道發展停滯;明朝廷的扶持使其以民間家傳的形式復蘇;清代疆域擴張、移民西遷的社會形勢,促使其宫觀網絡不斷擴大,成爲河西地區宗教與民俗文化的重要組成部分。這一研究詳細考述了明清河西全真道的興衰演變,有助於完善明清道教在河西的傳播史。

(四)全真道歷史、文獻等研究

在早期全真道歷史的研究中,關於全真醮儀的社會功能尚待深入,四川大學張澤洪教授就以《金元全真宗師齋醮弘道心態探析》爲題,從齋醮功能的角度深入考察全真道齋醮儀式的發生過程,通過儀式中不同角色的心態變化分析齋醮弘道的社會影響。他認爲王重陽、馬丹陽、丘處機等人的齋醮詩詞展現出全真道士作爲儀式主的威儀形象,通過民衆作爲參與者的階層構成,以及地方官員與百姓作爲旁觀者與全真道的互動模式。全真教史文獻也是研究早期全真道歷史的重要資料,但學界對其本身書寫特點的研究尚顯不足,中國社會科學院宋學立副研究員在《金元全真教教史書寫的成就與特點》一文中,以史傳與碑志兩種全真教史文獻爲中心,系統地闡釋了兩者之間的關係及教史書寫的特點。他認爲史傳與碑志互爲史源,教内史家與世俗精英共同構成教史書寫的作者群體,而且教史書寫還直觀地體現出全真道以儒合道與以史傳教的弘道旨趣。

全真史傳對王重陽形象的建構、對丘處機西行的書寫也是學者關注的重點。武漢大學吴光正教授在《〈長春真人西遊記〉的書寫策略》一文中,從宗教遊記書寫策略的視角分析《長春真人西遊記》,認爲應詔、弘道、越界是該遊記敘述丘處機西行的三個向度,並指出宗教文學的本質就體現在遊記的文體功能與書寫策略中。河北工程大學韓占剛博士以《從自傳到他傳:金元時期的王重陽敘事與形象建構》爲題,結合史源學與敘事文化學的理論,以金元詩詞、碑刻、傳記等文獻爲中心,分析了全真祖師宗教敘事模式的形成過程。他認爲從王重陽入道與弘道行跡在"自傳"與"他傳"中的不同可知,《七真仙傳》與《金蓮正宗記》在不斷神化王重陽的形象,完善其宗教敘事模式。此外,湖北大學左丹丹博士還關注到全真道南傳後,江南文人的全真書寫與早期全真史傳之間的差異。她在《全真南傳與元代江南文人的全真書寫》一文中,通過對比江南文人與北方士人筆下全真教的不同形象,分析江南全真道的地域特色。她認爲北方士人將全真教視爲御用宗教,江南文人的書寫則神化了全真祖師與道徒的事蹟,顛覆了其"苦修頭陀"的宗教形象,更多地體現出全真教以文弘道、濟世救民的民間化傾向。

除了史傳碑志,皇室聖旨與道士墓群也是研究全真教史的重要資料,山東省委黨校白如祥教授在《全真墓塔簡論》一文中以學術界鮮少關注的全真墓塔爲研究對象,考察其保存現狀及形制。四川省社會科學院劉雄峰研究員在《"俗"與"雅"之間:作爲"政權之標識"的蒙元皇室發令文(聖旨)之文體——以給全真道的聖旨爲中心》一文中,以蒙元皇室頒發給全真道的聖旨爲中心,從蒙漢語言文體與思維方式的差異入手,分析了關於廟產與土地歸屬的聖旨中體現的全真道發展趨勢,並指出聖旨介於"雅""俗"之間的文體是對政權統治意識的强調。

清代民國全真道發展面臨新的挑戰,全真典籍的刊刻與出版是研究這一時期道教發展的新視角。齊魯工業大學秦國帥副教授在《位卑未敢忘憂國:時代變局與全真仙傳的救世情懷,1840～1949》一文中,以鴉片戰爭爆發爲時間節點,探討了此後國外傳教士入華對儒、釋、道文化產生的衝擊及道教的應對方式。他認爲《全真仙傳》的編纂刊刻是全真道士應對動盪時局、拯救世道人心的方式,但對比陳攖寧的仙學運動,傳統的救世思路略顯空洞。在探尋新時代道教的發展方向時,仙學運動對丹道思想與道教理念的創新融合是值得參考的典範。華中師範大學王闖副教授在《翼化堂善書局與近代全真教書籍的出版》一文中,從出版史的視角考察近代上海翼化堂善書局的出版活動,並通過其所出版宗教書籍類型的演變分析道教在上海的發展趨勢。他指出陳攖寧仙學的興盛及民衆對丹道知識的需求,決定了内丹道經典成爲道書出版的主要方向,從而使道教在上海的圖書市場展現出别樣生機。

新時代道教的發展應重視教義的創新性詮釋及其與西方宗教的對話交流。山東大學郭武教授與博士研究生武娜合撰的《大教會還是小教派——碑刻文獻中所見早期全真道的傳教及組織形式》一文,引入西方宗教學"大教會"與"小教派”的概念分析全真道教團不斷壯大的過程，及其不同組織形式的社會功能，並指出這一研究方法爲促進道教與西方宗教的對話提供了可能性。蘇州道教協會副會長熊建衛所作《試論初期全真道的宗教改革》一文，從早期全真道對道教義理的革新及宗教實踐入手，分析其對唐宋道風的整肅及教義的重釋。他認爲全真道苦己利人與濟世度人的創教宗旨基本解決了唐宋道教存在的問題，獲得了當時統治者的支持及社會各階層的認同，其創新舉措對當代道教的發展具有借鑒意義。

（五）民間信仰研究

道教與民間信仰同出一源，兩者之間的互動延續至今，多位學者圍繞民間信仰與道教的關係展開討論。泰山學院張琰教授在《泰山後石塢碧霞元君信仰空間的建構、衝突與演變——以現存碑石爲中心》一文中，以明清時期碧霞元君信仰空間的演變爲線索，分析了碧霞元君信仰體系的建構過程，及其對佛、道教與民間信仰的融合，並揭示出其信仰空間的演進對泰山宗教生態和諧的促進作用。除了碑刻，寶卷也是研究民間宗教的重要文獻，中國社會科學院李志鴻研究員在《全真道與明清民間寶卷》一文中便以此爲中心，考察混元門、太上門、黄天道等民間宗派與全真道的關係。他認爲從寶卷的記載來看，蘇敬所傳弘陽教支脈與全真龍門派有密切關係，開創太上門的李奉真也自稱受丘祖丹道真傳，黄天道寶卷中的“五更詞”更是直接體現了全真道的丹道思想。馬來西亞道教學院王琛發教授在《清末民初歸根道雷法的普及化與符籙化》一文中，結合其在馬來西亞收集的歸根道經典，從雷法傳道、雷法證道、雷法行道三個方面闡述歸根道雷法的普及與符籙化，具體表現爲以雷法解釋因果報應論，以修心爲修道的根本宗旨，以内煉丹經外修符籙雷法爲修道方法。從歸根道的弘教情況可以看出，口傳心授的單傳方式及社會演變導致其傳承凋零，這對我們反思道派發展與傳道方式的關係具有啓發意義。

此外，山東大學張士閃教授在《梅花拳的寶卷敘事——以冀南鄉村〈根源經〉爲例》一文中，以冀南鄉村梅花拳武術團體所傳《根源經》爲中心，考察此經的版本流傳與敘事框架等問題，並指出梅花拳的寶卷以“文武合一”的方式促進了清代武術團體與民間宗教的交流。他認爲在混亂的社會中，如梅花拳團體一般的民間組織在不斷調整自身文化心理結構，以實踐“禮俗互動”的文化政治模式，適應現實的政治文化環境。除了民間武術團體，復旦大學劉平教授還關注到閩南民間信仰中的通靈現象。他在《歷史與現實：通靈術漫談》一文中從通靈術的内涵及中西方巫文化研究的學術史談起，指出文獻與田野調查並重是研究通靈術文獻、儀式與社會功能的重要方法,並以安溪一名乩童的通神歷程爲例,詳細考述了其家庭背景及請神治病的通靈過程。這一研究表明民間信仰是原始遺存與神秘文化的整合,其中雖然包含令人費解的宗教現象,但從社會學與人類學的研究視野來看,這些現象有其存在的特殊意義與價值,必須深入研究。

二、内丹心性學研究

唐代是道教心性論發展的繁榮期,更是全真道内丹心性學創建的奠基期,有兩位學者圍繞這一問題展開討論。北京師範大學强昱教授在《王重陽的〈金關玉鎖訣〉與盛唐盧重玄哲學》一文中,以王重陽的《金關玉鎖訣》爲中心,追溯其思想與盛唐盧重玄的道體觀、形神觀及境界論的繼承關係。他認爲在道體觀上,王重陽對形上之道的生命體悟與盧重玄對精微之道的體察相呼應;在性命觀上,王重陽以真氣爲性命之根本的詮釋繼承自盧重玄對形神關係的理解,其所説"真機妙用"與盧重玄的"神運無窮"一脈相承;在境界論上,王重陽與盧重玄論述都以"虚無"爲最高境界。王重陽與盧重玄思想的關係此前未得到重視,在這一研究中纔得到充分詮釋。上海科技大學聶清副教授在《鏡喻:道與禪》一文中以心性論中的"明鏡"隱喻爲線索,對比了全真道與禪宗的不同詮釋,並分析了唐代宗密的思想對道教心性論發展的影響。他認爲全真道與禪宗的心性論有相通之處,但兩者的不同立場決定其詮釋取向有差異,禪宗南北派强調以心爲鏡與以空爲鏡,全真道則以"磨鏡"强調心是體用相即的存在;從"鏡喻"源於老莊思想來看,全真道的心性論應追溯到先秦道家。他還指出宗密對"明鏡"的闡釋上承先秦道家,下啓宋元道教,這表明唐代心性論與全真道内丹心性學的淵源深厚。

南宗的丹道思想同樣是道教心性論的重要内容,四川大學蓋建民教授所作《南宗丹法體系建構與思想特色發微》一文,以南宗的丹道經典爲中心,探討了南宗的性命觀、丹法要義及丹法體系的建構。他認爲《性命日月論》是南宗性命論的哲學基礎,《玄關顯密論》總結了南宗的丹法要義,"丹法參同"則提煉了丹法理論中的十三對範疇及内丹煉養的十九個步驟,完善了南宗的丹法體系。其中《性命日月論》以陰陽動静、形神身心與性命的關係來闡述性命雙修的根本原理,《玄關顯密論》則明確了"歸根復命"的修煉宗旨及凝神静定的火候要訣等丹法要義。李道純作爲會通南北宗的代表人物,中國社會科學院王雲飛在《李道純思想研究中的易老融攝問題》一文中從易老會通的角度來理解其丹道思想。他指出李道純通過自己的生命實踐詮釋易老關係,將《易經》與《道德經》分别對應有爲漸修與無爲頓悟兩種修持法門，從性命論與境界論的角度實現了易老融攝。

明清以來全真道士的修道思想體現出南北融合的顯著特色，臺灣體育大學梁淑芳教授在《論鄭觀應的北宗修行》一文中，圍繞清末改革派代表人物鄭觀應的師道傳承、修道思想等問題展開討論。她認爲從鄭觀應的著作及其整理刊刻《龍門秘旨》等丹道經典的行爲中可以看出，其修行觀受龍門派彭凌虛、道醫萬立唐、熟諳丹道的黄邃等人影響。他雖然先修南宗後入北宗，又兼習南北，但一直秉持以"性"爲本的修行宗旨，所以，他作爲修習多派丹法的代表人物，雖然没有提出體系化的修道理論，但其内修丹功、外積陰德的生命實踐仍值得深入研究。近代全真道士信修明也秉持内煉丹道、外濟群生的修道理念，中央民族大學尹志華教授在《近代全真道士信修明著〈玄宗源流講義〉初探》一文中就圍繞其著作的基本結構及思想特色展開討論。他認爲信修明作爲全真龍門霍山支派傳人，推動了華北道教協會的運作及道教慈善事業的發展。其著作《玄宗源流講義》以道教歷史與道教義理爲兩條主線，梳理了道教諸神源流及其演變，從哲學與玄學的角度闡釋了老子思想及道教教義，並提倡以返真還元爲宗旨統攝五教。

此外，還有學者以丹道理論中概念含義的變化爲線索，考察全真道内丹心性學發展的不同面向。中山大學李哲奇在《聖俗有别與功行圓滿：鍾吕内丹道的内在超越維度》一文中，以鍾吕丹道的"功行"概念爲線索，從内在超越的維度分析了其宗教修持對神聖與世俗的統一，揭示出全真道、内丹南宗及南北合宗後功行思想的變化。他認爲全真道以苦己利人爲内功，德化世人爲外行；内丹南宗以修丹藴德爲内功，雷法度世爲外行；南北合宗後更强調丹功修行不離人倫日用的功行合一理念。這一研究從聖俗合一的角度詮釋丹道修持的社會性，有利於我們客觀地理解宗教修持現象。陝西省社會科學院魏淑賢助理研究員在《以志契性：全真道"志"論淺析》一文中，以全真道的"志"論爲線索，論述了王重陽及全真七子再到全真道老學對"志"的詮釋。她認爲經過歷代高道的闡釋，全真道的志論呈現出以性言志、以心言志、以氣言志三個面向，其中根源於真性本體的志與道相通，由性而發的心志有真妄之别，志的具體作用通過氣來實現。

三、其他方面的研究

早期道教的起源及其與少數民族的關係是當前學術熱點，山東省濰坊市博物館研究館員孫敬明在題爲《金石載道——戰國齊吉金中山刻石偶劄》的發言中以吉金中山刻石爲例，指出早期道教碑刻是探析道教起源問題的重要史料來源。

四川省社會科學院李遠國研究員從文字考古的視角切入,以《靈寶真文與岣嶁碑的歷史考辨》爲題考察了靈寶真文與岣嶁碑的歷史淵源,及其與少數民族文字的關係。他認爲從岣嶁碑與大禹所傳靈寶玄文的比較來看,岣嶁碑疑爲道士所作"靈寶天文",屬於道教的符籙圖。過去有學者認爲道教符籙圖是少數民族的文字,但他通過分析《元始五老赤書玉篇真文天書經》中的五方靈寶赤書指出,符籙圖文爲漢字創造提供意境與啓迪,應將其歸於漢字。

此外,山東大學韓吉紹教授在《〈太清金液神丹經〉卷下與早期南海歷史地理》一文中,分析了《太清金液神丹經》卷下的史料來源、地理學思想及編撰特點。他認爲《神丹經》以前人著述、作者經歷及商人口述等爲素材,展現出當時探尋仙藥的宗教活動與探索世界疆域、證明"大九州説"的地理實踐。他還指出該經是現存最早的關於南海及海上絲路交通的海洋地理學著作,其内容補正了相關傳世著述的不足。山東大學劉祖國教授與濟南出版社鄭紅麗合撰的《注釋學視野下的周玄貞〈皇經集注〉研究》一文,圍繞明代全真道士周玄貞所注《皇經集注》的詮釋特色與不足展開討論。他們認爲該書彙集衆多仙真注釋,帶有濃厚的道教信仰色彩,而注釋所用參見法也體現出周玄貞嚴謹的治學態度。書中雖然存在訓詁術語不規範、釋義錯誤與不清晰等問題,但仍是一部高水準的道經注本,爲進一步解讀《高上玉皇本行集經》的思想奠定了理論基礎。這兩篇論文分别從歷史地理學與注釋學的角度推進了道教經典的研究進展。

綜上所述,關於道教宗派問題的研究,與會學者在過去研究的基礎上,更關注新道派的傳承及其與區域道教的關係,側重從思想脈絡的傳承來分析道派歸屬問題。關於道教宫觀與人物的研究,宫觀的角色轉换,道士個體活動對區域道教互動的影響,以及道士群體與地方社會的關係成爲主要研究趨勢。區域道教研究的進展體現爲地域範圍的擴大,學者的研究從道教在中心地區的傳承向邊疆地區的傳播拓展。關於全真道的研究,文學書寫與典籍的刊刻出版是研究其歷史與文獻的新視角,義理概念的創造性詮釋仍是内丹心性學研究的重點。此外,在道教其他方面的研究中,民間寶卷、邊緣化的宗教現象是必須深入挖掘的内容,道教經典的多元化解讀以及早期道教與少數民族的關係也有待進一步探索。總之,本次研討會所收論文在史料挖掘與義理闡釋上都有新的突破,部分研究還嘗試打破過去的視域限制,以新視角與新方法來拓展道教的研究空間。

(作者爲陝西省社會科學院宗教研究所助理研究員)

(責任編輯:劉嘉欣)

城隍信仰研究的全面與深入

——評趙衛東、熊建衛主編《城隍信仰研究》

□楊靚瑜

《城隍信仰研究》由趙衛東和熊建衛主編，宗教文化出版社 2021 年 10 月出版，全書共 25 萬字，係"蘇州城隍廟道教文化叢書"之一，是蘇州城隍廟支持道教學術事業發展的又一項新成果。除《緒論》外，全書共分八章，對與城隍信仰有關的八個方面的問題進行了深入研究。此書旨在推動城隍信仰研究的進一步深化與發展，以期讀者能對城隍信仰有更加全面的瞭解，可謂近年來全面研究城隍信仰的一部力作。

"城"與"隍"同時出現，始見於《周易》中"城復於隍，勿用師"[①]，"城隍"二字連用，則最早見於班固《兩都賦序》："京師修宫室，浚城隍，起苑囿，以備制度。"[②]城隍信仰起源於城牆和壕溝，自周代起作爲地方保護神納入中國道教神仙體系，成爲中國民間信仰的重要組成部分。[③] 城隍信仰大約起源於魏晉南北朝時期的長江流域，經唐代初步發展，流行於宋元時期，至明代達至信仰巔峰。明太祖在全國範圍内興建城隍廟，使城隍信仰成爲存在於普羅大衆中最普遍的神靈信仰之一，進而對政治、經濟、社會等領域産生深遠的影響。[④] 明清時期，許多學者對城隍信仰的研究有所涉及，如俞樾《茶香寶叢鈔》、趙翼《陔餘叢考》、姚福均《鑄鼎餘聞》、黄斐默《集説詮真》等書中，都對城隍的原型、城隍信仰的歷史流變作了簡要考辨。[⑤] 自 20 世紀 70 年代以來，國内對於城隍信仰研究的熱情逐漸升温，取得了許多研究成果，然而整體而言，與城隍廣泛而又深遠的影響相比，學界對於城

---

① (魏)王弼注，(唐)孔穎達疏：《周易正義》，北京：北京大學出版社，1999 年，第 69 頁。

② (清)嚴可均輯：《全上古三代秦漢三國六朝文》，《全後漢文》卷二四，北京：中華書局，1958 年，第 602 頁。

③ 于衍學：《中國大陸城隍信仰研究述評(1978～2012)》，《隴東學院學報》2014 年第 2 期。

④ 參見趙衛東、熊建衛主編：《城隍信仰研究》，北京：宗教文化出版社，2021 年，"總論"第 1 頁。

⑤ 參見鄭士有、王賢淼：《中國城隍信仰》，上海：上海三聯書店，1994 年，第 3 頁。

隍信仰的研究與重視程度仍然明顯不够。[①] 有鑒於此,趙衛東、熊建衛主編的《城隍信仰研究》將會在城隍信仰研究領域發揮一定的作用,爲城隍信仰研究帶來更加多元的視角,促進城隍信仰研究的全面與深入。

《城隍信仰研究》的主體内容,包括對城隍信仰的起源、産生與發展,城隍的神職功能、社會作用、主要特徵,城隍信仰與中國社會、中國文化,以及城隍信仰的當代價值與海外傳播等問題的探討。從總體上講,這部著作有以下三個特點:

首先,内容全面,資料翔實。此書第一章在討論城隍信仰的起源、形成與歷史發展時,根據歷代大量的文獻記載,從原型、産生時代和興起地域三個方面探討城隍信仰的起源問題,分别闡述了唐五代、宋元以及明清時期的城隍信仰。通過"從多個方面進行探討,從而得出一個相對合理的結論"[②]。就横向研究而言,作者胡常春在撰寫本章時運用了内蒙古、湖南、山東、西安等各地材料與《春秋左傳》《南史》《宋書》《梁書》等各類古籍。於縱向研究來看,從唐五代時期,逐漸發展成爲影響城市居民的重要神靈,開始受到朝廷封爵。至宋明時期,城隍神開始進入國家祀典,不斷受到封賜,不僅有前代的賢臣烈士,更有保家衛民的時人被封爲城隍。到明清時期,城隍信仰達至鼎盛,第一次構建了完備的體系化城隍祭祀制度,城隍神開始有了等級差别,各級機構都有了與之對應的城隍神及城隍廟,以城隍廟爲中心的社區周圍形成了"廟市",每月定期舉行廟會,城隍神在民衆中官方化的形象逐漸降低,世俗化的特點越來越明顯。[③] 其將城隍信仰的整個歷史發展脈絡論述得完整而且清晰,進而得出相關結論。

其次,注重整合,問題導向。現存的城隍文獻,多見於史籍中的零星記載或以總集、别集中的單篇詩文爲主,不成體系且不方便利用。針對這一問題,此書第二章城隍文獻的流傳與分布特對與城隍有關的文獻進行了梳理整合。本章由王培峰執筆,主要梳理詩文集、筆記小説戲曲、地方志以及道教典籍等各類文字資料中所保存的城隍文獻。如自唐代開始,歷代詩文總集、别集之中涉及城隍信仰的詩文。自唐開始,祭祀城隍神的祭文、告文、祝文和碑記開始出現。由於城隍信仰在民間流傳甚廣,以至於《太平廣記》《聊齋志異》《子不語》等筆記和小説、方志文獻、《道藏》等道教典籍,以及《五禮通考》《社稷》等其他類型的文獻中亦有關於城隍信仰的内容。將有關文獻清楚歸納,爲進一步深入研究城隍信仰提供了方便。

---

① 參見趙衛東、熊建衛主編:《城隍信仰研究》,"緒論"第 1 頁。

② 趙衛東、熊建衛主編:《城隍信仰研究》,第 15 頁。

③ 參見趙衛東、熊建衛主編:《城隍信仰研究》,第 43～66 頁。

最後，融會貫通，研究深入。在此書第六章“城隍信仰與中國社會”和第七章“城隍信仰與中國文化”中，本章作者藍法典充分依託史料，通過分析中國人的文化心理，探求城隍信仰的現代化之路，發掘城隍信仰在中國社會的重大意義，認爲城隍信仰的發展與古代城市化進程息息相關，其人格化的發展動力主要源於民衆自身的心理需求以及對高尚道德與世俗功績的追捧。

有關學者言：“中國城隍信仰和城隍廟分布廣泛，深入研究城隍信仰，就是將分布不同區域、不同縣市區的城隍信仰進行比較，城市與鎮城隍比較，中國大陸與港澳臺及東南亞地區城隍信仰比較。”①對於城隍信仰的不同區域和不同信衆群體之間進行比較研究，這一點最明顯地體現在秦國帥所執筆的第五章“城隍信仰的主要特徵”中。其以蘇州城隍廟、濟南城隍廟和上海城隍廟爲主，論述其發展過程中的各方作用，總結出官封城隍標準化、民封城隍地方化及道封城隍道教化的三大特徵。② 通過三者之間的比較，結合相關材料，更加準確地歸納總結出了城隍信仰的主要特徵。此外，王培峰與張曉立共同執筆的第八章“城隍信仰的當代價值與海外傳播”，涉及城隍信仰在港臺地區及海外的傳播，詳細闡述了城隍信仰在臺灣地區及越南、新加坡等地的特點、興盛程度以及産生的重要影響。理論與實際相結合，使得研究的内容更加具體，研究的程度更加深入。

除上述特點之外，此書對於城隍信仰的功能及作用等内容的概括，依託充足的材料，整合得較爲精准。如張曉立執筆的第三章“城隍神的神職功能”和第四章“城隍信仰的社會作用”，通過分析《北齊書》《太平廣記》等史料中的相關記載，結合當時民衆的思想特點與城隍信仰作爲彌散性宗教的特點，總結出城隍神護城保民、管理冥界、監察官員、消災除患、懲惡揚善的職能以及維繫社會價值、維持社會秩序、繁榮經濟文化、促進道德教化的社會作用。

總的來説，此書具有許多值得肯定的地方。隨著時代的發展，自然科學取得突破性的進步，許多宗教幻想被無情打破，宗教變得日益世俗化、現代化。③ 尤其是在當代中國社會，城隍信仰正迅速消亡，融化於世俗生活之中，“信仰内核逐漸被新的民俗文化替代”④，城隍信仰在當代社會定會産生新的社會作用，這一點在第八章已有所論述。不過，書中以材料分析爲主，並没有涉及實地考察的部分。以個人拙見，對於城隍信仰的研究可選用多種研究方法，采取多學科互動的方式

① 于衍學：《中國大陸城隍信仰研究述評（1978～2012）》，《隴東學院學報》2014 年第 2 期。

② 參見趙衛東、熊建衛主編：《城隍信仰研究》，第 237～246 頁。

③ 參見鄭士有、王賢淼：《中國城隍信仰》，第 298 頁。

④ 趙衛東、熊衛建主編：《城隍信仰研究》，第 358 頁。

進行,而不是局限於文獻考證。比如,可以增加與實地考察相關的内容,通過考察當地的城隍廟,調查民衆心中對於城隍信仰的相關看法,增加這一部分研究的説服力。此外,可梳理各個時期的城隍信仰研究,綜述與城隍信仰有關的文章與著作,分析以往研究的不同側重點,總結各個時期城隍信仰研究的特點,以對其有更加全面的把握,爲進一步的研究增添材料,豐富内容。

綜上所述,經過長久的演變,城隍信仰的地位與職能均已發生變化,每個時期的城隍信仰各有特色,儘管城隍信仰在當代人的生活中有所淡化,但不可否認的是,時至今日,城隍信仰仍具活力。作爲城市的保護神,城隍神護城保民、消災祛患的職能已然深入人心,城隍信仰仍然無形中影響著人們棄惡從善的行爲,滲透在民衆生活的點點滴滴之中。《城隍信仰研究》一書從多個方面系統地論述城隍信仰的起源發展及其廣泛而深遠的影響,對城隍信仰的進一步研究提供一定的借鑒,爲城隍信仰的復興提供了條件。城隍信仰作爲一種内涵豐富的文化遺産,應當對其采取重視且批判繼承的態度,使其繼續發揚光大。

英文摘要

On Subtleties of the Configuration and Ideological Feature of Southern Quanzhen Taoists Alchemy

Gai Jianmin

Abstract: On the subject of inner alchemical practices, *Imperishability of the Xiuxian Bianhuo Lun* (修仙辨惑論, *Discernments on Suspicions regarding the Immoralities*), *Gushen Busi Lun* (谷神不死論, *On the Imperishability of the Valley-Spirit*), *Yin Yang ShengJiang Lun* (陰陽升降論, *On the Ascending and Descending of the Yin and the Yang*), *Xuanguan Xianmi Lun* (玄關顯密論, *On the Manifestation of the Abstruse Acupoint*), and *XingMing Riyue Lun* (性命日月論, *On the Relationships Between One's Nature and Life to the Sun and the Moon*) discuss the theoretical configuration and the ideological aspects of Southern Taoists Lineage, developed by Bai Yuchan (白玉蟾). *XingMing Riyue Lun* was significant in the development of the idea of "Xingming" in the context of the Southern Lineage of Taoism. Associating the "Xingming" (性命, one's nature and life) of a human being with the "Tao" (道) of the Heaven, Earth, Sun, and Moon, the theoretical foundation of the "Xingming Shuangxiu" (性命雙修, the dual cultivation of one's nature and life) had been established by advancing the topic onto the relationship between the Heaven and oneself. *Xuanguan Xianmi Lun* states, "See eyes with the eyes, hear ears with the ears, mediate nose with the nose, seal mouth with the mouth; to hide, to harbor, to fly, to soar, is all about one's mind", the quote being the very essence of the inner alchemical techniques. *Danfa Cantong Sanshiduiouzi* (丹法參同三十對偶子, The Thirty Couplets on Inner Alchemical Approaches) and *Danfa Cantong Shijiujue* (丹法參同十九訣,

Nineteen Pieces of Chants on Inner Alchemical Approaches) on the other hand, framed the theoretical systems of inner alchemical practices proposed by the Southern Quanzhen Taoists.

Keywords: Bai Yuchan (白玉蟾); Southern Taoist Alchemy; The Framework of Alchemy

An Analysis on the Mentalities of the Quanzhen Masters Regarding Rites Performance for Promotion in Jin-Yuan Period

Zhang Zehong

Abstract: During the Jin-Yuan period, Quanzhen masters used to promote their belief by holding rites for the public. The topic is worth investigating in terms of the history of Taoist rituals. The poems and pieces left by the masters revealed their devotional sentiments to spread the Taoism through rituals. As a new form of Taoism that emerged during the Jin-Yuan period, it is believed that the Quanzhen order acquired their ritual from the Lingbao school of Taoism (靈寶齋法), which could be traced back to the Tang and the Song dynasties. The masters were clearly aware of the effect of rituals on society, and through these rites, Quanzhen influences had achieved a successful expansion socially and politically. It is a feasible way to discuss the historical factors of the development and prosperity of the Quanzhen order by examining the social function of Taoist rites. The article focuses on the mentalities of masters when they were conducting the rituals, employing an experimental method to probe into the history of Taoist rites.

Keywords: Quanzhen Masters; The National Rites; Preaching and Promoting the "Tao"; The History of Mentalities

Achievements and Characteristics of Jin-Yuan Quanzhen Taoist History Writing

Song Xueli

Abstract: Inheriting the excellent tradition of Chinese traditional historiography, Quanzhen Taoists have long appreciated their history, kept records of their past, and promoted Taoist beliefs through this practice of documenting. These aspects feature the Quanzhen Taoist, distinguishing them from other streams of Taoists from the same era, such as Taiyi (太一, the oneness) and Daodao (大道, the great

Dao). Served as important cultural resources and symbolic capitals, these documenting practices of Quanzhen Taoism contribute to the preservation of historical memories, the protection of their inheritance, and the promotion of the religion. There is a huge volume of documents regarding the history of the Quanzhen Taoists. By different mediums, these materials could be divided into two categories: the paper-based historical biographies and the tablet inscriptions. Paper-based historical biographies have been mostly passed down. A vast examination of scattered or lost records could be an advantageous method to reveal facts about historical biographies comprehensively. Quanzhen monuments, according to the content, might be recognized as biographical monuments, tombstones (epitaphs), lineage inheritance monuments, tablets recording official documents, tablets recording crucial events (such as the construction of the Taoist temple or palace, ritual performance), etc. In terms of documenting the history of Quanzhen Taoism, an organic interaction exists between biographical records and tablet inscriptions. Interchangeably, the two are often used as a source or supplement for each other. Cross-reference is a common technique used in the writing of religious history, employed among different tablet records, also between biographies and inscriptions. The history writing of Quanzhen Taoism is a conscious and organized behavior of this religious group. The writing and inscribing of lineage monuments and epitaphs, passed down by generations, reflects the traditional filial piety and fraternal duty that Quanzhen Taoists have practiced with their "family members outside of the secular world", and the priests have extended the Confucian idea and practice of filial to Taoist praxis. Either historical biographies or tablet inscriptions, the shared prospect is to transmit the religion by documentation. Historic biographical records are mostly paper-based, and inscriptions are mostly on stone tablet. Both categories have their own advantages and disadvantages in preserving and transmitting historical memories. Quanzhen Taoist priests who have received traditional literal education and lay elites together formed the two core groups of authors in the domain of Quanzhen Taoist history writing.

Keywords: The Quanzhen Taoism; The Historical writing of the Religion; Historical Biography; Tablet Record

The Metaphor of Mirror: Dao and Chan

Nie Qing

Abstract: When it comes to the discussion of the Xinxing philosophy (心性, mind and human nature) of China, the metaphor of the (clear) mirror is one of the most significant among the symbolic implications. By analyzing the differences in the use of mirror metaphors between Chan Buddhism and Taoism (represented by Laozi and Zhuangzi), this paper attempts to show that the majority of Chan Buddhists behold their unique insight and standpoint on this topic, while Taoist (as the religion) theory is a twisted continuation of its pre-Qin origins (Laozi and Zhuangzi).

Keywords: Xinxing; The Metaphor of Mirror; Ti and Yong; The Chan Buddhists; Quanzhen Taoists; Zongmi (宗密)

Dongxuan Jinyu Ji: Examination and Discussion of Different Texts

Zou He

Abstract: The *Dongxuan Jinyu Ji* (洞玄金玉集, *The Collection of Dongxuan Jinyu*), written by Ma Yu (馬鈺), the second Patriarch of the Quanzhen Order, now exists in two editions, namely, the *Zhengtong Daozang* (正統道藏, *Taoist Canon of the Zhengtong Reign-Period*) of the Ming Dynasty and the *Daozang Jiyao* (道藏輯要, *Essentials of the Taoist Canon*) of the Qing Dynasty. Through proofreading, 149 differences in texts were found between the two editions. The correctness of each variance is determined based on the general knowledge of Quanzhen culture, colloquial expressions of the Song-Jin-Yuan Period, poetic meter, common collocations of MaYu, etc. Consequently, a mediocre accuracy is found in the amendments in the *Dongxuan Jinyu Ji* of the *Daozang Jiyao* version, which is less valuable in terms of literature proofreading by a comparison to the same collection included in the *Zhengtong Daozang*.

Keywords: Ma Yu (馬鈺); *Dongxuan Jinyu Ji* (洞玄金玉集); *Zhengtong Daozang* (正統道藏, *Taoist Canon of the Zhengtong Reign-Period*); *Daozang Jiyao* (道藏輯要, *Essentials of the Taoist Canon*)

On Zhao Yizhen's and Liu Yuanran's Integration of Various Schools of Taoism Based on the Dao of Xingming with a Concurrent Discussion about the Taoist Order of Their Lineage

Zhang Guangbao

Abstract: In the mid-to-late Northern Song Dynasty, Zhang Boduan (張伯端, whose Taoist name is Ziyang 紫陽) established the southern lineages of neidan Taoism. Wang Zhe (王嚞, whose Taoist name is Chongyang 重陽), who flourished in the early Jin Dynasty, started the Northern lineages. By the creation of Taoist studies of Xingming (性命, the nature and the life), exploring the ultimate issue that how life can be liberated, they had pushed to a new level the traditional Chinese philosophy of Xinxing (心性, mind and human nature). In terms of the historical development of the Chinese Xinxing philosophy, this shift from the Confucian and Buddhist Xinxing theories to the Taoist Xingming theory indicates progress in theoretical depth and maturity. The creation of the Taoist Xingming theory was a significant enrichment to the entire landscape of Chinese Xixing theory, just as a shot of fresh blood into the treasury of culture and thoughts. In the Ming Dynasty, the situation of Taoism entered a new era in which major Taoist schools merged with each other. Eventually, these groups of Taoists converged into the Zhengyi (正一) order and the Quanzhen (全真) order. Accordingly, the then policy of distinguishing between the Zheng Yi and Quan Zhen schools of Taoism was, in fact, a response to the trend of this fusion within Taoist religion. In the case of Zhao Yizhen (趙宜真), Liu Yuanran (劉淵然), and Shao Yizheng (邵以正), their lineage was characterized by the integration of the various schools of Taoism. In this regard, when discerning which school of Taoism this lineage should be assigned to, we are supposed to stick to this characteristic and examine this problem in the larger context, that is, the amalgamation of thoughts among the three teachings. By a further examination of their thoughts, Zhao Yizhen did not mishmash recklessly the conceptions from Taoist schools, but rather considered the Dao of Xingming (性命之道) as the foundation to integrate different ideas. Zhao Yizhen and Liu Yuanran, by focusing on the study of Xingming and by bringing together the thoughts and techniques from assorted schools, actually established a new Taoist lineage. With reference to the

government regulation of Taoism in the Ming Dynasty, this school should undoubtedly be categorized as the Quanzhen school from the perspective of distinguishing Quanzhen and Zhengyi.
Keywords: The Dao of Xingming (性命之道); Zhao Yizhen (趙宜真); Liu Yuanran (劉淵然); Categorization of Taoist Schools

A Preliminary Study of Taoist Adepts Sun Biyun's Cultivation and Propagation

Nie Xin

Abstract: Sun Biyun (孫碧雲), a Quanzhen Taoist adept in the early Ming Dynasty, was favored by the Taizu (太祖) and Chengzu (成祖) emperors of Ming, earning him a reputation as an outstanding Taoist Priest. He joined Taoism under the guidance of Zhang Sanfeng (張三丰) at a young age and entered Mount Huashan, the western great mountain, to begin his seclusion. During the years of Hongwu, he was invited to discuss Taoism for Emperor Taizu and successfully enlisted himself in the "Chaotian Palace Taoist Group" (朝天宫高道集團), becoming one of the most influential Taoist priests at that time. Later, Sun Biyun went to the northwest of China at the request of Zhu Ying (朱楧), the Suzhuang King (肅莊王), to promote Taoism. During his tenure as abbot of Jintian Guan (金天觀, the Jintian Taoist Temple) in Lanzhou, he recruited disciples and spread the teachings of Quanzhen, making a profound impact on the development of Taoism in the Northwest. When Emperor Chengzu of the Ming Dynasty came to the throne, in order to consolidate his rule and to venerate the Taoist divine Zhenwu (真武, the Great Perfect Warrior Emperor), an unprecedented scale of Taoist palaces and temples was built on the Wudang Mountain. Sun Biyun was one of the esteemed priests selected by Emperor Chengzu from all over the country to work at Wudang Mountain. During his time in Wudang Mountain, he was responsible for planning and designing the main palace complex, as well as the mission of searching for Zhang Sanfeng. After the completion of construction, Sun Biyun took up residence at Nanyan Gong (南岩宫, the Nanyan Taoist Palace) and founded the Wudang Langmei Lineage (武當榔梅派), a branch of the Quanzhen order, which has made a positive contribution to the transmission and prosperity of Quanzhen Taoism.

Keywords: Sun Biyun (孫碧雲); The Quanzhen Taoism (全真道); The Mount Huashan (華山); The Wudang Mountains (武當山); Lanzhou Jintian Guan (蘭州金天觀, the Jintian Taoist Temple in Lanzhou)

The Dissemination of Quanzhen Taoism in South Shaanxi During the Ming and Qing Dynasties

Zhang Fang

Abstract: During the rule of the Mongolian Yuan, Quanzhen Taoism was introduced into southern Shaanxi, and a small number of palaces were built. In the Ming Dynasty, this religion began to develop in southern Shaanxi, and the majority of the priests was from the Huashan Lineage of Quanzhen. Among them, the Chongdao Guan (崇道觀, the Chongdao Taoist Temple) of Fengdu Mountain (豐都山) in Yangxian County (洋縣) began to pass on the lineage, at the latest, from the reign title Jingtai of the Ming Dynasty. This is the earliest Quanzhen Huashan transmission found so far. After the Qianlong reign of the Qing Dynasty, with the agricultural development of the immigrants in southern Shaanxi, the Longmen Lineage of Quanzhen began to expand rapidly in southern Shaanxi. In addition to the traditional temples such as Dongyang Grong (洞陽宫, the Dongyang Taoist Temple) and Wuzi Guan (午子觀, the Wuzi Taoist Temple), the Longmen Taoists had stationed a large number of official or civil temples that could barely sustain; even some Buddhist monasteries were inhabited and managed by them. However, due to the limited capacity of the mountainous areas of southern Shaanxi, these Longmen branches were mostly scattered on a small scale with frequent turnover; a stable lineage was rare.

Keywords: The Ming and Qing Dynasties; The Quanzhen Taoism; South Shaanxi; Propagation

The Quanzhen Temples and Clergies in Nanjing During the Ming and Qing Dynasties with a Parallel Discussion on the Meaning of "Quanzhen"

He Yanran

Abstract: Influenced by the policies, the very nature of the city, and the religious traditions from the Ming Dynasty onward, the enlargement of

Quanzhen temples in Nanjing reveals a multiplicity of possibilities for the development of urban Taoism. Starting with the Quanzhen Tang (全真堂, the Quanzhen Taoist Hall) of Chaotian Gong (朝天宫, the Chaotian Taoist Palace), the official Taoist temple in Nanjing, the building that illustrates the "Quanzhen" tradition of Nanjing in the Ming and Qing dynasties has been rebuilt and abolished several times under the influences of various forces including Longhu Mountain (龍虎山), the Dao Lu Si (道録司, the government office in charge of Taoist affairs), the Ministry of Rites (禮部), and the religious groups. Accordingly, the practitioner community associated with the Quanzhen Hall also adapted their expressions of Taoism. Among them were the wandering priest, the meditating adepts, and the literati practitioner, all demonstrating the flexible and dynamic practice of Quanzhen traditions. By the Qing Dynasty, this tradition aligned with the aspirations of the urban literati community, who later became a completely different group from those known as Yingfu Daoshi (應付道士, perfunctory Taoist priest) in the city. These literati Taoist priests had a profound influence on the urban literati community, the development of Taoist literature, and so on. Examining the concept of "Quanzhen" and the formation local religious groups in the Ming Dynasty through the prism of urban culture, it is possible to illustrate the effects of complex political factors and strong locality on the development of Taoism during the Ming and Qing Dynasties and to aid the understanding of the pluralistic propagation of Quanzhen Taoism in the Jiangnan region.

Keywords: Quanzhen Tang (全真堂, the Quanzhen Taoist Hall); Chaotian Gong(朝天宫, the Chaotian Taoist Palace); Nanjing; The Quanzhen Taoism

The Relationship among Temples and Interaction Between Orders: Interaction Between Zhengyi and Quanzhen Taoists in the Suzhou Region of the Ming and Qing Dynasties as Seen from the Ordain of Shi Daoyuan

Huang Xinhua

Abstract: Shi Daoyuan (施道淵), a Taoist adept in the early Qing Dynasty, was respected by the nobles and public officials for his miraculous power, his efforts on palace construction, his strict precepts, and his noble virtues. Whether or not he attained the ordination from Wang Changyue (王常月) has always been a matter of concern. Although the claim that Shi Daoyuan "first acquired from Wang Changyue and then converted to the Zhengyi School" is considered to be explicitly unfounded, it is a fact that he invited Wang Changyue to the Qionglong mountain (穹窿山) to seek the teaching of Quanzhen Taoist; it is Shi Daoyuan who incorporated the precepts from the Quanzhen tradition into the practice of Zhengyi Taoism. By examining the history of the Taoist temples centered around Chaozhen Guan (朝真観, the Chaozhen Taoist Temple)—where Shi Daoyan attained his ordination—since the Ming and Qing dynasties, and analyzing the succession relationship of the adepts such as Zhou Xuanzhen (周玄真), Li Pu (李樸), Lü Bi (吕毖), it is discovered that, since the Ming and Qing dynasties, the Taoist temples at Suzhou, such as Chaozhen Guan, were both considered as the sanctuary of Xujing Tianshi (虚靖天师, the heavenly master Xujing) which tightly connected to the Longhu Mountain lineage as well as a site for "Quanzhen priets who come by and leave from" that supervised by Fuji Guan (福濟觀, the Fuji Taoist Temple), a Conglin (叢林, a Taoist monastery of ten directions) of Quanzhen Taoism. Therefore, Zhengyi and Quanzhen clergies co-existed in the temples; in line with the co-existence was the fact that generations of eminent priests of Suzhou often embraced the teachings of both the Zhengyi and Quanzhen. In this context, it is therefore understandable why Shi Daoyuan, as a Zhengyi priest, was recorded as a Quanzhen disciple in the Longmen Zhengzong Liuchuan Zhipai Tu (龍門正宗流傳支派圖, Chart of the Authentic Longmen Lineage and Its Branches); moreover, Shi Daoyuan also broadly imbibed the ideas of Quanzhen and was known for his strict precepts.

Keywords: Shi Daoyuan (施道淵); The Zhengyi Order of Taoism; The Quanzhen Order of Taoism; Chaozhen Guan (朝真觀, the Chaozhen Taoist Temple); Fuji Guan(福濟觀, the Fuji Taoist Temple)

Life History Study of Quanzhen Kun Dao in Dianxi Region

Zhang Shucai

Abstract: Dianxi Kundao (滇西坤道, the women Taoist priests of western Yunnan), as a religious community of Quanzhen Taoism, emerged while Quanzhen Taoism was entering the Dianxi region of Yunnan Province. They

gradually sprang up amid the chaotic social order of the late Qing and Republican periods out of the desire of women for a peaceful religious life. The community is now challenged by numerous social temptations. The paper intends to observe the life history of these women priests, utilizing mostly the oral materials from the fieldwork, employing a combined perspective of oral history and life history, investigating the Taoist community with their social and historical context, to explore the presence and development of Quanzhen Taoism in the Dianxi region and the country as a whole.
Keywords: Life History; The Quanzhen Taoism; Dianxi Kundao(滇西坤道, the Women Taoist Priests in Western Yunnan)

Yao Congwu and His Studies of Quanzhen Taoism in the Jin and Yuan Dynasties

Yang Jingyu, Zhao Weidong

Abstract: Yao Congwu (姚從吾), an expert in the history of the Liao, Song, Jin, and Yuan dynasties, has conducted in-depth research on Quanzhen Taoism, which was founded and flourished during the Jin-Yuan Period, and he put forward many new perspectives that have not been proposed by previous researchers. The majority of his work could be concluded as the following seven arguments or aspects: (1) the purposes of the establishment of Quanzhen Taoism were "to shun the world as sages" and "to save oneself as well as others"; (2) the historical achievements of Qiu Chuji (丘處機) in his compassionate undertakings are highly commendable; (3) the Quanzhen Taoists had contributed to the preservation of the Central Plain culture; (4) the ten sins of Qiu Chuji listed by Yelü Chucai (耶律楚材) are refuted; (5) analysis of the multiple rationales behind Genghis Khan's trust in Qiu Chuji; (6) examination of the composition of *Xuanfeng Qinghui Lu* (玄風慶會録, *Record of the Assembly Celebrating the Mystical Ethos*), the characteristics of this material, and its relevance to Yelü Chucai; (7) Yao also proposed the concept of "Quanzhen Xue" (全真學, Quanzhen Studies) and made a clear distinction between Quanzhen Xue and Quanzhen Taoism in terms of religion. The perspectives above, among which some are still debatable, are not entirely accepted by the scholars in this field, his research indeed reveals insights that were previously unrealized by others. Mr. Yao's study of Quanzhen Taoism

builds on those of Chen Minggui (陳銘珪) and Chen Yuan (陳垣), and with it he put forward novel insights that greatly contributed to the depth and development of the study of Quanzhen Taoism of the Jin-Yuan period. His indelible contribution to the research on this subject makes him another giant in the study of Quanzhen Taoism after Chen Minggui and Chen Yuan.
Keywords: Yao Congwu (姚從吾); The Quanzhen Taoism; Qiu Chuji(丘處機)

Review of the International Conference on Inscriptions Literature and the Study of Quanzhen Taoism

Wei Shuxian

The International Conference of Inscription Document and the Study of Quanzhen Taoism, jointly organized by the Advanced of Shandong University and the Quanzhen Research Centre of Hong Kong Ching Chung Koon, was held in Jinan, Shandong Province, on August 5-6, 2023. The meeting was hosted by Prof. Zhao Weidong of Shandong University. Prof. Wang Jiahua, Vice President of the Advanced Institute for Confucian Studies, Shandong University, delivered an opening speech; Mr. Zhou Helai, Chief Secretary of the Board, delivered a speech on behalf of Hong Kong Ching Chung Koon; and Prof. Zhu Yueli of Chinese Taoist College delivered a speech as the representative of scholars attending the conference. Nearly 60 experts and scholars from the United States, Malaysia, and Chinese Hong Kong, Chinese Taiwan, and Mainland China attended the meeting, focusing on inscription documents and discussing the topics of "Taoist lineages," "Taoist figures and temples," "history of local Taoists," "the history and literature of Quanzhen Taoism," "Xinxing Philosophy of Neidan," and "folk religion". The conference was characterized by a number of new and innovative ideas.